77 Wege zum GLÜCK

WOLFF HORBACH

Ihr Weg zum Glück ... 6

Unterwegs ins Glück ... 7

Extra: Die positiven Eigenschaften glücklicher Menschen ... 9

Die Dimensionen des Glücks ... 10

Extra: Bruttosozialglück statt Bruttosozialprodukt ... 11

Ist Glück planbar? ... 13

Interview: Das Glück aus der Sicht eines Neurobiologen ... 15

Wie funktioniert dieses Buch? ... 20

Test: Entdecken Sie Ihr Glückspotenzial ... 22

Die Weisheit des Glücks ... 34

1 »Glücklich sein« statt nur »Glück zu haben« ... 36

2 Glück hemmende Irrtümer überwinden ... 39

3 Glückliche statt unglücklicher Vergleiche ... 40

Interview: Glück & Geld ... 42

4 »Gut genug« ist besser als »das Beste« ... 46

5 Der Tanz der Gefühle ... 47

6 Nur die Erfahrung zählt ... 50

Zusammenfassung
»Die Weisheit des Glücks« ... 51

Glück bringende Stärken ... 52

7 Dankbarkeit ... 54

8 Aufmerksamkeit ... 55

9 Leben im *Hier* und *Jetzt* ... 56

10 Ehrlichkeit und Aufrichtigkeit ... 58

11 Gelassenheit ... 59

12 Geduld ... 61

13 Offenheit ... 63

14 Neugierde ... 65

15 Mut ... 66

16 Entschlossenheit ... 69

17 Beharrlichkeit ... 70

Zusammenfassung
»Glück bringende Stärken« ... 71

Inhalt

Positives Denken ... 72

- **18** Glück erwarten heißt Glück schaffen ... 73
  - **Extra:** Optimistische Menschen leben länger ... 74
- **19** Glück bei kleinen Chancen ... 75
- **20** Interaktionen mit anderen ... 77
- **21** Die Energie der Vorfreude ... 79
- **22** Die Kraft der Intuition ... 80
- **Zusammenfassung** »Positives Denken« ... 81

Negatives überwinden ... 82

- **23** Negative Gefühle im Zaum halten ... 83
- **24** Schlechte Nachrichten – nein danke! ... 85
- **25** Fernsehfrei leben – klug, schlank und glücklich ... 87
- **26** Vergangenes Unheil abschütteln ... 88
- **27** Die Kunst, zu vergeben ... 90
- **28** Das Glück im Unglück erkennen ... 91
- **29** Pech in Glück verwandeln ... 93
- **30** Zukünftigem Pech aktiv vorbeugen ... 94
- **31** Strategien gegen Härtefälle ... 95
- **32** Stress, lass nach ... 97
- **Zusammenfassung** »Negatives überwinden« ... 99

Positive Gewohnheiten ... 100

- **33** Positive Routinen entwickeln ... 101
- **34** Gute Gefühle kultivieren ... 103
- **35** Glückliche Zeiten allein ... 105
- **36** Die Wärme der Geborgenheit ... 106
  - **Extra:** Die Glücksdatenbank ... 108
- **37** Ordnung schafft Klarheit ... 110
- **38** Allzeit bereit ... 111
- **39** Wer lacht, hat mehr vom Leben ... 113
- **40** Freundlich sein bringt Glück ... 114
- **Zusammenfassung** »Positive Gewohnheiten« ... 115

Die Freuden des Körpers 116

- 41 Die fantastische Grundausstattung 117
- 42 Bewegen: mäßig, aber regelmäßig 119
- 43 Vom Heilen zur Prophylaxe 120
- Extra: Das Eiswasser-Experiment 122
- 44 Der Lohn der Aktivität 123
- 45 Aller Anfang ist schwer 124
- 46 Guter Schlaf wirkt Wunder 125
- 47 Kraftspender Meditation 126
- 48 Sex, Lust und Leidenschaft 128
- Zusammenfassung »Die Freuden des Körpers« 131

Das Glück genießen 132

- 49 Die positiven Erlebnisse zählen 133
- 50 Das Glück der kleinen Dinge 134
- 51 Die Tiefe der Sinne ergründen 135
- Extra: Glück stärkt Kreativität und Gedächtnis 136
- 52 Es kommt auf die Dosierung an 138
- 53 Die Abwechslung macht's 139
- 54 Kochen – im Rausch der Sinne 140
- Zusammenfassung »Das Glück genießen« 143

Flow – fließendes Glück 144

- 55 Selbst gestellte Aufgaben 145
- 56 Herausforderung und Fähigkeiten in Balance 146
- 57 Die Fähigkeit zur Konzentration 148
- 58 Klare, sinnvolle Ziele 150
- 59 Unmittelbares Feedback 151
- 60 Mit voller Hingabe 153
- 61 Erfreuliche Erfahrungen 154
- Zusammenfassung »Flow – fließendes Glück« 155

Inhalt

Glück mit anderen ... 156

62 Ein starkes Glücksnetz knüpfen ... 157

63 In Freunde und Familie investieren ... 158

64 Der Zauber der Liebe ... 160

65 Lehrer und Mentoren ... 161

66 Helfen macht glücklich ... 162

67 Ein Amt in Ehren ... 164

Zusammenfassung
»Glück mit anderen« ... 165

Das ganze Glück ... 166

68 Schöpfen aus vielen Quellen ... 167

69 Gott und das Universum ... 168

70 Das richtige Hobby ... 170

71 Zu Gast bei Freunden ... 172

72 Musik, Spiel und Tanz ... 173

73 Sport im Team ... 175

74 Der grüne Daumen ... 176

75 Raus in die Natur ... 177

76 Jeder ist ein Künstler ... 180

77 Eine Glücksrevolution anzetteln ... 181

Zusammenfassung
»Das ganze Glück« ... 183

Anhang

Bücher, die weiterhelfen ... 184

Links, die weiterhelfen ... 185

Vertiefende Ideen, Links und Bücher zu den einzelnen Glückswegen ... 186

Register ... 190

Impressum ... 192

Ihr Weg zum Glück

Was ist das eigentlich: Glück? Und wie schafft man es, ein glückliches, erfülltes Leben zu führen? Diese Fragen stellten sich Menschen zu jeder Zeit und an jedem Ort. Wir haben heute mehr Antworten als jemals vorher. Aber sind es auch die richtigen?

Unterwegs ins Glück

Jeder hat es schon mal erlebt, jeder will es haben: Glück. Doch was ist das eigentlich? Es gibt Hunderte von Erklärungsversuchen und eine Fülle von Zitaten, in denen Menschen sich mühen, das Glück und die Idee, die es verkörpert, zu fassen. Bei jedem dieser Versuche bleibt der Eindruck, dass alle Definitionen und Zitate nur winzige Aspekte des Glücks zeigen, dass das Glück immer wieder auch ganz anders daherkommen könnte. Es ist, als würden wir versuchen, mit einer Taschenlampe das Innere einer dunklen Kathedrale zu erkunden: Mal fällt der Lichtkegel auf ein buntes Fenster, dann wieder blitzt Gold auf. Irgendwann verliert sich der Strahl dann in der Ferne, wo wir nur schemenhaft etwas zu erkennen glauben.

Doch wenn wir lange genug suchen und all die vielfältigen Eindrücke auf uns wirken lassen, ergibt sich aus den Lichtflecken und verschiedenen Perspektiven allmählich ein Gesamteindruck.

Schon die antiken Philosophen haben sich intensiv mit dem Glück beschäftigt – ebenso wie die großen Denker in der fernöstlichen Kultur. Insgesamt haben diese Menschen schließlich eine Menge von Hinweisen dazu gefunden, was unser Glück fördert und was ihm eher abträglich ist. Und sie haben ihr Wissen in Form von Anleitungen zu einer sinnvollen Lebensführung weitergegeben. Doch so richtig Licht ins Dunkel kommt erst mit der modernen Glücksforschung.

Glücksforschung und Positive Psychologie

Der Arzt Sigmund Freud begründete Anfang des 20. Jahrhunderts die moderne Psychologie. Er beschäftigte sich dabei hauptsächlich mit Störungen der Psyche und suchte nach Wegen, um Einschränkungen zu heilen. Und diese Praxis haben seitdem Generationen von Psychiatern und Psychologen weitergeführt: Sie konzentrieren sich fast ausschließlich auf Störungen und Mängel. Mit Therapien versuchen sie, Defizite auszugleichen und zu beheben. Der Fokus liegt auf dem, was »nicht normal« ist und was repariert werden kann. Das ist natürlich zum einen sinnvoll. Andererseits aber schränkt es ein, weil dabei das gesamte Reservoir an förderlichen, positiven Eigenschaften zu großen Teil unbeachtet bleibt.

Erst seit Mitte der Neunzigerjahre des letzten Jahrhunderts sprießt in diesem Bereich ein neues Pflänzchen: die Positive Psychologie. Als der amerikanische Psychologieprofessor Martin E.P. Seligman 1996 Vorsitzender der American Psychological Association (APA) wurde, setzte er mit der Begründung der Positiven Psychologie ein neues Zeichen: Der Weg der defizitären Aspekte sollte verlassen werden und die Forschung sollte sich mit dem beschäftigen, was Menschen stärkt und das Leben lebenswerter macht. Die Positive Psychologe beobachtet und untersucht das Erleben und Verhalten von Menschen und versucht daraus Schlüsse zu ziehen. Dabei legt sie hauptsächlich auf die folgenden drei Bereiche Wert:

Positive Emotionen
Wie können Befindlichkeiten wie Lebenszufriedenheit, Lebensfreude, Glück, Geborgenheit, Vertrauen, Selbstvertrauen, Optimismus, Freude, Hoffnung, Akzeptanz, Dankbarkeit, Lust und Zuneigung erzeugt, verstärkt und aufrechterhalten werden?

Positiver Charakter
Welche Stärken und Tugenden bringen auf Dauer positive Emotionen wie die genannten hervor? Einige gute Beispiele dafür sind die folgenden Eigenschaften: Aufrichtigkeit, Beharrlichkeit, Bescheidenheit, Besonnenheit, Empathie, Fairness, Integrität, Friedfertigkeit, Geduld, Gelassenheit, Humor, Menschlichkeit, Mut, Nächstenliebe, Weisheit, Wertschätzung.

Positive Strukturen
Bestimmte Zustände in Gesellschaften, Politik, öffentlichen Verwaltungen und der Wirtschaft unterstützen die Menschen bei der Ausbildung positiver Charaktereigenschaften (siehe rechts). Und wenn möglichst viele Menschen einen gesunden und guten Charakter entfalten können, können sie wiederum positive Emotionen entwickeln.

Damit beteiligt die Positive Psychologie auch andere Felder der Sozialwissenschaften wie etwa Soziologie, Politikwissenschaft, Anthropologie und die Wirtschaftswissenschaften.

Neurowissenschaftler kommen zu Wort

Die Ansätze der Positiven Psychologie sind alle spannend. Aber so richtig aufregend wird es auf diesem Gebiet erst seit ein paar Jahren. Neurowissenschaftler, die sich mit dem Aufbau, den Strukturen und der Funktionsweise des Gehirns beschäftigen, steuern in der jüngsten Vergangenheit bahnbrechende Erkenntnisse bei. Mit modernen bildgebenden Verfahren wie zum Beispiel der Magnetresonanztomografie (MRT) oder der Positronen-Emissionstomografie (PET) können sie dem Gehirn quasi beim Denken und Fühlen zusehen.

Ihre Entdeckung: Wenn wir glücklich sind, dann sind bestimmte Gehirnregionen besonders aktiv. Ausgelöst durch diverse Vorgänge feuern die Gehirnzellen (Neuronen) in den Belohnungs- und Motivationszentren unseres Gehirns und vermitteln uns daher das angenehme Gefühl. Mehr dazu lesen Sie im Interview mit dem Neurowissenschaftler Prof. Tobias Esch ab Seite 15.

Die positiven Eigenschaften glücklicher Menschen

Der amerikanische Psychologieprofessor Ed Diener von der University of Illinois ist einer der Pioniere der Glücksforschung. Seit über 25 Jahren forscht er danach, was Menschen glücklich macht. Er spricht aber weniger von Glück (happiness), sondern verwendet eher den wissenschaftlichen Begriff des subjektiven Wohlbefindens (subjective well-being, SWB).

Ed Diener hat während seiner umfangreichen Forschungsarbeiten eine erstaunliche Liste zusammengetragen, was Menschen mit einem hohen SWB-Wert auszeichnet:

- Glückliche Menschen haben im Durchschnitt ein stärkeres Immunsystem. Es gibt zahlreiche Beweise dafür, dass glückliche Menschen länger leben (siehe auch die Ergebnisse der Studie auf Seite 74).

- Glückliche Menschen sind kreativer. Sie sind eher an Lösungen statt Problemen interessiert. Sie packen die Sachen an, statt über Missstände zu jammern.

- Glückliche Menschen sind die besseren Kollegen bei der Arbeit: Sie tendieren dazu, anderen mehr zu helfen, sie erledigen ihre Arbeit und bringen Projekte eher zu Ende.

- Glückliche Menschen sind erfolgreicher: Sie verdienen mehr Geld, führen bessere Ehen und Partnerschaften, bekommen bessere Jobs usw.

- Glückliche Menschen haben eine höhere Sozialkompetenz. Sie sind gesellig und unterstützen andere Menschen. Sie werden ihrerseits von anderen sehr gemocht.

- Glückliche Menschen sind erfolgreicher als Führungskräfte, weil sie mit Mitarbeitern, Kollegen und Vorgesetzten besser umgehen können.

- Glückliche Menschen sind besser im Umgang mit schwierigen Situationen. Sie sind nicht so leicht zu erschüttern. Sie arbeiten beharrlich an einer Lösung, bis die schwierige Situation überwunden ist.

Daraus ergibt sich, dass glückliche Menschen auch die besseren Bürger sind: Wer glücklich ist, findet kaum Anlässe für Streit. Ein glücklicher Mensch hat auch keinen Grund, andere Menschen zu bestehlen oder zu betrügen.

Insgesamt zeigen die Forschungsergebnisse, dass ein hoher SWB-Wert extrem erstrebenswert ist. Das gilt für den einzelnen Menschen, aber auch für die gesamte Gesellschaft.

Glück ist ein Gefühl

Das angenehme Gefühl, das wir alle anstreben, ist also ein elektrisch-chemischer Vorgang in unserem Gehirn. Und es gibt einen guten Grund für diesen Vorgang: Im Laufe der Evolution wurde Menschen damit signalisiert, dass sie immer dann, wenn sie glücklich sind, etwas Richtiges und Gutes tun.

Diese positive Bestätigung sichert unser Überleben. Einmal unser individuelles Überleben, indem wir mit lebensnotwendigen Handlungen – wie Essen, Trinken, Schlafen, ausreichender Bewegung – unseren Körper erhalten. Und es sichert auch unser Überleben als Gemeinschaft, indem wir uns fortpflanzen, uns gegenseitig helfen und einander unterstützen.

Es gibt nicht »den« Weg zum Glück – sondern sehr viele!

Vielleicht haben Sie schon öfter mal vom »Schlüssel zum Glück« oder Ähnlichem gehört oder gelesen. Heute kann man sicher sagen: Es gibt keinen Zentral-Schlüssel zum Glück. Keine einzelne Wahrheit, die alles erklärt. Keine allgemein gültige Methode, die allein glücklich macht.

Glück lässt sich vielmehr zubereiten wie nach einem Rezept, zu dem es vieler Zutaten bedarf. Einige sind notwendig, andere runden das Gericht ab oder verleihen ihm einen besonderen Pfiff. Die Rezepte lassen sich abändern und verfeinern.

So wie man erst die Zutaten in der Küche kennen lernen muss, bevor man kochen kann, so muss man auch erst einmal die Zutaten des Glücks kennenlernen und wissen, wie man mit ihnen sinnvoll umgeht. Auch gilt es, bei der Zubereitung des Mahls eine sinnvolle Reihenfolge einzuhalten. Es passen nicht alle Gerichte zu allen Gelegenheiten. Aber das sind alles keine großen Geheimnisse, sondern Dinge, die wir im tiefsten Inneren alle wissen.

Glück ist lernbar!

Das heißt konkret: Wir können als Menschen Dinge einüben und tun, mit denen wir gezielt die angenehmen Gefühle hervorrufen. Und damit sind keineswegs nur Essen, Trinken und Sex gemeint.

Machen wir uns auf, die Dimensionen des Glücks zu erkunden.

Die Dimensionen des Glücks

Anschaulich könnte man sagen: Glück ist eine Kiste. So wie eine Kiste drei Dimensionen hat, hat auch das Glück drei Dimensionen: Länge, Tiefe und Breite.

Länge = Dauer

Die Länge steht für die Dauerhaftigkeit des Glücks. Obwohl Glück nur im Augenblick geschieht, kann es sehr wohl eine Aneinan-

Ihr Weg zum Glück

Bruttosozialglück statt Bruttosozialprodukt

Jahrzehntelang haben unsere Politiker das Bruttosozialprodukt (BSP) als wesentliche Kennzahl für den Fortschritt unserer Gesellschaft angesehen. Alle freuten sich, wenn sie die Steigerung des BSPs bekannt geben konnten. Das BSP ist die Summe alle Produktionen und Dienstleistungen eines Jahres. Folgerichtig wurde jede Aktion begrüßt, die zum BSP beiträgt. Leider ist es so, dass auch höchst bedauernswerte Ereignisse das BSP steigern. Bei einem Unfall auf der Autobahn gibt es zwei Tote und drei Schwerverletzte; die Autos sind schrottreif. Alles trägt zum BSP bei: die Beerdigungen, die Leistungen der Ärzte, die Beschaffung von neuen Fahrzeugen, Medikamente, Reha-Maßnahmen ... Aber was ist mit dem Leid der Hinterbliebenen, jahrelangen Schmerzen der Verletzten, lebenslangen Behinderungen? Das BSP ist durch diesen Unfall gestiegen, das Glück einiger Menschen stark gesunken. Offensichtlich kein wünschenswerter Zustand.

Als erster Staat weltweit will das Königreich Bhutan neue Wege gehen. In Bhutan steht nicht das BSP im Mittelpunkt politischen Handelns, sondern das Bruttosozialglück (Gross National Happiness, GNH). Jede politische Maßnahme wird daran gemessen, ob sie zum Glück möglichst vieler Menschen beiträgt oder diesem eher widerspricht. Noch ist Bhutan ein Königreich, aber vor kurzem fanden die ersten Parlamentswahlen statt. Obwohl sich die 670.000 Einwohner relativ glücklich fühlen, möchte der König mehr Demokratie (Bhutan nimmt auf der Weltkarte des Glücks Rang 8 ein, siehe Seite 164). Er möchte politische, wirtschaftliche und kulturelle Rahmenbedingungen schaffen, die es jedem Bewohner Bhutans ermöglichen sollen, sein individuelles Glück zu finden und leben. Diese Vision versucht die Regierung über vier Ebenen zu erreichen:

Wirtschaftliche Entwicklung. Bhutan soll unabhängiger vom Ausland werden. Jedem Bürger soll ein ordentlicher Unterhalt garantiert sein und er soll Zugang zu guter Erziehung und Gesundheitsversorgung erhalten.
Schutz der Kultur. Die Regierung hat sich das Ziel gesetzt, die einzigartige Kultur Bhutans zu erhalten. Daher wird der Tourismus nur dosiert zugelassen. Die staatlichen Instituionen fördern eine aggressions- und kriegsfreie Gesellschaft. Sie unterstützen das Gedeihen von Kunst, Musik, Tanz und Theater.
Schutz der Natur. Der Schutz der Natur ist eng verbunden mit dem Schutz der Kultur. Die Menschen sollen die Natur möglichst schonen. Bhutan verfügt über weite Landesteile mit fast unberührter Natur und daher über eine unglaubliche Artenvielfalt. Diesen Schatz gilt es zu pflegen und zu erhalten.
Gute Staatsführung. Ziel ist es, dass alle Angestellten im öffentlichen Dienst die Grundsätze und Ziele des Bruttosozialglücks verinnerlichen. Durch Dezentralisierung erhalten die Bürger Bhutans die Möglichkeit, sich in die Entwicklung des Landes einzubringen.

derreihung von Glücksmomenten geben. Wir können nicht immer glücklich sein, aber sehr viele glückliche Tage erleben. Wer es versteht, das Glück nicht nur im Privaten zu erleben, sondern auch im Beruflichen, der dehnt das Glück über große Zeiträume aus. Im Allgemeinen sind wir in der Kindheit und Jugend ziemlich glücklich. Im mittleren Alter sinkt das Glück bei den meisten Menschen etwas ab. Wir haben durch Beruf und Familie eine Menge Aufgaben zu bewältigen, die unseren Glückspegel etwas absenkt. Erfreulicherweise steigt der Glückspegel der meisten Menschen aber jenseits der 45 wieder an. Oft erreichen Menschen im Pensionsalter den gleichen Glückspegel wie Jugendliche. Die Lebensglückskurve hat also durchschnittlich die Form einer leicht nach unten gebogenen Kurve, wie ein flaches »U«.

Das gelungene Leben ist schlussendlich die Summe der glücklich verbrachten Zeiten. Allerdings spielt uns dabei unsere Psyche einen Streich: Wir sehen die Zeiten nicht objektiv, sondern messen den zuletzt erlebten Zeiten eine höhere Bedeutung zu. Mit anderen Worten: Wenn die letzte Zeit gut war, neigen wir dazu, die gesamte Zeit als gut zu beurteilen. So lässt die letzte sonnige Urlaubswoche die ersten beiden Regenwochen leicht vergessen. Umgekehrt können aber ein paar Regentage zum Schluss dafür sorgen, dass wir den vorher durchweg sonnigen Urlaub in trüber Erinnerung behalten.

Wenn wir unsere Glückskiste also groß machen wollen, spielt die Länge eine ebenso große Rolle wie Tiefe und Breite. Leider können wir die Länge aber nur über die beiden anderen Dimensionen erreichen.

Tiefe = Intensität

Die zweite Dimension ist die Tiefe. Dies entspricht beim Glück der Intensität des Erlebens. Wenn wir nur oberflächliches Glück erreichen, ist unsere Kiste sehr flach. Bei großer Intensität wird unsere Glückskiste tief und geräumig.

An dieser Stelle tauchen zum ersten Mal die Glückswege auf, die den wesentlichen Teil des Buches ausmachen. Jeder Glücksweg ist mit einer Nummer gekennzeichnet, sodass Querverweise einfach zu finden sind. Die Verweise sehen beispielsweise so aus: Leben im *Hier* und *Jetzt* ➔ **9** | S. 56 ff.

Große Intensität erreichen wir, indem wir ausreichend genießen ➔ **49 bis 54** | S. 132 ff., Flowerfahrungen ➔ **55 bis 61** | S. 145 ff. machen und eine innige Beziehung zu anderen Menschen haben ➔ **62 bis 67** | S. 157 ff. Forscher, Künstler, Leistungssportler, überhaupt Menschen, die etwas mit voller Hingabe tun und ihr Bestes geben, erleben während ihrer Tätigkeit sehr intensive positive Gefühle.

Die Intensität lässt sich durch ständige Übungen trainieren und vertiefen. Dabei ist es egal, ob wir köstliche Rotweine von der Ahr verkosten, ein Klavierstück üben oder auf dem Golfplatz versuchen, unser Handicap zu verbessern. Es spielt keine Rolle, ob wir unsere rhetorischen Fähigkeiten immer weiter schulen, den Rehrücken diesmal noch etwas zarter hinbekommen oder die Geranien dieses Jahr noch eine Spur intensiver duften: Selbst wenn alles bleibt, wie es ist, erleben wir allein durch die Verbesserung unserer Wahrnehmung jedes Mal tiefere Glücksgefühle.

Breite = Vielfalt

Dieser dritten Dimension widmet sich vor allem dieses Buch. Sie werden sehr viele Glückswege kennenlernen. Je mehr Glückswege Sie kennen und anwenden, umso breiter wird Ihre Glückskiste. Die Breite ist die Dimension, die Sie am einfachsten ausdehnen können.

Damit hätten wir auch eine Formel, um die persönliche Glückskiste immer weiter zu vergrößern: Machen Sie die Kiste möglichst breit, indem Sie viele Glückswege gehen. Machen Sie die Glückskiste möglichst tief, indem Sie das Glück sehr bewusst ganz intensiv genießen und auskosten. Wenn Sie dann beides möglichst oft und über einen möglichst langen Zeitraum tun, dann fügen Sie ganz automatisch die entscheidende dritte Dimension hinzu: die Länge.

Wenn wir nur die beiden Dimensionen Breite und Dauer betrachten, ergeben sich vier extreme Arten von Glück:

Das Glück, welches nur vorübergehend ist und sich nur auf eine Sache bezieht, nennen wir *Vergnügen* (der Kinobesuch, das Eis, die Weinprobe).

Bezieht sich das Glück auf eine Sache, ist aber von Dauer, dann sprechen wir von einer *Gebiets-Zufriedenheit* (erfolgreicher Sportler, guter Manager, Hobbykoch). Wenn das Glück alles umfasst, aber nur von kurzer Dauer ist, dann nennen wir dies eine *Grenzerfahrung* (top experience, Erleuchtung, Satori).

Und schließlich führen das Ganze und die Dauer zu einer *Lebenszufriedenheit*.

Ist Glück planbar?

Es gibt also zahlreiche Wege zum Glück und eine reiche Auswahl von Glücksquellen. Aber der Weg zum persönlichen Glück ist und bleibt immer individuell. Jeder Mensch braucht etwas anderes, um sich glücklich zu fühlen.

Es kann deshalb keinen Plan zum Glück geben, der für jeden gleichermaßen gut und passend wäre. Aber es gibt so etwas wie einen Meta-Plan: einen Plan über den Plan zum Glück. Die folgenden Punkte sind dabei wichtig:

1. Treffen Sie eine bewusste Entscheidung:
Ja, ich will glücklich sein!

Die Tatsache, dass Sie diese Zeilen lesen, zeigt, dass Sie schon einen wichtigen Schritt getan haben. Sie haben sich dieses Buch gekauft oder geliehen. Die Neugierde oder der Wunsch glücklich zu sein hat Sie dazu geführt.

Ihre Entscheidung ist schwach, wenn sie nur einer momentanen Laune entspringt (»Ach ja, glücklich zu sein wäre nicht schlecht«). Ihre

Entscheidung ist stark, wenn Sie sie bewusst treffen; beruhend auf der Erkenntnis, dass Sie selbst die Quelle Ihres Glücks sind. Der bewusste, unumstößliche Beschluss: »Ja, ich will glücklich sein!« ist das Fundament für alle folgenden Schritte.

2. Lernen Sie das Glück kennen

Die Glücksforschung hat eine ganze Reihe von interessanten Erkenntnissen für Sie bereit. Einige Erfahrungen werden Sie schon selbst gemacht haben. Vielleicht zufällig oder nur gelegentlich. Sie werden aber wahrscheinlich auch einige Aha-Effekte erleben: überraschende Erkenntnisse und Altbekanntes in einem ganz anderen Licht.

Sie werden in diesem Buch zahlreiche Wege zum Glück finden. Je mehr Wege Sie kennen, umso besser können Sie auswählen, was gut für Sie ist.

3. Gewinnen Sie Ihre eigenen Erfahrungen

Glück ist zwar lernbar. Aber nicht im Sinne einer mathematischen Formel, die man nach der einmaligen Erkenntnis jetzt immer und immer wieder in der gleichen Weise anwendet. Sondern eher so, wie man lernt, ein Musikinstrument zu spielen. Wenn jemand beginnt, Klavier zu spielen, dann hat er anfangs große Mühe die richtigen Tasten zu finden. Die Finger sind noch steif, und so mancher falsche Ton wird getroffen. Aber im Laufe der Zeit wird das Spiel immer einfacher. Die Erfolge beflügeln.

Sie werden zwei wichtige Gebiete betreten: Gut-Land und Schlecht-Land. Auf Gut-Land bauen Sie positive Gewohnheiten auf. Das sind die Dinge und Handlungsweisen, bei denen Sie spüren, dass sie Ihnen gut tun. Auf Schlecht-Land bauen Sie Unglück ab: Sie vermeiden, reduzieren, verkleinern Dinge und Handlungsweisen, die Ihnen nicht gut tun.

Stellen Sie sich eine Waage mit zwei Waagschalen vor: Auf der rechten Seite wäre die Waagschale mit den Glück bringenden Dingen und Gewohnheiten. Je mehr Sie in diese Waagschale legen, umso mehr wird sich die rechte Seite nach unten neigen.

Wenn Sie aber in der linken Waagschale noch eine Menge Glück mindernder oder gar Unglück bringender Gewohnheiten haben, dann fällt es schwer, dieses Gegengewicht zu überwinden.

Es ist also sinnvoll, beide Waagschalen zu beachten. Am sinnvollsten, etwas aus der linken Schale wegzunehmen und in die rechte Schale hineinzulegen. Sie werden auf den folgenden Seiten zahlreiche Hinweise bekommen, wie Sie genau dies tun können.

4. Bleiben Sie dran!

Sie werden sehr viele positive Erfahrungen machen. Aber auch Rückschläge erleben. Äußerst wichtig ist, dass Sie sich durch diese Rückschläge nicht entmutigen lassen. Der Klavierspieler hört auch nicht nach dem ersten falschen Ton auf. Sondern er übt und übt und übt. Und erfreut sich sehr bald an einer harmonischen Melodie.

Bleiben Sie dran, machen Sie zuversichtlich immer weiter –, und Sie werden aus Ihrem Leben ein Fest machen!

Das Glück aus der Sicht eines Neurobiologen

Prof. Dr. Tobias Esch ist weltweit einer der führenden Forscher auf dem Gebiet der neurobiologischen Grundlagenforschung im Kontext von Glück und Gesundheitsförderung. Als ehemaliger Harvard-Stipendiat und gegenwärtiges Mitglied einer neurowissenschaftlichen Arbeitsgruppe in New York geht er unter anderem der Frage nach, was in unserem Körper und unserem Gehirn passiert, wenn wir glücklich sind. Aber auch die Anwendung der gewonnenen Erkenntnisse kommt bei ihm nicht zu kurz: als Mediziner und Studiengangsleiter für Integrative Gesundheitsförderung in Coburg bringt er sein Wissen unmittelbar in die Arbeit mit Menschen ein.

Herr Professor Esch, wie sieht das Glück aus der Sicht eines Neurobiologen aus?

Tobias Esch: Es gibt eine Menge Hinweise darauf, dass das Glücksempfinden uns für richtiges Verhalten im Sinne von Überleben und Gesundheit belohnt. Wir bekommen also über ein gutes Gefühl eine Rückmeldung von unserem Körper. Der uns durch das Glücksgefühl sagt: Das hast du gut gemacht.
Daher können wir sagen: Glück steuert unser Verhalten. Im Laufe der Evolution haben sich verschiedene Systeme und Botenstoffe gebildet, die zu verschiedenen Zeitpunkten auf unser Glücksgefühl und unser Wohlbefinden Einfluss nehmen. In der Wissenschaft beginnen wir seit ein paar Jahren zu begreifen, wie und wann uns diese Hormone glücklich werden lassen.

Sie haben von Botenstoffen und Hormonen gesprochen. Manchmal wird auch der Begriff Neurotransmitter verwendet. Wodurch unterscheiden sich diese Begriffe?

Tobias Esch: Botenstoff ist der allgemeine Begriff. Botenstoffe haben die Aufgabe, die Kommunikation zwischen Zellen herzustellen und zu gewährleisten. Ihre Botschaften können selbst entfernt gelegene Orte im Körper miteinander verbinden.. Die Botenstoffe werden im Körper von verschiedenen Zellen gebildet. Neurotransmitter sind Botenstoffe, die von Nervenzellen gebildet werden. In dem Begriff Neurotransmitter stecken die Wortbestandteile »Neuro« für Nerven und »Transmitter« für Überträger. Sie wirken meist auf unmittelbare Nachbarzellen. Hormone sind auch Botenstoffe, die aber hauptsächlich über das Blut verbreitet werden. Vereinfacht kann man sagen, dass Neurotransmitter im Nahbereich – von Nervenzelle zu Nervenzelle – Signale verbreiten und Hormone über die Blutbahnen über weite Strecken kommunizieren können.

Wo wirken diese Botenstoffe, die uns das Glücksgefühl vermitteln?

Tobias Esch: Die Botenstoffe, die für unser Glücksgefühl verantwortlich sind, wirken in den Gehirnteilen, die wir als Belohnungs- und Motivationszentren bezeichnen. Das sind Teile des Mittelhirns, das limbische System und Teile im Frontallappen, sozusagen im Stirnbereich. Auch zwischen diesen Teilen gibt es bildlich gesprochen »große Straßen« (mesostriatal, mesolimbisch und mesofrontal/-kortikal) von Gehirnaktivitäten beim Glücksempfinden. Das limbische System steht aber fraglos im Zentrum, es ist gewissermaßen der Kreuzungspunkt. Das sind aber mehr Details, die uns Neurowissenschaftler interessieren. Wichtig ist nur zu wissen, dass dann, wenn wir uns glücklich fühlen, in bestimmten Gehirnregionen eine erhöhte Aktivität stattfindet. Und die können wir mit modernen bildgebenden Verfahren immer besser darstellen.

Welche Botenstoffe sind für unser Glück die wichtigsten?

Tobias Esch: In der Forschung haben wir bislang gut ein Dutzend von Glückshormonen entdeckt. Diese wirken wie einzelne Instrumente in einem Orchester zusammen, die zu verschiedenen Zeitpunkten einsetzen. Die drei wichtigsten Botenstoffe sind Serotonin, Dopamin und – erst vor kurzem von uns entdeckt – körpereigenes Morphium. Serotonin und Dopamin sind inzwischen als »Glückshormone« auch in der Allgemeinliteratur bekannt, aber bei dem körpereigenen – endogenen – Morphium wird es erst richtig interessant.

Wie und wann wirken Serotonin, Dopamin und körpereigenes Morphium?

Tobias Esch: Ich vergleiche diese drei Botenstoffe gerne mit einem Kaminfeuer: Das Serotonin stellt gewissermaßen das Feuerholz dar. Wenn wir uns an einem langen Winterabend am Kamin wärmen wollen, dann müssen wir erst einmal über genügend Feuerholz verfügen. Das Feuerholz sollte auch trocken sein und die richtige Holzart sollte es sein, eine, die gut zum Verfeuern geeignet ist.
Das Dopamin ist vergleichbar mit dem Anzünden des Feuers: Wenn wir uns auf etwas freuen, wenn wir etwas beginnen, wenn wir eine Aufgabe angehen, die uns herausfordert, von der wir aber ziemlich sicher annehmen können, dass wir sie erfolgreich bewältigen können, dann schüttet unser Körper Dopamin aus.
Wenn dann das Feuer so richtig schön brennt und sich genügend Glut gebildet hat, dann kommt das Morphium zum Tragen. Es vermittelt uns das wohlige Gefühl, das Richtige zu tun. Das ist die anhaltende Freude nach einer gelungenen Arbeit, die Belohnung danach.

Können wir etwas tun, um diese drei Phasen zu unterstützen? Und wenn ja, was?

Tobias Esch: Wir können auf jeden Fall etwas tun. Jeder! Fangen wir beim Serotonin an – um im Bild zu bleiben, beim Sammeln des Feuerholzes. Serotonin wird gebildet, wenn wir einen vernünftigen Tag-Nacht-Rhythmus einhalten, also ausreichend schlafen und genügend Tageslicht genießen.

Teilweise können wir Serotonin auch direkt über Nahrungsmittel aufnehmen und zwar in Form einer Vorstufe des Serotonin, dem Tryptophan. Dies ist eine Eiweißverbindung, die beispielsweise reichlich in Schokolode und Bananen enthalten ist – zwei Genuss- und Lebensmittel, die sprichwörtlich glücklich machen. Im Winter, wenn die Tage kurz und die Nächte länger sind, geht die Serotonin-Bildung zurück. Interessanterweise greifen wir in dieser Jahrzeit zu Nahrungsmitteln, die besonders viel Serotonin oder dessen Vorstufe Tryptophan enthalten. Es ist also kein Wunder, dass zur Weihnachtszeit häufig Schokolade oder Nüsse auf den Tellern liegen.

Wie können wir die Dopamin-Ausschüttung unterstützen?

Tobias Esch: Dopamin ist das prickelnde Element. Dopamin wird beispielsweise beim Zigarettenrauchen erzeugt – obwohl ich das natürlich als Mediziner überhaupt nicht befürworten kann. Auf viel sinnvollere Weise können wir Dopamin erzeugen, indem wir uns auf etwas freuen. Mit der Vorfreude entzünden wir gewissermaßen das Feuer. Wenn wir uns im Alltag immer wieder Aufgaben widmen, die uns herausfordern, die wir aber bewältigen können, dann spielt Dopamin die Hauptrolle. Vor einem Bungee-Sprung schießt der Dopaminspiegel in große Höhen. Ebenso, wenn wir an herausragenden Projekten arbeiten, wenn wir von Menschen umgeben sind, die wir lieben, die uns inspirieren. Das Gleiche geschieht, wenn wir uns mit schönen Dingen befassen. Auch im Wechselspiel von Anspannen und Entspannen, begleitet uns ein hoher Dopaminspiegel. Und: Jeder Meditierende schüttet Dopamin in hohen Maßen aus. Das ist ein Zeichen, dass bei der Meditation etwas Wichtiges passiert. Das Zusammenspiel von Ruhe, gleichmäßigem Atmen und Reduzieren der Gedanken signalisiert uns wieder durch das Glücksgefühl, dass wir etwas Richtiges, Sinnvolles, auch etwas Gesundes tun.

Können wir auch der Morphium-Produktion auf die Sprünge helfen?

Tobias Esch: Das im Körper selbst gebildete Morphium kommt erst in der dritten Phase des Glücksempfindens zur Geltung – die Glut, nachdem die Flammen etwas zurückgegangen sind. In der Dopaminphase sind wir ja eventuell noch angespannt, weil wir mit voller Konzentration, voller Hingabe und Kraft an etwas arbeiten. Da ist möglicherweise der Puls hoch. Hier spielen auch die bekannten Endorphine eine Rolle.

Das Morphium wird zeitlich etwas später gebildet. Es wirkt dann als Regulator in Richtung Normalzustand. Wir können die Morphiumbildung unterstützen, indem wir die erfolgreich getane Arbeit genießen. Abends die Füße hochlegen, ein Glas Rotwein trinken, das ist die Phase des Morphiums. Wir verspüren dann ein wohliges Gefühl, welches uns darin bestätigt, dass wir etwas Gutes und Richtiges getan haben.

In der Phase des Morphiums sind wir von Stolz erfüllt: der Sieg beim Wettkampf, die Abgabe einer wissenschaftlichen Arbeit, die Vollendung eines Kunstwerkes, die gelungene Musik- oder Theateraufführung. Aber es muss nicht immer so hoch angesiedelt sein, auch der Alltag bietet genügend Möglichkeiten, uns durch Morphium zu belohnen: die gelungene Präsentation, die zufriedenen Gäste, die Freude über einen stilvollen Brief oder das erfolgreiche Telefonat.

Woran können wir merken, ob wir ausreichend mit Glückshormonen versorgt sind?

Tobias Esch: Das Serotonin bestimmt unsere Grundstimmung. Wenn wir davon genügend haben, dann sind wir aktiv, haben Lust etwas anzupacken. Wenn uns dagegen Serotonin fehlt, dann befinden wir uns leicht in einer depressiven Grundstimmung. Einige Menschen haben zum Beispiel in den Wintermonaten einen Serotoninmangel, weil sie zu wenig Tageslicht abbekommen. Wir sprechen dann von einer »saisonalen Depression«. Ausgleichen kann man dies dadurch, dass man öfter nach draußen geht, weil dort die Lichtmenge oder -intensität erheblich größer ist als in Innenräumen. Auch falsche Ernährung kann zu einem Serotoninmangel führen. Wer ständig nur Fastfood isst, muss sich nicht wundern, wenn er mit zu wenig Serotonin versorgt ist. Der Serotoninmangel führt dann zu Antriebslosigkeit, dies hat auch weniger Bewegung zur Folge. Das Gewicht nimmt noch weiter zu. Ein Teufelskreis. Dopaminmangel kann Krankheiten auslösen, die bekannteste ist Parkinson. Auch bei Depressionen fehlt es meist an Dopamin – und Bewegungsarmut verringert Dopaminspiegel und -wirkungen. Morphium fehlt uns vermutlich, wenn wir uns nicht mehr über etwas Gelungenes richtig freuen können, wenn wir nicht mehr zum Genießen in der Lage sind.

Wenn die Glückshormone so wichtig für unser Glück sind, könnte man ja auch auf die Idee kommen, die Glückshormone einfach zu essen oder anders zu konsumieren?!

Tobias Esch: Das wird ja immer wieder versucht. Sämtliche Drogen wirken ja ähnlich wie die Glückshormone. Sie docken an den »Glücksrezeptoren« an und lösen zunächst ähnliche Gefühle aus. Der entscheidende Unterschied ist nur, dass bei den im Körper selbst erzeugten Stoffen ein Autoregulationsmechanismus eingreift, also ein Feedback, um den Pegel von Glückshormonen auf ein vernünftiges Maß zu begrenzen. Nach einer Ausschüttung von beispielsweise Dopamin oder Serotonin wird nach einigen Minuten der ausgeschüttete Botenstoff wieder von der ausschüttenden Zelle aufgenommen und gespeichert.
Bei künstlich zugeführten Drogen fehlt so ein Autoregulationsmechanismus. Durch die fehlende Beendigung oder Steuerung der Wirkungen »stumpfen« die Zellen und Rezeptoren mit der Zeit ab. Um die gleiche Wirkung zu erzielen, muss die Menge an Drogen nach und nach erhöht werden. Die Folge ist ein Suchtverhalten mit fürchterlichen, manchmal tödlichen Folgen. Es ist daher keine gute Idee, Drogen zu nehmen. Wir haben genügend Methoden, unseren eigenen »Glückscocktail« selbst herzustellen.

Stress ist bekanntlich ein Glückskiller. Was geschieht bei Stress?

Tobias Esch: Wenn wir plötzlich mit einer Gefahr oder einer Angst auslösenden Situation konfrontiert werden, mobilisiert der Körper sofort alle Kräfte. Das Gehirn, welches über die Sinnesorgane die Gefahr wahrgenommen hat, schüttet den Botenstoff Adrenalin aus. Dieser aktiviert über die Blutbahnen sofort im ganzen Körper alles, was für Flucht oder Kampf notwendig ist: Die Muskeln werden angespannt, die Adern verengt, um im Falle einer Verletzung möglich wenig Blut zu verlieren. Das Immunsystem wird in höchste Alarmbereitschaft versetzt, um möglichen Infektionen entgegenzuwirken. Endorphine setzen die Schmerzgrenze herauf. Das sind alles natürliche und sinnvolle Reaktionen, um uns zu schützen. Aber wenn das zu häufig geschieht und in zu kurzer Folge, dann wird das Immunsystem überlastet und letztlich geschädigt. Wenn der Körper ständig in Alarmbereitschaft ist, dann gibt es weder eine Entspannung noch ein Auffüllen der Reserven. Das führt dann zu diversen Krankheiten.

Was geschieht noch im Körper, wenn Glückshormone ausgeschüttet werden?

Tobias Esch: Serotonin, Dopamin und endogenes Morphium stoßen fast immer auch eine Ausschüttung von Stickstoffmonoxid an. Das ist ein unscheinbares, aber sehr wirkungsvolles Molekül. Stickstoffmonoxid besteht nur aus zwei Atomen, einem Stickstoffatom und einem Sauerstoffatom, NO. Es kann daher mit vielen anderen Molekülen reagieren. Eine gesunde NO-Ausschüttung senkt den Cholesterinspiegel, stärkt die Gefäße, macht sie weit.

Kann man daher sagen, dass Glück die Gesundheit fördert?

Tobias Esch: Ja, auf jeden Fall. Es gibt eine Fülle von Hinweisen, dass wir eine Menge für unsere Gesundheit tun, wenn wir glücklich sind.

Gibt es aus neurobiologischer Sicht Menschen, die weniger gut glücklich sein können?

Tobias Esch: Wir haben herausgefunden, dass es Menschen gibt, die weniger Rezeptoren für das Andocken von endogenem Morphium haben als das beim Bevölkerungsdurchschnitt der Fall ist. Diesen Menschen fällt es offensichtlich schwerer, sich über etwas Schönes oder Gelungenes zu freuen. Die geringere Rezeptorendichte kann genetisch bedingt sein. Wir haben auch Hinweise darauf, dass sich diese Rezeptoren in frühester Kindheit ausbilden, und dass sehr frühe Kindheitserlebnisse die Rezeptorendichte negativ oder positiv beeinflussen können. Das Erfreuliche ist, dass wir durch Training und durch richtiges oder gesundes Verhalten positiven Einfluss auf die Rezeptorendichte ausüben können. Auch als Erwachsene.
Eines steht fest: Egal wie gut die biologische Ausgangssituation ist, die wir mitbekommen haben, wir können auf jeden Fall etwas für uns tun. Jeder kann etwas für sich tun.

Wie funktioniert dieses Buch?

Sie haben im letzten Abschnitt einen Meta-Plan zu Ihrem Weg zum Glück bekommen. Jetzt geht es mehr um die praktischen Handlungsschritte.

1. Lassen Sie sich Zeit

Dies ist kein Buch im Sinne von »Total glücklich in sieben Tagen« oder »Nie mehr unglücklich«. Egal, wie weit Sie Ihren Lebensweg schon gegangen sind: Gestalten Sie alles noch vor Ihnen liegende Leben möglichst reichhaltig und glücklich. Dieses Buch kann Ihr Begleiter dabei werden. Daher ist es sinnvoll, es immer wieder zur Hand zu nehmen.

2. Verschaffen Sie sich eine Übersicht

Vielleicht haben Sie es ja schon getan und in dem Buch herumgestöbert. Falls nicht, ist jetzt Gelegenheit dazu. Blättern Sie einmal kreuz und quer. Wenn Sie mögen, nehmen Sie sich jetzt ein Blatt Papier (siehe auch 4.) und schreiben Sie sich ein paar Dinge auf:

- Was hat Sie direkt angesprochen?
- Was erwarten Sie von diesem Buch?
- Was haben Sie noch nicht entdeckt?

3. Lesen Sie nach Lust und Laune

Der Aufbau des Buches folgt zwar einer Logik. Aber Sie müssen nicht alles sklavisch von vorn bis hinten lesen. Wenn Sie ein Kapitel besonders angesprochen hat, dann lesen Sie ruhig dieses Kapitel zuerst. Bereits davon werden Sie großen Nutzen haben.

Sie können zum Beispiel auch zuerst den großen Glückstest ab Seite 22 durchführen. In der Auswertung zu diesem Test (ab Seite 28) erfahren Sie, von welchen Kapiteln in diesem Buch Sie besonders profitieren können und wo Ihre »Glücksreserven« liegen.

Den größten Nutzen haben Sie natürlich davon, wenn Sie das Buch vollständig lesen. Denn so lernen Sie möglichst viele Glücksquellen kennen, aus denen Sie dann immer wieder schöpfen können.

4. Notieren Sie wichtige Gedanken

Sie werden während des Lesens und Übens zahlreiche Erkenntnisse haben. Gut ist es, diese zu notieren. Am besten legen Sie sich für Ihren Glücksweg gleich einen Ordner oder eine Kladde an. Sie werden auch zahlreiche Übungen finden, die am besten wirken, wenn Sie sie schriftlich ausführen.

5. Üben Sie

Sie werden zu jedem Glücksweg eine oder mehrere Übungen finden. Viele davon sind einfach. Andere erfordern Zeit und Geduld. Am besten ist natürlich, wenn Sie möglichst viel üben. Auch hier gilt das bereits Gesagte: Lassen Sie sich Zeit. Wiederholen Sie Übungen, die Ihnen gut tun.

Die Übungen sind jedoch keine Fleißaufgaben, sondern sie sollen Ihnen helfen, das Glück zu entdecken, sie sind also sozusagen Werkzeuge, die Sie auf Ihrem Weg zum Glück nutzen können.

Sie werden drei Formen von Übungen vorfinden, die jeweils durch ein Symbol gekennzeichnet sind:

📄 steht für eine schriftliche Übung. Nehmen Sie in diesem Falle ein Blatt Papier zur Hand.

✋ steht für eine Aktion. Hier sollen Sie etwas tun.

💡 steht für ein Gedankenexperiment oder eine Körperübung.

6. Inspiration und Nachschlagewerk

Benutzen Sie dieses Buch als Inspirationsquelle und Nachschlagewerk. Wenn Sie etwas Gutes für sich tun wollen, schlagen Sie kurz ein Kapitel auf und greifen eine Idee auf. Sie werden sich an positive Erfahrungen erinnern.

Wenn Sie zielgerichtet in den Bereichen das Glücklichsein trainieren möchten, in denen Sie noch viele Reserven haben, dann probieren Sie es am besten so: Beantworten Sie die Fragen im Glückstest ab Seite 22.

In der Auflösung zum Test finden Sie dann den Weg zu den Kapiteln, die Übungen enthalten, an denen Sie besonders wachsen können.

7. Suchen Sie sich Verbündete

Suchen Sie sich einen, zwei oder drei Verbündete, mit denen Sie den Glücksweg gemeinsam gehen. Das ist besonders wirkungsvoll. Wenn Sie in einer Partnerschaft leben, dann wird Ihr Partner sowieso an Ihnen positive Veränderungen erleben. Da wäre es doch schön, den gleichen Weg zu gehen. Oder Sie tun das Ganze mit einem Freund, einer Freundin oder im kleinen Kreis von Freunden oder Familie.

Sie werden erleben, dass die gegenseitige Unterstützung und Ermunterung ganz besonders gut tun. Treffen Sie sich regelmäßig oder gelegentlich mit Ihrem »Glücks-Kreis« und berichten Sie einander von Ihren Erfahrungen. Das können auch ganz spontane Telefonate, E-Mails oder Treffen zum Kaffee sein.

Geteiltes Glück ist doppeltes Glück!

Das Plus im Internet

Die Website zum Buch finden Sie übrigens unter:
www.77-wege-zum-glueck.de.
Hier erfahren Sie Aktuelles, Termine von Lesungen, Neues aus der Glücksforschung und vieles mehr. Sie können hier auch zu mir Kontakt aufnehmen: wolff@77-wege-zum-glueck.de.
Berichten Sie mir über Ihre Erfahrungen mit diesem Buch!

Entdecken Sie Ihr Glückspotenzial

Der große Glückstest

Wie glücklich sind Sie? Und wie groß ist das Potenzial, Ihr Glück noch zu vergrößern? Beantworten Sie möglichst spontan die folgenden Fragen.

1. Was mein Glück angeht, halte ich mich eher für …

einen Pechvogel		halbwegs glücklich		einen Glückspilz.
☐	☐	☐	☐	☐
a	b	c	d	e

2. Wenn ich mich mit anderen Menschen vergleiche, geht es …

allen anderen besser		mir etwa ebenso gut wie anderen		mir besser.
☐	☐	☐	☐	☐
a	b	c	d	e

3. Geld ist für mein persönliches Glück …

sehr wichtig		halbwegs wichtig		weniger wichtig.
☐	☐	☐	☐	☐
a	b	c	d	e

4. Die Verhältnisse in meinem Leben sind …

ein ziemliches Chaos		einigermaßen in Ordnung		klar geordnet.
☐	☐	☐	☐	☐
a	b	c	d	e

5. Ich bin dankbar für das, was ich habe.

nie/selten		manchmal		sehr oft
☐	☐	☐	☐	☐
a	b	c	d	e

6. Wenn mir etwas Negatives zustößt, dann komme ich eigentlich recht schnell darüber hinweg.

stimmt nie/selten		stimmt halbwegs		stimmt fast immer
☐	☐	☐	☐	☐
a	b	c	d	e

Der Glückstest

7. Meine tägliche Fernsehzeit beträgt …

mehr als 3 Stunden		2 bis 3 Stunden		1 Stunde oder weniger.
☐	☐	☐	☐	☐
a	b	c	d	e

8. Nach anstrengenden Phasen kann ich mich auch wieder erholen.

ganz schlecht		halbwegs		sehr schnell
☐	☐	☐	☐	☐
a	b	c	d	e

9. Mein persönlicher Akku ist …

oft völlig leer		teilweise geladen		immer voll.
☐	☐	☐	☐	☐
a	b	c	d	e

10. Freizeit bedeutet für mich:

faulenzen		mäßig aktiv sein		aktiv sein
☐	☐	☐	☐	☐
a	b	c	d	e

11. Ich betätige mich regelmäßig sportlich.

nie		hin und wieder		mehrmals pro Woche
☐	☐	☐	☐	☐
a	b	c	d	e

12. Ich treffe mich mit Freunden.

nie/selten		gelegentlich		regelmäßig
☐	☐	☐	☐	☐
a	b	c	d	e

13. Wenn sich mir eine Chance bietet und die Gefahr des Scheiterns nicht zu groß ist, gehe ich schon mal Risiken ein.

nie		gelegentlich		oft
☐	☐	☐	☐	☐
a	b	c	d	e

14. Ich bin zufrieden mit dem, was ich habe.

nie/selten   halbwegs   (fast) immer

☐ a   ☐ b   ☐ c   ☐ d   ☐ e

15. Ich kann mich sehr gut selbst motivieren.

nein, ich brauche Vorgaben   manchmal   (fast) immer

☐ a   ☐ b   ☐ c   ☐ d   ☐ e

16. Ich denke an die Zukunft.

sehr oft   manchmal   nie/selten

☐ a   ☐ b   ☐ c   ☐ d   ☐ e

17. Ich weiß, was ich will.

nie/selten   teilweise   immer

☐ a   ☐ b   ☐ c   ☐ d   ☐ e

18. Mir fällt etwas herunter.

nie/selten   gelegentlich   oft

☐ a   ☐ b   ☐ c   ☐ d   ☐ e

19. Ich kann das Leben genießen.

nie/selten   manchmal   immer

☐ a   ☐ b   ☐ c   ☐ d   ☐ e

20. Ich erlebe das Gefühl der Zeitlosigkeit.

nie/selten   manchmal   sehr oft

☐ a   ☐ b   ☐ c   ☐ d   ☐ e

Der Glückstest

21. Ich habe ein Hobby, mit dem ich mich gern beschäftige.

nein, habe kein Hobby   manchmal   intensiv
☐ a   ☐ b   ☐ c   ☐ d   ☐ e

22. Ich habe eine Vision, wie mein Leben in 5 Jahren aussehen wird.

nein, keine Ahnung   halbwegs   klare Vision
☐ a   ☐ b   ☐ c   ☐ d   ☐ e

23. Ich bin zu Scherzen aufgelegt.

oft   manchmal   nie
☐ a   ☐ b   ☐ c   ☐ d   ☐ e

24. Ich bin religiös oder glaube daran, dass das Leben einen höheren Sinn hat.

nein   teilweise   ja
☐ a   ☐ b   ☐ c   ☐ d   ☐ e

25. Ich beschäftige mich mit der Vergangenheit.

nie/selten   manchmal   sehr oft
☐ a   ☐ b   ☐ c   ☐ d   ☐ e

26. In meinem Leben fühle ich mich ...

sehr abhängig   teilweise abhängig   total frei.
☐ a   ☐ b   ☐ c   ☐ d   ☐ e

27. Einen Streit oder eine Auseinandersetzung kann ich auch schnell wieder vergessen.

nie/selten   meist   fast immer
☐ a   ☐ b   ☐ c   ☐ d   ☐ e

28. Ich verspüre das Gefühl von Weiterentwicklung und Wachstum.

nie		manchmal		oft
☐	☐	☐	☐	☐
a	b	c	d	e

29. Ich bewege mich körperlich.

nur ungern		manchmal		sehr oft
☐	☐	☐	☐	☐
a	b	c	d	e

30. Ich lache …

nie/selten		manchmal		sehr oft.
☐	☐	☐	☐	☐
a	b	c	d	e

31. Ich weiß genau, was ich will.

keine Ahnung		meistens		habe klare Ziele
☐	☐	☐	☐	☐
a	b	c	d	e

32. Ich kann mich sehr gut auf eine Sache konzentrieren.

nie/selten		teilweise		immer
☐	☐	☐	☐	☐
a	b	c	d	e

33. Meine Aktivitäten betreffend bin ich:

faul/träge		manchmal aktiv		immer aktiv.
☐	☐	☐	☐	☐
a	b	c	d	e

34. Ich glaube an einen höheren Sinn im Leben.

nein		teilweise		ja
☐	☐	☐	☐	☐
a	b	c	d	e

Der Glückstest

35. Ich lese die Katastrophenberichte in Zeitungen, verfolge sie im Fernsehen.

oft		manchmal		nie/selten
☐	☐	☐	☐	☐
a	b	c	d	e

36. Ich bin erschöpft.

oft		manchmal		nie selten
☐	☐	☐	☐	☐
a	b	c	d	e

37. Zeiten des Alleinseins sind für mich ...

furchtbar beängstigend		teils/teils		oft genussvoll.
☐	☐	☐	☐	☐
a	b	c	d	e

38. Ich habe echte Freunde, die ich auch nachts um Hilfe bitten könnte.

nein		eventuell		ganz sicher
☐	☐	☐	☐	☐
a	b	c	d	e

39. Mir passieren kleinere Unglücke.

nie/selten		manchmal		oft
☐	☐	☐	☐	☐
a	b	c	d	e

40. Ich kann gut schlafen.

nie/selten		meistens		immer
☐	☐	☐	☐	☐
a	b	c	d	e

41. Mir gelingt es, zu genießen.

selten		manchmal		(fast) immer
☐	☐	☐	☐	☐
a	b	c	d	e

So hoch ist Ihr Glückspotenzial!

Sie finden auf den folgenden Seiten eine ausführliche Auswertung Ihres Tests – aufgeteilt in neun Glücksbereiche. Diese Bereiche entsprechen den Kapiteln des Buches. Sie können also mit diesem Test gleich feststellen, in welchen Bereichen Ihr Glückspotenzial schon sehr hoch ist, in welchen Situationen noch ungenutzte Reserven liegen – und in den zugehörigen Kapiteln erfahren Sie dann gleich, wie Sie diese Ressourcen ausschöpfen können und welche Glückswege Sie ans Ziel bringen.

Am Schluss der Auswertung finden Sie außerdem noch eine Einschätzung des gesamten Testergebnisses, Sie erfahren also, wie hoch Ihr Glückspotenzial insgesamt ist.

Im Test haben Sie zu den einzelnen Fragen jeweils die Antwort a), b), c), d) oder e) angekreuzt. Für die Auswertung gibt es dafür folgende Punkte:

a)   1 Punkt
b)   2 Punkte
c)   3 Punkte
d)   4 Punkte
e)   5 Punkte

Die Weisheit des Glücks

Bitte zählen Sie die Punkte für die folgenden Fragen zusammen:

Frage 1   _____ Punkte
Frage 2   _____
Frage 3   _____
Summe

12 ... 15 Punkte: Sie haben bereits ein gutes Gefühl dafür, was Sie wirklich glücklich macht. Wenn Sie Ihre Kenntnisse über die Weisheit des Glücks weiter vertiefen, werden Sie davon profitieren. Ihnen wird weiterhin immer klarer werden, was wirklich glücklich macht. Im Prinzip ist es ganz einfach.

6 ... 11 Punkte: Teilweise haben Sie bereits gute Vorstellungen davon, was Sie wirklich glücklich macht. Gleichzeitig gibt es aber auch noch alte Denkmuster, die Sie in Ihrem Glück hemmen. Wenn Sie sich von diesen überholten Mustern lösen und sie durch Vorstellungen und Ideen ersetzen, die wirklich zu Ihnen und Ihrem Leben passen, werden Sie Ihr Leben unaufhaltsam mit Glück bereichern.

3 ... 5 Punkte: Ihre Glücksvorstellungen sind leider noch stark von alten Denk- und Verhaltensmustern geprägt. Sie werden sehr davon profitieren, wenn Sie sich von diesen Mustern lösen. Bauen Sie neue Denkmuster auf, die Sie stützen und fördern. Dann steht Ihnen das Tor zum Glück ganz weit offen! Besonders gut geeignete Glückswege finden Sie ab Seite 34.

Der Glückstest

Glück bringende Stärken

Bitte zählen Sie die Punkte für die folgenden Fragen zusammen:

Frage 4 _____
Frage 5 _____
Frage 13 _____
Frage 14 _____
Frage 16 _____
Frage 18 _____
Frage 39 _____
Summe

26 … 35 Punkte: Dieser Test kann von den vielen Stärken, die das Glück fördern, natürlich nur einige bewerten. Diese Stärken scheinen bei Ihnen jedoch schon sehr positiv ausgeprägt zu sein. Pflegen Sie Ihre Stärken. Entwickeln Sie sie weiter. So werden Sie erfolgreich auf dem Weg ins Glück bleiben.

13 … 25 Punkte: Ein Stück weit ist Ihnen schon klar, welche Bedeutung persönliche Stärken für das Glück haben. Gleichzeitig haben Sie noch eine Menge Entwicklungspotenzial. Erfreuen Sie sich an den Stärken, die Sie bereits haben. Pflegen Sie sie. Entwickeln Sie sie weiter. Vor allem: Freuen Sie sich darüber und genießen Sie die Erfolge. Schauen Sie sich dann nach und nach die Glück bringenden Stärken an, die Sie noch weiterentwickeln können. Welche könnten Sie noch ein Stück voranbringen?

7 … 12 Punkte: Die Glück bringenden Stärken, zumindest das Wissen darum, sind bei Ihnen noch nicht sehr stark ausgeprägt. Machen Sie sich für jede der Stärken klar, was sie für Sie bedeutet. Schauen Sie genau hin: Was machen Sie schon richtig? In welchen Bereichen können Sie sich noch entwickeln? Bitte denken Sie daran: Stärken kann man nicht von heute auf morgen erwerben, das braucht seine Zeit.
Besonders gut geeignete Glückswege finden Sie ab Seite 52.

Positives Denken

Bitte zählen Sie die Punkte für die folgenden Fragen zusammen:

Frage 24 _____
Frage 26 _____
Frage 28 _____
Frage 34 _____
Frage 35 _____
Summe

18 … 25 Punkte: Sie scheinen ein Mensch zu sein, der bereits sehr positiv denkt – wahrscheinlich ist Ihnen auch die Bedeutung des positiven Denkens bewusst. Diese Haltung wird Ihnen sehr helfen, die Dinge mit Optimismus und Kraft anzugehen.

10 … 17 Punkte: Teilweise ist Ihnen die Bedeutung des positiven Denkens schon klar, aber hin und wieder haben Sie auch noch Zweifel. Entwickeln Sie Ihr positives Denken weiter. Gibt es für Sie Vorbilder? Probieren Sie die Glückswege aus, die Ihnen helfen, Ihr positives Denken zur Entfaltung zu bringen.

5 … 9 Punkte: Ihr Denken scheint noch sehr von Skepsis geprägt zu sein. Kritisch zu sein und auf Risiken zu achten, ist in bestimmten Lebenssituationen sehr gut und hilfreich. Aber wenn Sie vorwiegend darüber nachdenken, was schiefgehen könnte, dann tun Sie sich selbst keinen Gefallen. Bringen Sie mehr Optimismus in Ihr Leben und Sie werden merken, wie Sie dadurch reich beschenkt werden. Besonders gut geeignete Glückswege finden Sie ab Seite 72.

Negatives überwinden

Bitte zählen Sie die Punkte für die folgenden Fragen zusammen:

Frage 6 _____
Frage 8 _____
Frage 25 _____
Frage 27 _____
Frage 35 _____
Summe

18 ... 25 Punkte: Sie behalten auch in Krisenzeiten den Kopf oben und lassen sich nicht von Negativem beeinflussen. Diese Fähigkeit gibt Ihnen sicher viel Kraft! Achten Sie auch in Zukunft darauf, dass Sie sich nicht vom Ballast der Vergangenheit beeinflussen lassen. Bleiben Sie auf Ihrem Kurs: Machen Sie immer wieder klar Schiff.

10 ... 17 Punkte: Sie scheinen teilweise von negativen Ereignissen beeinflusst zu sein, von vergangenen und gegenwärtigen. Ein guter Weg aus der Grübelfalle: Machen Sie sich bitte unbedingt klar, dass Sie die Vergangenheit nicht ändern können. Auch wenn im Moment negative Dinge in Ihr Leben dringen: Lassen Sie sich davon nicht herunterziehen. Richten Sie sich danach aus, was Sie wollen. Dann wird es Ihnen nach und nach immer besser gelingen, ein glückliches Leben zu führen.

5 ... 9 Punkte: Sie scheinen stark von negativen Dingen und Ereignissen beeinflusst zu sein. Wenn es Erlebnisse aus der Vergangenheit sind, dann ist es gut, mit diesen abzuschließen. Die Vergangenheit können Sie nicht ändern – aber Sie können aus diesen Erfahrungen lernen. Richten Sie immer mehr den Blick auf die Dinge, die funktionieren. Dann öffnen Sie sich den Dingen und Ereignissen, die Sie glücklich machen. Besonders gut geeignete Glückswege finden Sie ab Seite 82.

Positive Gewohnheiten

Bitte zählen Sie die Punkte für die folgenden Fragen zusammen:

Frage 7 _____
Frage 9 _____
Frage 10 _____
Frage 21 _____
Frage 23 _____
Frage 28 _____
Summe

24 ... 30 Punkte: Offensichtlich haben Sie schon eine Menge positiver Gewohnheiten entwickelt oder Ihnen ist zumindest klar, wie gut diese Ihnen tun. Da man von positiven Gewohnheiten nie genug haben kann, können Sie diesen Bereich sicher noch weiterentwickeln.

12 ... 23 Punkte: Teilweise haben Sie sich schon positive Gewohnheiten geschaffen. Wenn Sie diesen Bereich noch weiter ausbauen, werden Sie spüren, wie gut Sie positive Gewohnheiten und Rituale in Ihrem persönlichen Glück unterstützen.

6 ... 11 Punkte: Im Bereich der positiven Gewohnheiten schlummert bei Ihnen noch Potenzial! Probieren Sie unbedingt verschiedene Glückswege aus, die Ihnen helfen, Rituale und Gewohnheiten zu entwickeln, welche Sie täglich darin unterstützen, Ihr Glück zu finden und zu stärken. Besonders gut geeignete Glückswege finden Sie ab Seite 100.

Die Freuden des Körpers

Bitte zählen Sie die Punkte für die folgenden Fragen zusammen:

Frage 7 _____
Frage 8 _____
Frage 11 _____
Frage 29 _____
Frage 33 _____
Frage 36 _____
Frage 40 _____
Summe ☐

26 ... 35 Punkte: Ihnen ist die Bedeutung des Körpers im Hinblick auf Ihr persönliches Glück schon sehr bewusst. Genießen Sie alles, was Ihnen schon besonders gut gelingt. Überprüfen Sie auch andere Glückswege. Sie werden vielleicht das eine oder andere entdecken, was Ihnen zusätzlich positive Impulse gibt.

13 ... 25 Punkte: Sie scheinen die Freuden des Körpers teilweise genießen zu können. Verstärken Sie das, was Ihnen schon sehr gut oder einigermaßen gelingt. Tasten Sie sich dann an die Glückswege heran, die Ihnen noch unbekannt sind. Sie werden bestimmt viel entdecken, das Ihnen hilft, mehr und öfter Glück zu erleben.

7 ... 12 Punkte: Sie scheinen Ihrem Körper als Glücksspender noch nicht ganz zu vertrauen. Vielleicht haben Sie in der Vergangenheit nicht ganz so tolle Erfahrungen gemacht. Da Glück immer ein Gefühl ist, welches im Körper entsteht, ist es wichtig, dass Sie diesen Bereich für sich weiterentwickeln. Die Möglichkeiten sind sehr vielfältig. Beginnen Sie mit kleinen Schritten, genießen Sie das Erreichte und wagen Sie sich dann an die anspruchsvolleren Dinge heran. Besonders gut geeignete Glückswege finden Sie ab Seite 116.

Das Glück genießen

Bitte zählen Sie die Punkte für die folgenden Fragen zusammen:

Frage 19 _____
Frage 21 _____
Frage 30 _____
Frage 41 _____
Summe ☐

16 ... 20 Punkte: Sie scheinen bereits ein großer Genießer zu sein. Bravo! Genießen ist aber keine Fähigkeit, die man einmal erworben hat und dann für immer besitzt. Genießen will gepflegt und weiterentwickelt sein. Schauen Sie sich doch die entsprechenden Glückswege einmal daraufhin an, ob Sie noch Neues für sich entdecken können.

9 ... 15 Punkte: Hin und wieder scheinen Sie zu genießen, aber manchmal zweifeln Sie wohl auch daran, dass Ihnen Genuss wirklich zusteht. Beim Genießen geht es ja nicht darum, hemmungslos alles zu nehmen und anzustreben, was einen Kick verspricht. Sondern es geht darum, das Vorhandene auszukosten und weise zu wählen. So werden Sie Ihr Glück noch sehr steigern.

4 ... 8 Punkte: Ihre Genussfähigkeit scheint noch schwach ausgeprägt zu sein. Das ist gleichzeitig eine gute Botschaft: Sie können Ihr Glück deutlich steigern, wenn Sie lernen zu genießen. Ihr Potenzial ist noch sehr groß. Probieren Sie die Glückswege des Genusses aus. Sie werden spüren, wie Ihnen das gut tut. Und das bei einem vollkommen ruhigen Gewissen. Besonders gut geeignete Glückswege finden Sie ab Seite 132.

Flow – fließendes Glück

Bitte zählen Sie die Punkte für die folgenden Fragen zusammen:

Frage 4   _____
Frage 15   _____
Frage 17   _____
Frage 20   _____
Frage 21   _____
Frage 22   _____
Frage 31   _____
Frage 32   _____
Summe   ☐

31 ... 40 Punkte: Sie scheinen den Flow schon zu kennen. Und erleben ihn hoffentlich oft genug. Sie werden bestimmt davon profitieren, wenn Sie noch mehr darüber lernen, wie Sie den Flow gezielt herbeiführen und genießen können.

17 ... 30 Punkte: Sie scheinen schon Flow-Erlebnisse gehabt zu haben oder ahnen auf jeden Fall, wobei es darum geht. Sie müssen aber nicht auf Zufallsereignisse warten, sondern können eine Menge tun, um Flow öfter und tiefer zu erleben. Gehen Sie die Glückswege, die zu Flow-Erlebnissen führen.

8 ... 16 Punkte: Flow scheint etwas zu sein, was Sie bisher nur ganz selten erlebt haben. Das gibt Ihnen die Möglichkeit, in ganz neue Bereiche vorzudringen. Lernen Sie, was Flow ist und was Sie persönlich dafür tun können. Besonders gut geeignete Glückswege finden Sie ab Seite 144.

Glück mit anderen

Bitte zählen Sie die Punkte für die folgenden Fragen zusammen:

Frage 12   _____
Frage 23   _____
Frage 37   _____
Frage 38   _____
Summe   ☐

16 ... 20 Punkte: Familie und Freunde sind Ihnen wichtig. Offensichtlich tun Sie schon eine Menge auf diesem Gebiet oder hatten das große Glück, gute Strukturen vorzufinden. Bereichern Sie Ihr Leben, indem Sie Ihr persönliches Glücksnetz weiterknüpfen und sich noch mehr mit anderen Menschen verbünden. Vielleicht entdecken Sie bei dem einen oder anderen Glücksweg noch etwas Neues für sich.

9 ... 15 Punkte: Teilweise scheint Ihnen die Bedeutung von Familie und Freunden klar zu sein. Aber Sie können diesen Bereich noch stark ausbauen. Andere Menschen stärken Sie in Ihrem Glück. Daher ist es sinnvoll, wenn Sie in diesem Bereich Energie investieren. Schauen Sie sich die Glückswege an, die zeigen, wie Sie durch die Verbindung zu anderen Menschen mehr Glück gewinnen.

4 ... 8 Punkte: Der Bereich »Glück mit anderen« scheint bei Ihnen noch nicht so stark ausgeprägt zu sein. Sind Sie oft allein? Sind Sie ein Mensch, der das Alleinsein manchmal braucht? Allein sein zu können, ist im Grunde eine gute Fähigkeit. Aber sie birgt auch die Gefahr, sich zu sehr zurückzuziehen. Andere Menschen, egal ob Familie, Freunde oder Kollegen, sind wichtig für unser Glück. Die anderen können uns sehr darin unterstützen, glücklich zu sein. Bauen Sie daher diesen Bereich unbedingt aus. Besonders gut geeignete Glückswege finden Sie ab Seite 156.

Das ganze Glück

Bitte zählen Sie die Ergebnisse der obigen Teilbereiche zusammen:

	Punkte
Die Weisheit des Glücks	_____
Glück bringende Stärken	_____
Positives Denken	_____
Negatives überwinden	_____
Positive Gewohnheiten	_____
Die Freuden des Körpers	_____
Das Glück genießen	_____
Flow – fließendes Glück	_____
Glück mit anderen	_____
Summe	

200 ... 245 Punkte: Entweder haben Sie das Buch schon komplett durchgearbeitet oder Sie sind ein Naturtalent in Sachen Glück. Auf jeden Fall scheinen Sie ein sehr glücklicher Mensch zu sein. Wenn Sie sich eine besonders große Freude bereiten wollen, dann geben Sie Ihr Wissen in punkto Glück weiter. Sie wissen ja: Geteiltes Glück ist doppeltes Glück.

150 ... 199 Punkte: Sie scheinen bereits einen recht hohen Glückspegel zu haben. Im Großen und Ganzen wissen Sie bereits, wie das mit dem Glück funktioniert. Aber es gibt auch noch einiges zu entdecken. Möchten Sie sich noch weiterentwickeln? Dann wird es Ihnen sicher Spaß und Freude bereiten, sich mit den Bereichen zu beschäftigen, in denen Sie noch ungenutzte Reserven haben!

100 ... 149 Punkte: Ihr Glückspotenzial befindet sich auf einem mittleren Niveau. Das bedeutet, dass Sie schon einiges sehr richtig und sinnvoll angehen, aber immer wieder auch Phasen erleben, in denen Ihnen das gar nicht gelingen mag. Konzentrieren Sie sich zunächst auf die Dinge, die Ihnen schon besonders gut gelingen. Gewinnen Sie hier mehr Vertrauen und Sicherheit. Genießen Sie die Erfolge in diesen Bereichen. Das gibt Ihnen dann Kraft und Zuversicht, auch die anderen Bereiche weiterzuentwickeln. So können Sie Ihr volles Glückspotenzial entfalten.

49 ... 99 Punkte: Ihr ungenutztes Glückspotenzial ist sehr hoch! Sie werden von diesem Buch außerordentlich profitieren. Sobald Sie beginnen, sich mit den Glückswegen zu beschäftigen, werden Sie überall etwas entdecken, was Ihnen hilft, Ihr Glück zu gestalten. Stöbern Sie, probieren Sie, vor allem: Führen Sie bitte die Übungen durch. Sie werden rasch merken, was Ihnen gut tut.

Die Weisheit des Glücks

Der Mensch strebt nach Glück, gestern und heute, in allen Kulturen, auf allen Kontinenten. Kein Wunder also, dass schon viel über Glück nachgedacht, gesagt und geschrieben wurde – wir können daher auf einen großen Fundus an »Glückswissen« zurückgreifen.

Glücksgefühl ist lernbar

Es gab Zeiten, in denen das Erreichen des Glücks tatsächlich gelehrt wurde: Im antiken Griechenland gab es regelrechte Glücksschulen, die aber nur wenigen Privilegierten vorbehalten waren.

Glücksschulen gibt es heute leider nicht – aber viele weise Frauen und Männer haben erkannt und niedergeschrieben, worin das wahre Glück besteht. Oft erkannten diese Menschen das erst in einer späten Lebensphase und nach unzähligen Irrwegen.

Moderne Wissenschaft trifft alte Weisheiten

Erst seit einigen Jahren haben sich Wissenschaftler auf den Weg begeben, um systematisch zu erforschen, was Menschen glücklich macht. Vielfach bestätigen die Forscher in ihren Studien Weisheiten, die zum Teil schon uralt sind. Haben wir früher nur die Wirkungen verspürt, können wir jetzt dem Gehirn beim Glücklichsein richtiggehend zusehen! Wir erkennen nach und nach, was das Glück – und das damit verbundene Glücksgefühl – in unserem Körper auslöst.

Eine zentrale Botschaft der Wissenschaft ist: Glück ist erlernbar. Mit anderen Worten: Wenn wir uns auf eine bestimmte Weise verhalten, dann erzeugen wir Glück. Oder wir erhöhen zumindest die Wahrscheinlichkeit dafür, glücklich zu werden. Wenn wir uns dagegen auf eine ganz bestimmte Art anders verhalten, werden wir mit großer Wahrscheinlichkeit unglücklich.

Glück beginnt mit dem Lernen

Wer sich also auf den Weg macht, sein Glück zu mehren, hat zunächst etwas zu lernen. Er muss sozusagen das Einmaleins des Glücks erst einmal begreifen. Das kann auf folgenden Glückswegen geschehen:

1 | **»Glücklich sein« – statt nur »Glück zu haben«**
2 | **Glück hemmende Irrtümer überwinden**
3 | **Glückliche statt unglücklicher Vergleiche**
4 | **»Gut genug« ist besser als »das Beste«**
5 | **Der Tanz der Gefühle**
6 | **Nur die Erfahrung zählt**

1 | »Glücklich sein« – statt nur »Glück zu haben«

In der deutschen Sprache verwenden wir den Begriff Glück für unterschiedliche Ereignisse und Zustände. Wir sagen »Der Hans hatte vielleicht Glück, er hat im Lotto gewonnen.« Wir sprechen auch von Glück, wenn jemand einem Unglück entronnen ist: »Ich hatte Glück, dass ich gerade noch rechtzeitig bremsen konnte.« Den Zustand, dass jemand glücklich ist, bezeichnen wir ebenfalls mit Glück: »Ich bin glücklich, dass ich so eine tolle Familie habe.«

In vielen Sprachen, etwa im Englischen, kann man Zufallsglück deutlich besser vom wirklichen »glücklich sein« unterscheiden: Man spricht im Englischen von »luck«, wenn unerwartet etwas Positives geschieht. Ist man dagegen in einem glücklichen Zustand, so nennt man dies »happiness«. »Luck« kommt von außen, »happiness« ist das innere, positive Empfinden. Das tolle Gefühl.

Warten Sie nicht auf das »äußere« Glück!

Wenn wir das Glück vor allem von außen erwarten (also das sogenannte »luck«), dann wird die Wartezeit eventuell sehr lang. Die allermeisten Menschen tun aber genau das: Sie erwarten Glück durch den Traumpartner, den tollen Job, den großen Lottogewinn ... Werden diese Erwartungen im Leben nicht erfüllt, so stellen sich schnell unangenehme Begleiter ein: Enttäuschung (Ent-Täuschung), Frustration, Depression. Und schuld sind immer die anderen.

Wahres Glück kommt von innen. Wenn wir uns klarmachen, dass wir selbst die Quelle unseres Glücksgefühls sind, können wir eine Menge für unseren Glückszustand tun: Wir können eine andere Geisteshaltung annehmen. Wir erkennen dann, dass bestimmte Verhaltensweisen negativ für unser Glück sind. Diese Verhaltensweisen können wir reduzieren. Positive Verhaltensweisen, die zu unserem Glück beitragen, gilt es zu entfalten und zu kultivieren. Kurz: Wir gehen dem Glück entgegen. Wir werden mehr und mehr Glück erleben. Wirkliches, tiefes Glück im Sinne von »happiness«.

Glück ist eine Folge aktiven Handelns

Der Schlüssel zum Glück ist **AKTIVITÄT**. Wenn Sie die Hände in den Schoß legen, passiert nichts. Auf dem Weg zum Glück geht es aber auch nicht um »blinden Aktionismus«. Sondern um das bewusste aktive Vorbereiten und Nutzen aller Glückschancen – egal, ob es um die kurze Freude am »luck« geht oder um die »happiness«.

Dazu eine kurze Anekdote: Jedes Wochenende betet Jossele zu Gott: »Gib, dass ich gewinn die Lotterie!« Seit Jahren geht das schon so. Am zwanzigsten Jahrestag fällt er wieder auf die Knie und fleht zum Himmel: »Gib, dass ich gewinn die Lotterie!« Plötzlich ist der Raum hell erleuchtet, und er hört eine Stimme: »Jossele, Jossele, gib mir a Chance, kauf dir a Los!«.

Glück zu haben im Sinne von »luck« hat in der Tat viel mit Chancen zu tun – vor allem damit, wie viele Chancen man sich selbst gibt. Menschen, die in ihrem Leben viel Glück haben, tun eine Menge dafür, ihre Chancen zu erhöhen. Beim Kauf des Lotterieloses ist das offensichtlich. Aber auch in unzähligen anderen Lebensbereichen ist das so: Wer nur zu Hause herumsitzt und nie unter Menschen geht, kann nicht ernsthaft erwarten, den Traumpartner zu finden. Wer sich nie bewirbt, wird auch keinen Job bekommen.

Seine Chancen auf Glück zu erhöhen, enthält natürlich noch keine Garantie für Glück, aber die Wahrscheinlichkeit für glückliche Umstände steigt durch dieses Verhalten beträchtlich.

So umgehen Sie die Unglücksfallen

Wenn wir versuchen, Glück zu erzeugen, geht es immer auch darum, Unglück zu vermeiden. Aber was genau erzeugt Unglück?

Verabschieden Sie sich von zu hohen Erwartungen

Wer grundsätzlich immer zu viel oder auch einfach Unrealistisches erwartet, von anderen Menschen oder auch vom Leben überhaupt, wird ständig enttäuscht werden. Auf diese Art erzeugt man sein Unglück selbst. Wer sich immer wieder mit genau den Leuten vergleicht, die mehr Geld haben und dickere Autos fahren, wird viele Frustrationen erleben. Falsche Vorstellungen und falsches Handeln bringen Unglück. Das zeigt schon das uralte Konzept der sieben Todsünden: Zorn, Habgier, Neid, Gefräßigkeit, Wollust, Stolz und Faulheit.

Bleiben Sie aufmerksam

Wenn wir unaufmerksam sind, lassen wir ein Glas fallen oder reißen etwas vom Tisch. Eine kleine Unannehmlichkeit. Wenn wir das Glatteis nicht beachten, reicht unser Bremsweg nicht aus und wir beschädigen ein anderes Auto. Ein mittleres Ärgernis. Wenn der Pilot vergisst, die Tragflächen des Flugzeuges zu enteisen, stürzen 198 Menschen in den Tod. Eine Katastrophe.

Achten Sie einmal darauf, wie viel Leid Tag für Tag durch Unachtsamkeit erzeugt wird. Bei fast allen Unfällen heißt es: menschliches Versagen. Die wahre Ursache: Unachtsamkeit. Durch Aufmerksamkeit und Achtsamkeit im Alltag entgehen wir dieser Falle.

Dem Unglück vorbeugen

Wenn wir jung sind, fühlen wir uns unbesiegbar. Unser Körper ist leistungsfähig und fit. Wir können jede Menge Fastfood essen, Alkohol trinken und rauchen wie die Schlote. Wir merken zunächst keine negativen Wirkungen. Erst im Laufe der Jahre kumulieren die Gifte im Körper und beginnen sich zu rächen. Im Alter klagen dann viele Menschen über ihre mangelnde Gesundheit. Krankheiten sind eine Hauptursache für Unglück. Unglück, das sich durch rechtzeitige und sinnvolle Vorsorge (Prophylaxe) vermeiden lässt.

Einfach glücklich sein

Den Zustand des »Glücklichseins« (»happiness«) können wir fast augenblicklich erzeugen. Viele der Glückswege zeigen uns, wie wir durch unsere innere Einstellung und durch rechtes Handeln in den wohltuenden Zustand des Glücks gelangen können. Die folgenden drei Aspekte helfen Ihnen dabei:

Glück macht unabhängig von äußeren Umständen
Mit dem inneren Glück machen wir uns weitgehend unabhängig vom äußeren Glück. Wenn unsere äußeren Bedingungen einigermaßen in Ordnung sind – ein Dach über dem Kopf, ausreichend zu essen und zu trinken –, dann wird das innere Glück die wahre Quelle für Wohlbefinden.

Glück funktioniert unabhängig von Zeit und Raum
Mit der rechten Haltung tragen wir die Quelle für Glück ständig in uns. Wir brauchen dazu keine bestimmte Umgebung oder ganz besondere Bedingungen. Egal, wo wir sind, egal, mit wem wir zusammen sind: Wir können unser Glück selbst erzeugen.

Haltung braucht Übung
Sie werden hier eine Menge Glückswege kennenlernen, die Ihnen helfen, die rechte Haltung zu entwickeln. Dazu werden Sie Zeit brauchen. Es kommt auch gar nicht darauf an, direkt alles zu beherrschen. Die Entwicklung einer neuen Sichtweise und neuer Eigenschaften wird Ihnen bereits eine Menge Spaß bereiten. Der Weg ist das Ziel.

Übungen

Führen Sie bitte die folgenden Übungen durch, um besser zu unterscheiden zwischen »Glück haben« und »glücklich sein«. Sie werden dabei auch die Ursachen fürs Glück besser erkennen. Wichtige Erkenntnisse können Sie in Ihr Glückstagebuch (siehe Klappen im Buch) übernehmen.

 Wenn jemand »Glück hatte«:
War das Ihrer Meinung nach Zufall? Oder hat er/sie sich die Chancen dafür erarbeitet?

 Wenn jemandem ein »Unglück zugestoßen« ist:
Glauben Sie, es war Zufall? Oder waren Unachtsamkeit oder Leichtsinn im Spiel?

 Wenn jemand »Unglück vermieden« hat:
War es Zufall? Ist er/sie dem Unglück aus dem Weg gegangen? Hat er/sie vorgebeugt?

 Wenn jemand »glücklich ist«:
Glauben Sie, das ist angeboren? Oder hat er/sie sich geschult? Hat er/sie ein freundliches, optimistisches Wesen?

 Wenn jemand »unglücklich ist«
Meinen Sie, er/sie hatte einfach Pech im Leben? Oder ist er/sie eher pessimistisch und destruktiv?

 Reich und unglücklich
Welche Menschen kennen Sie, die im Wohlstand leben, aber trotzdem unglücklich sind? Überlegen Sie zu jeder Person: Warum ist dieser Mensch unglücklich?

 Arm und glücklich
Welche Menschen kennen Sie, die bescheiden leben, aber trotzdem glücklich sind? Überlegen Sie zu jeder dieser Personen: Warum ist dieser Mensch glücklich?

2 | Glück hemmende Irrtümer überwinden

Eine Reihe von Vorurteilen und Irrtümern hindert uns daran, unser Glück zu finden und zu genießen. Wenn es uns jedoch gelingt, diese Irrtümer zu überwinden, dann steht uns das Tor zum Glück weit offen. Sicher kennen Sie selbst die folgenden Fußangeln auf dem Weg zum Glück:

Irrtum 1: Geld und Reichtum machen glücklich

Jedes Wochenende spielen Millionen von Menschen Lotto, um einmal »Sechs Richtige« zu haben oder gar den Jackpot zu knacken. Dahinter steht der Traum von einem glücklichen und sorgenfreien Leben. »Für Geld kann man alles kaufen«, denken sich viele.

Tatsächlich sind aber die meisten Lottomillionäre ein Jahr nach ihrem Gewinn genauso glücklich oder unglücklich wie vorher. Das belegen zahlreiche Untersuchungen (siehe auch Interview ab Seite 42). Wenn der kurze Freudenrausch über den Gewinn verflogen ist, kehrt also schnell wieder der Normalzustand ein. Ja: Viele haben mit dem Gewinn sogar mehr Probleme als zuvor: Neider, Bittsteller und jede Menge falscher Freunde tauchen plötzlich im Leben der »glücklichen« Reichen auf.

Irrtum 2: Freizeit und Faulenzen machen glücklich

Wir streben danach, möglichst viel Freizeit zu haben – weil wir glauben, in dieser Zeit ginge es uns gut. Arbeit und Glück – das scheint für viele nicht zusammenzupassen. Die Forschungsergebnisse des berühmten Glücksforschers Mihaly Csikszentmihaly belegen aber eindrucksvoll, dass die meisten Menschen sich beim Arbeiten wohler fühlen als beim Faulenzen. Wir kommen auf diesen Punkt bei den Glückswegen →**55 bis 61 | S. 145 ff.** zum Thema Flow noch ausführlich zurück.

Irrtum 3: Glück ist eine Belohnung für Erfolg

Hinter diesem Irrtum steht die Annahme, dass es erst harter Arbeit bedarf, um dann in dem so erworbenen Wohlstand das Glück genießen zu dürfen. Jüngste Ergebnisse auf dem Gebiet der Glücksforschung belegen gerade das Gegenteil: Glückliche Menschen sind erfolgreicher als unglückliche. Glück ist also nicht nur ein Ergebnis von, sondern eine wichtige Basis für Erfolg.

Irrtum 4: Der Mensch ist nicht für das Glück gemacht

Der Altmeister der Psychologie, Sigmund Freud irrte, als er in seiner Studie »Das Unbehagen in der Kultur« schrieb: »Man möchte sagen, die Absicht, dass der Mensch 'glücklich' sei, ist in dem Plan der 'Schöpfung' nicht enthalten.«

Heute wissen wir, dass Glück ein natürlicher Zustand ist. Unser Körper ist sozusagen auf Glück getrimmt. Wir werden mit einem guten Gefühl belohnt, wenn wir etwas tun, was unser Überleben (Essen, Bewegung) oder unsere Fortpflanzung (Sex) sichert (siehe Glücksweg →48 | S. 128 ff.

Irrtum 5: Glück hängt von großen Dingen ab

Der Lottogewinn, die Erbschaft, den Traumpartner finden und heiraten, die Kreuzfahrt. Das sind die großen Dinge, von denen die meisten annehmen, dass sie Glück bringen. Dabei ist das Glück eher in den kleinen und unscheinbaren Augenblicken des Alltags zu finden. Es kommt darauf an, diese Momente wahrzunehmen und sie ganz bewusst zu genießen. Das hat viel mit Achtsamkeit zu tun und damit, sich auf den gegenwärtigen Moment einzulassen.

Irrtum 6: Glück ist Zufall und kann nicht erarbeitet werden

Viele Menschen schreiben die Tatsache, dass andere glücklich sind, lediglich den günstigen Umständen oder auch Zufällen zu. »Der hat einfach nur Glück gehabt, ich habe das nie.« Diese schicksalhafte Erwartung an das Glück hindert uns daran, aktiv für das Glücklichsein einzutreten.

Irrtum 7: Zu viel Glück macht wieder unglücklich

Das ist in etwa so unsinnig, als wenn jemand behaupten würde, zu viel Gesundheit würde wieder krank machen.

> **Übungen**
>
> **Irrtümer auf dem Prüfstand:**
> Überprüfen Sie jeden der sieben genannten Irrtümer: Was denken Sie darüber?
>
> **Diskussion mit Freunden:**
> Diskutieren Sie mit Ihrem Partner, mit Freunden, in Ihrer Familie über das Thema Glück. Welche Einstellungen finden Sie vor?
>
> **Die Glückseinstellungen der anderen**
> Achten Sie einmal darauf, welche Einstellungen andere Menschen zum Glück haben. Sammeln Sie einige Einstellungen und vergleichen Sie sie mit Ihren eigenen Einstellungen.

3 | Glückliche statt unglücklicher Vergleiche

In einer Gruppe bekommen alle Teilnehmer 10 Euro geschenkt. Bis auf eine Person, die »nur« 5 Euro bekommt. Doch obwohl diese eine Person jetzt um 5 Euro reicher ist als noch vor Sekunden, fühlt sie sich augenblicklich unglücklicher.

Was ist die Ursache? Sie vergleicht sich mit den um 10 Euro Beschenkten. Sie fühlt sich benachteiligt oder gar betrogen. Würde sie sich mit Menschen vergleichen, die nichts bekommen haben, ginge es ihr sofort besser.

Praxis-Tipps

- Wann immer Sie sich dabei ertappen, dass Sie anderen Menschen etwas neiden, sagen Sie: STOPP. Sehen Sie auf das, was Sie haben.
- Verzichten Sie darauf, im Fernsehen und in der Presse Berichte über die Reichen und Schönen dieser Welt anzuschauen. Sie werden sich anschließend nur klein und mies vorkommen.
- Seien Sie dankbar, wann immer Sie auf Menschen treffen, denen es nicht so gut geht wie Ihnen. Das hat nichts mit Hochmut zu tun. Sie müssen auch kein schlechtes Gewissen haben. Die Dinge sind so wie sie sind.
- Machen Sie sich die Dankbarkeit für das, was Sie an Glück haben, zu einer täglichen Übung. Vielleicht deponieren Sie einen Gegenstand, der Sie an Ihr Glück erinnert, an einem Platz, den Sie täglich sehen. Oder Sie schreiben sich etwas dazu in Ihr Glückstagebuch.

Übungen

 Mir geht es gut!
In welchen Bereichen geht es Ihnen viel besser als den meisten Menschen auf dieser Erde?

 Neid entdecken
Was neiden Sie anderen Personen? Was glauben Sie: Was würde passieren, wenn Sie das Objekt Ihres Neides bekämen?

 Vergleiche aufdecken
Listen Sie einmal auf, welche Vergleiche andere Menschen anstellen. Nutzen Sie dazu die täglichen Gespräche zu Hause oder am Arbeitsplatz. Wer vergleicht was mit wem? Wie fühlt sich die vergleichende Person?

Vergleichen Sie sich mit den Reichen und Schönen, und Sie werden unglücklich

Es kommt also für unser Glück entscheidend darauf an, mit wem oder mit was wir vergleichen. Es gibt immer Menschen, die reicher, schöner und gesünder sind, die einen attraktiveren Partner und klügere Kinder haben. Es gibt immer Menschen, denen alles leicht von der Hand geht. Wenn wir den Fehler machen, uns mit diesen Menschen zu vergleichen, dann schaffen wir uns unser Unglück selbst.

Vergleichen Sie sich mit Menschen, denen es nicht besser geht als Ihnen

Wenn wir einmal in uns gehen und erkennen, dass wir im Vergleich zu den allermeisten Menschen auf dieser Erde außergewöhnlich gut weggekommen sind, dann fühlen wir uns sofort glücklicher. Und das durchaus berechtigt: Denn es gibt zu jedem Zeitpunkt sehr viele Menschen, die Hunger haben, die sich elend fühlen, die krank sind, Schmerzen erleiden und bald sterben müssen.

Glück & Geld

Als Reporter des Wirtschaftsmagazins »brand eins« hat Harald Willenbrock, 40, beruflich häufig mit Wohlhabenden zu tun. Die Frage, warum überdurchschnittlich Vermögende dennoch nur durchschnittlich glücklich sind, hat ihn so interessiert, dass er über die Wechselwirkung von Geld und Glück ein ganzes Buch recherchiert hat. Es heißt »Das Dagobert-Dilemma. Wie die Jagd nach Geld unser Leben bestimmt« und ist im Heyne-Verlag erschienen.

Elita Wiegand, freie Journalistin, befragt Harald Willenbrock zu dem Thema »Geld und Glück«.

Welche Rolle spielt Geld in unserer Gesellschaft?

Harald Willenbrock: Eine größere als jemals zuvor in der Geschichte der Menschheit. In einer Leistungsgesellschaft ist Geld einfach die Währung, mit der Wertschätzung bezahlt wird. »Vor allem der Wille reich zu sein oder zu werden kurbelt unsere Wirtschaftsgesellschaft an«, war neulich in einem Editorial des »Manager Magazins« zu lesen. Diese Einschätzung ist zwar falsch, zeigt aber den hohen Stellenwert, der dem schönen Schein heute eingeräumt wird. Geld ist heute Statussymbol, Sicherheitspolster und Machtinstrument in einem.

Wie glücklich macht Geld?

Harald Willenbrock: Zunächst macht ein Geldgewinn durchaus glücklich – aber dieses Glück ist ein überaus flüchtiges. In Deutschland, Frankreich und Großbritannien beispielsweise haben sich die Realeinkommen seit Ende des Zweiten Weltkriegs mehr als verdoppelt, und trotzdem sind die Menschen keineswegs glücklicher. Und Multimilliardäre aus der Forbes-Liste der 400 reichsten Amerikaner verfügen über ganz ähnliche Zufriedenheitswerte wie ostafrikanische Massai, die mit ihren Rindern und Hütten aus getrocknetem Kuhdung in der kenianischen Steppe leben.

Ein junger Zweig der Wirtschaftswissenschaften, die Happiness Economics, hat diese Zusammenhänge in den vergangenen Jahren eingehend untersucht. Glück oder Lebenszufriedenheit sind heute Faktoren, die sich ziemlich genau messen und auch vergleichen lassen. Ergebnis: Oberhalb eines jährlichen Durchschnittseinkommens von 10.000 Dollar bringt mehr Geld kaum mehr Glück.

Aber Geld beruhigt doch wenigstens...

Harald Willenbrock: Auf den ersten Blick lebt es sich auf der Innenseite des Pelzes tatsächlich besser. Wohlhabende sind statistisch gesehen gesünder, haben eine höhere Lebenserwartung und führen Ehen, die länger halten. Zumindest die ersten beiden Faktoren sind aber – wie Studien britischer Gesundheitsforscher belegen – primär ihrem Status geschuldet, also der Anerkennung, die ein Mensch erfährt. Und Geldmangel ist zwar meist ein Symptom für niedrigen Status, aber keineswegs dessen Ursache. Deshalb kann mehr Geld auch nicht die Lösung sein.

Warum ist das Geld-Glück nur von kurzer Dauer?

Harald Willenbrock: Wir gewöhnen uns einfach sehr schnell an Geld. Jedes Mehr-Einkommen versickert im dicken Teppich der Lebensumstände, an die wir uns gewöhnt haben. Um dauerhaft mehr Glück zu erleben, müssten wir also auch fortlaufend mehr Geld beschaffen. Wie kräftig wir uns jedoch auch ins Zeug legen und finanziell verbessern mögen – es ist irgendwie nie genug. Denn wenn wir unseren Lebensstandard beurteilen, orientieren wir uns zwangsläufig an dem, was Nachbarn, Kollegen und Konkurrenten besitzen, wobei wir ernüchtert feststellen, dass es immer andere gibt, die mehr haben als wir. Der Modemacher Wolfgang Joop hat das für das Millionärsghetto Monaco einmal sehr treffend so ausgedrückt: »So viel Sie besitzen - Sie können nie sicher sein, ob nicht neben, unter oder über Ihnen jemand wohnt, der noch mehr hat.«

Heißt das, dass wir mit unserem Status nie zufrieden sind?

Harald Willenbrock: Status bedeutet Anerkennung, und den zeigen wir gern durch Statussymbole. Das führt natürlich dazu, dass andere den gleichen Luxus anstreben – eine paradoxe Situation: Wenn alle Golf spielen, erhöhen sich die Aufnahmegebühren der Golfclubs, wenn alle im In-Viertel wohnen wollen, steigen dort die Mieten. Auf diese Weise treiben wir im Statusrennen gemeinsam die Preise in die Höhe, ohne dauerhaft irgendeinen Vorteil zu erlangen. Das steigende Wohlstandsniveau frisst den positiven Effekt eines wirtschaftlichen Wachstums gleich wieder auf.

Aber wir sind doch auf Wirtschaftswachstum programmiert. Wo sind die Grenzen?

Harald Willenbrock: Wir stehen bereits direkt vor ihnen. Im vergangenen Jahr sind erstmals seit Ende des Zweiten Weltkriegs die Durchschnittseinkommen der Deutschen nicht mehr gestiegen, eine lange Periode stetigen Aufstiegs geht zu Ende. Diese Aussicht macht uns natürlich Angst. Unser Denken und Handeln ähnelt daher immer mehr einer Kolonie Pinguine, der das Eis unter den Füßen wegzuschmelzen beginnt. Je dünner die Eisdecke wird und je mehr ins kalte Wasser springen müssen, umso heftiger wird das Gedrängel um Plätze auf den vermeintlich sicheren Schollen. Mit anderen Worten: Unser Wettlauf um Status und Geld gewinnt an Tempo. Gleichzeitig aber wissen wir heute, dass uns mehr Geld nicht dauerhaft mehr Zufriedenheit brächte. Und so stecken wir in demselben Dilemma wie Dagobert Duck, der legendäre Fantastilliardär aus Entenhausen: Geld bestimmt unser Leben. Aber mehr Geld macht uns nicht glücklicher.

Aber nichts ist sicher ...

Harald Willenbrock: »Nur wer Geld hat«, sagt der Trendforscher David Bosshart, »kann Zukunft horten.« Der Hunger nach Garantien wird in unsicheren Zeiten immer größer, vier Billionen Euro lagern mittlerweile als private Ersparnisse auf deutschen Konten. Weil es für Normalverdiener aber immer schwieriger wird, überhaupt nennenswerte Beträge zurückzulegen, müssen wir uns Gedanken darüber machen, wie wir mit der wachsenden Zahl der Geringverdienenden langfristig umgehen.

Was kommt nach dem Wohlstands-Kapitalismus? Wie geht es weiter?

Harald Willenbrock: Wohlstand hat erstaunlich wenig mit Wohlergehen zu tun, und das wachsende Wissen um diese Tatsache wird unsere Gesellschaft zweifelsohne verändern. Schon allein deshalb, weil die knappen Staatskassen zum Nachdenken darüber zwingen, wie sich die zur Verfügung stehenden Mittel effektiver einsetzen ließen. Und da kommt man ziemlich schnell zur Glücksökonomie.

Trotzdem: Aktienkurse sind oft wichtiger als die Partnerin, Karriere wichtiger als Kinder, ein Geschäftstermin wichtiger als ein Abend mit Freunden ...

Die Weisheit des Glücks

Harald Willenbrock: Die ökonomische Theorie besagt, dass Menschen nüchtern Kosten gegen Nutzen abwägen und dann eine ganz rationale Entscheidung treffen. In der Praxis jedoch – das zeigen ökonomische Experimente – überbewerten wir die ökonomischen Vorteile und spielen die nicht-ökonomischen Einwände herunter, selbst wenn diese die Vorteile deutlich überwiegen. Deshalb schlagen Geld und Prestige in unserem Wertesystem immer Familie und Freunde, auch wenn Letztere nachhaltigere Glücksfaktoren sind. Mit anderen Worten: Wir treffen systematisch Fehlentscheidungen. »Finanzielle Unabhängigkeit« ist heute der am weitesten verbreitete Lebenstraum in Deutschland, und dieser Traum fordert gleich einen doppelten Preis: Einmal dadurch, dass man sich ein Leben lang für ihn abrackert. Und ein zweites Mal dadurch, dass ihn die allermeisten nie erreichen.

Also müssen wir erst lernen, glücklich zu sein?

Harald Willenbrock: Nein, wir müssen nur unsere Kompasse neu justieren. Denn wenn Glück das Ziel ist, ist Geld ein ziemlicher Umweg. Das ist die schlechte Nachricht. Die gute: Es gibt nachhaltigere Wege zum Glück. Dazu gehören sichere Arbeitsplätze, intakte soziale Gemeinschaften, mehr Möglichkeiten für den Einzelnen, gesellschaftlich etwas zu bewirken – alles Faktoren, die nach Erkenntnissen der Glücksforschung die Zufriedenheit von Menschen weitaus nachhaltiger beeinflussen als das Wohlstandsniveau.

Noch gilt das Bruttosozialprodukt als Maßstab für das Wohlergehen einer Bevölkerung – gut möglich, dass er schon bald gegen eine Art »Nationaler Zufriedenheitsindex« ausgetauscht wird. Ein solcher Index wäre auch ein weitaus fundierterer Maßstab, um die Arbeit einer Regierung zu bewerten. Ist sie wirklich erfolgreich in ihrer Aufgabe, die Lebenszufriedenheit ihrer Bürger dauerhaft zu verbessern? Oder ist sie nach wie vor auf die Uralt-Ziele Wachstum und Wohlstand fixiert? Aus dieser Perspektive haben die vergangenen Regierungen einen ziemlich schlechten Job gemacht.

4 | »Gut genug« ist besser als »das Beste«

Vielleicht kennen auch Sie den TV-Werbespot eines Finanzdienstleisters, bei dem ein Ehepaar in ein gutes Restaurant geht. Der Mann bestellt beim Ober: »Für mich das zweitbeste Steak! Für meine Frau den zweitbesten Fisch!« Damit will man suggerieren: Geben Sie sich nie mit dem Zweitbesten zufrieden, sondern streben Sie stets **DAS BESTE** an. Aber ist das wirklich sinnvoll?

Zahlreiche Forschungsberichte aus der Soziologie und Psychologie belegen, dass das Streben nach dem Besten meist keine gute Wahl ist. Menschen, die stets das Beste anstreben, werden von den Forschern Maximizer genannt. Der andere Typus, der Mensch, der sich mit dem zufriedengibt, was für ihn gut genug ist, wird als Satisficer bezeichnet.

Der Maximizer handelt sich auf dem Weg zum Besten eine Menge Nachteile ein: Um das Beste zu erreichen, muss er alle Möglichkeiten prüfen. Sonst kann er sich nicht sicher sein, auch wirklich das Beste erreicht zu haben. Das Prüfen aller Möglichkeiten – oder zumindest das Überprüfen sehr vieler Alter-

Übungen

 Sind Sie Maximizer oder Satisficer?
Listen Sie einmal die Kaufentscheidungen der letzten Zeit auf. Nach welchen Kriterien haben Sie Ihre Entscheidung getroffen? Wollten Sie stets das Beste? Oder reichte Ihnen »gut genug«?

 Für Maximizer: Setzen Sie Kriterien fest!
Formulieren Sie vor der nächsten Kaufentscheidung, welche Bedingungen erfüllt sein müssen, damit Sie zufrieden sind. Ein Beispiel: Sie wollen sich ein gebrauchtes Auto kaufen. Ihre Kriterien könnten dann so aussehen: maximal 3 Jahre alt, maximal 40.000 km gefahren, höchstens 12.000 Euro teuer. Sobald Sie ein Auto gefunden haben, das diesen Kriterien gerecht wird, können Sie kaufen. Die Suche hat ein Ende. Übrigens: Schriftlich formulierte Kriterien sind auch ein gutes Mittel bei anderen – wirklich wichtigen – Entscheidungen, etwa der Partnerwahl oder der Suche nach einem Arbeitsplatz.

 Geht's auch einfacher?
Gehen Sie einmal durch Ihre Wohnung. Wählen Sie ein paar Gegenstände aus. Schreiben Sie für jeden Gegenstand auf: Ist es das Beste oder genau »gut genug«. Welchen Aufwand an Zeit und Geld hätten Sie sparen können, wenn Sie sich mit »gut genug« zufriedengegeben hätten?

nativen – erfordert einen enormen Aufwand an Zeit und oft auch an Geld. Das Überprüfen von vielen Alternativen kostet auch geistige Energie, denn mit jeder Entscheidung für etwas muss man sich ja auch gegen etwas anderes entscheiden. Das sind geistige Verluste, die psychisch zu schaffen machen.

Aber auch nach der Entscheidung, etwa dem Kauf, ist der Maximizer oft mit der Entscheidung nicht zufrieden: Er ist sich nie sicher, ob er wirklich das Beste gewählt hat. Der Gedanke, eventuell doch das Beste verpasst zu haben, ist quälend.

Der Maximizer hört auch nach der Entscheidung nicht auf, zu vergleichen. Wenn dann später ein besseres Angebot auftaucht, bereut er seine ursprüngliche Entscheidung oder er wirft sich selbst vor, nicht lange genug gewartet zu haben.

Der Satisficer dagegen zieht aus der Entscheidung, nicht das Beste anzustreben, eine Menge Vorteile: Seine Entscheidung ist einfach und effizient. Sobald er etwas gefunden hat, was gut genug ist, ist seine Entscheidung klar. Das spart viel Zeit, Geld und psychischen Entscheidungsaufwand. Er ist mit seiner Entscheidung auch dann noch zufrieden, wenn er später etwas entdeckt, was vielleicht besser als seine ursprüngliche Entscheidung ist. Im Gegensatz zum Maximizer vergleicht er auch nicht ständig. Wenn wir unser Glück steigern wollen, tun wir also gut daran, zum Satisficer zu werden.

5 | Der Tanz der Gefühle

Scheinbar fährt das Leben mit uns Achterbahn: Wir freuen uns – aber schon kurze Zeit später sind wir vielleicht sehr wütend. Wir fühlen uns sicher und geborgen – und sind gleich darauf verunsichert und verwirrt. Wir schweben einmal auf Wolke sieben und finden uns ein anderes Mal im Jammertal wieder. Im ersten Moment erscheinen Gefühle unsere Reaktion zu sein auf Ereignisse, die von außen kommen. Aber Gefühle sind viel mehr: Wenn wir genauer hinschauen, dann erkennen wir, dass wir keine Reiz-Reaktions-Maschine sind, sondern dass verschiedene Menschen auf den gleichen Reiz höchst unterschiedlich reagieren. Dies hat offensichtlich mit der inneren Verarbeitung des Reizes zu tun. Der eine reagiert ganz gelassen auf die Tatsache, dass ihm jemand direkt vor der Nase den Parkplatz wegschnappt. Er sucht sich halt einen anderen Parkplatz. Der andere rastet förmlich aus und schimpft eine Stunde später immer noch darüber.

Glück – die Summe der Gefühle

Die Frage: »Wie glücklich bist du?« ist eigentlich ganz einfach zu beantworten: Wir brauchen nur die Stunden zusammenzuzählen, in denen wir positive Gefühle haben, und davon die Stunden abziehen, in denen wir negative Gefühle haben. Damit ergibt sich auch eine

Ohne Glückstraining

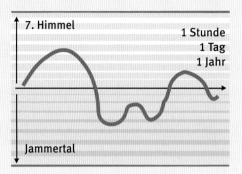

Der Glückspegel wird vom Zufall gesteuert. Glück = Reaktion auf äußere Ereignisse

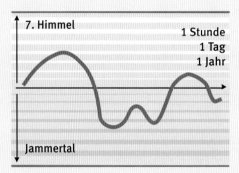

Der durchschnittliche Glückspegel ist auf mittlerem Niveau.

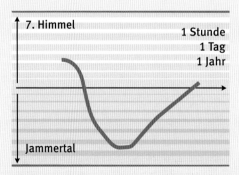

Negative Gefühle können ganz tief gehen. Aus dem Tief kommt man nur langsam wieder heraus.

Mit Glückstraining

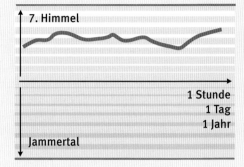

Der (hohe) Glückspegel wird bewusst angestrebt. Glück = innere Haltung

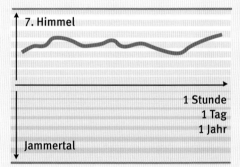

Der durchschnittliche Glückspegel ist auf hohem Niveau.

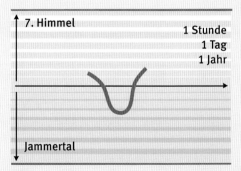

Tiefs kommen ab und zu noch vor. Sie sind aber viel seltener, weniger gravierend und sie werden schneller wieder verlassen.

Die Weisheit des Glücks

Praxis-Tipps

Entwickeln Sie eine Skala von 1 bis 10 für Ihre Gefühle: Beispiel für Ärger: 1 = ganz leicht verärgert, 10 = maximaler Ärger. Versuchen Sie, Ihr Gefühl auf der Skala zu schätzen. »Ich war ziemlich verärgert, so 6 bis 7.« Dies hilft Ihnen, zunehmend das Gefühl zu beherrschen. Es hilft Ihnen auch, unangenehme Gefühle zu reduzieren: »Früher erreichte ich auf der Wutskala ganz leicht die 10. Heute maximal 3.«

Übungen

Inventur negativer Gefühle

Welche negativen Gefühlsregungen kennen Sie insgesamt?
Markieren Sie diejenigen, die Ihnen manchmal oder oft zu schaffen machen.

Inventur positiver Gefühle

Welche positiven Gefühlsregungen kennen Sie insgesamt?
Markieren Sie diejenigen, die Sie a) oft erleben und b) die Sie gerne öfter erleben würden.

✋ Beobachten Sie aufmerksam den Zusammenhang zwischen Gefühlsregungen und deren Auswirkungen – bei sich selbst und bei anderen: Was passiert, wenn jemand wütend ist? Was geschieht, wenn jemand fröhlich ist?

✋ Beobachten Sie aufmerksam die Auslöser für Gefühlsregungen. Welche äußeren Anlässe lösen sie aus? Wie stehen Ereignis und Ihre Erwartungshaltung zueinander?

---

grundlegende (Doppel-)Strategie für das persönliche Glück: die positiven Gefühle mehren, die negativen Gefühle verringern.

Wir begeben uns also in einen Lernprozess: Wir erkennen, was uns gut tut. Wir lernen, die guten Gefühle öfter zu erzeugen, sie länger zu halten. Wir erkennen die Auslöser für negative Gefühle. Wir lernen, sie zu meiden oder – wenn sie doch auftreten – im Zaum zu halten. Die gute Nachricht der Glücksforschung ist: Wir können diese »Fieberkurve des Glücks« (siehe Grafik auf der linken Seite) zu unseren Gunsten beeinflussen.

So beeinflussen Sie Ihre Glückskurve

Glück ist nicht konstant, das wissen wir alle. Wir erleben während eines Zeitraumes unterschiedliche Glückszustände. Mal geht es auf, mal geht es ab. Wenn es uns sehr gut geht, befinden wir uns im siebten Himmel unserer Glückskurve. Und wenn es uns ganz schlecht geht, dann dümpeln wir im Jammertal. Die Zeiträume, in denen das Befinden wechselt, können sehr kurzfristig sein (eine Stunde etwa oder ein Tag), langfristiger ablaufen (über eine Woche, einen Monat, ein Jahr) oder gar unser ganzes Leben umfassen.

Streng genommen ist die Kurve eine Zusammenfassung von Einzelkurven: Wir fühlen uns in unserer Familie sehr glücklich, sind aber momentan mit unserer beruflichen Situation ziemlich unzufrieden. Dann ist entweder unser Gesamtglück »gebremst«, oder wir fühlen uns zu Hause sehr wohl und es geht uns nur dann weniger gut, wenn wir bei der Arbeit sind. Daher ist es wichtig, in allen wesentlichen Lebensbereichen einigermaßen zufrieden zu sein. Wenn wir insgesamt in unserem Leben glücklicher sein wollen, geht es darum, dass wir uns gefühlsmäßig möglichst oft im oberen Bereich der Glückskurve aufhalten und möglichst selten im unteren.

6 | Nur die Erfahrung zählt

Die ganzen tollen Tipps und Empfehlungen nützen Ihnen gar nichts, wenn Sie nicht Ihre eigenen Erfahrungen machen. Erzählen Sie jemandem, der noch nie Erdbeeren gegessen hat, wie Erdbeeren schmecken. Sie können noch so viel schwärmen und beschreiben: Er wird Sie nicht verstehen oder ganz falsche Vorstellungen entwickeln. Erst wenn er die Erdbeere selbst isst, wird er wissen, wie Erdbeeren schmecken.

Ähnlich ist es mit dem Glückempfinden. Es ist extrem wichtig, dass Sie die einzelnen Glückswege üben. Glauben Sie nicht einfach, was hier steht, sondern machen Sie Ihre eigenen Erfahrungen. Nehmen Sie das Gelesene nicht nur mit Ihrem Verstand auf, sondern erproben Sie es in der Wirklichkeit. Es nützt Ihnen nichts, wenn tausend andere damit gut gefahren sind. Wenn dem so ist, ist das lediglich ein Hinweis, dass es sich lohnt, es auch einmal auszuprobieren.

Erst wenn Sie persönlich erfahren, welche Wirkung dieses oder jenes Verhalten auf Sie hat, können Sie diese Erfahrung für sich nutzen. Ist die Erfahrung positiv, so können Sie versuchen, das Verhalten in Zukunft öfter herbeizuführen. Wenn Ihre Erfahrung jedoch negativ ist, so werden Sie das Verhalten in Zukunft eher meiden. Das Ganze nennt man einen Lernprozess.

Praxis-Tipps

- Beginnen Sie in kleinen Schritten. Nehmen Sie sich nur so viel vor, wie Sie glauben, gut zu schaffen.
- Wenn etwas nicht funktioniert, geben Sie nicht gleich auf. Versuchen Sie mehrmals, bevor Sie sich entscheiden, ob Sie es in Zukunft lassen möchten.
- Variieren Sie Ihre Herangehensweise. Spielen Sie mit verschiedenen Möglichkeiten.
- Notieren Sie Ihre Erfahrungen. Am besten in einem speziellen Notizbuch oder Ihrem Glückstagebuch. Nur für sich selbst.
- Wiederholen Sie erfolgreiche Methoden. Nur so werden sie zu einer Gewohnheit.

Lernend vorwärtskommen

Der Lernprozess vollzieht sich in drei Stufen: In der ersten Stufe nehmen Sie Wissen auf. In der zweiten Stufe probieren Sie das Wissen aus. Sie wenden es an und machen Ihre Erfahrungen. In der dritten Stufe reflektieren Sie die Erfahrungen und treffen Ihre Entscheidungen, wie Sie in Zukunft mit dem Wissen und den Erfahrungen umgehen werden.

Bitte beachten Sie, dass sich die positiven Erfahrungen oft nicht gleich beim ersten Mal einstellen. Wenn Sie gerade kochen lernen, werden Sie beim ersten Mal kein Fünf-Gänge-Menü zaubern. Sie werden mit einfachen Rezepten und Gerichten starten, die Ihren Kenntnissen und Fähigkeiten entsprechen. So ist es auch im Bereich Glück: Wenn Sie mit einem bestimmten Glücksweg positive Erfahrungen gemacht haben, steigen Ihr Selbstbewusstsein und Ihr Vertrauen in die eigenen Fähigkeiten. Erst danach werden Sie sich an schwierigere, komplexere Themen rantrauen.

Übungen

✋ Lächeln, immer nur Lächeln
Versuchen Sie heute mindestens fünfmal ein Lächeln zu »kassieren«. Wie das geht? Ganz einfach: Sie lächeln einfach jemanden an und Sie werden mit hoher Wahrscheinlichkeit von ihm ein Lächeln »ernten«.

✋ Etwas Nettes sagen
Sagen Sie heute etwas Nettes zu Ihrem Partner, Kollegen, Freund. Achten Sie darauf, was passiert.

✋ Nur Positives lesen
Versuchen Sie, in Ihrer Zeitung heute nur Positives zu lesen. Überspringen Sie alle Artikel mit negativen Meldungen. Wie geht es Ihnen damit?

Zusammenfassung »Die Weisheit des Glücks«

Wenn Sie »Glück haben« und »glücklich sein« unterscheiden 1, dann warten Sie nicht mehr so sehr auf das Glück von außen, sondern erzeugen es eher selbst. Sie können die Irrtümer des Glücks 2 erkennen und überwinden, vermeiden so viel Ärger und Enttäuschung. Sie sparen viel Zeit, jede Menge Arbeit und Geld. Durch falsche Vergleiche werden Sie unglücklich, durch richtige Vergleiche glücklich 3. Es kommt auf die Richtung an. Wenn wir immer nur »das Beste« anstreben, dann geht es uns im Endeffekt schlechter, als wenn wir uns einfach mit »gut genug« I➔4 zufriedengeben.

Wir sind nicht der Spielball des Lebens, sondern können Einfluss auf unsere Gefühle nehmen I➔5. Wir können nicht immer glücklich sein, aber den durchschnittlichen Glückspegel beträchtlich anheben.

Es ist wichtig, die Glückswege nicht nur theoretisch kennenzulernen, sondern durch Übungen eigene Erfahrungen zu machen I➔6.

Glück bringende Stärken

Welche menschlichen Eigenschaften als Stärken anerkannt werden, ist sehr unterschiedlich. Im Zusammenhang mit dem Glück ist es aber vor allem interessant, dass einige Eigenschaften den Weg zum Glück ebnen helfen!

Eigenschaften, die uns glücklich sein lassen

Was sind eigentlich Stärken? Sie sind oft nicht ganz einfach zu definieren und zu charakterisieren – je nach Ort, Zeit und Kultur können sehr unterschiedliche Eigenschaften als Stärken gewürdigt werden.

So individuell charakterliche Stärken aber auch beurteilt werden: Es gibt einige Merkmale, die uns helfen, eine Stärke als solche zu definieren. In der Literatur findet man folgende Kriterien:

- Eine Stärke ist keine kurzfristige Modeerscheinung, sondern stabil über Zeit und Situationen.
- Ihr Vorhandensein wird gefeiert und gelobt; das Fehlen dagegen beklagt.
- Eltern und Erzieher vermitteln diesen Wert den Kindern.
- Es gibt Institutionen (Schulen oder Ähnliches), in denen sie gelehrt wird.
- Rituale zur Kultivierung (Gedichte, Belohnungen, Auszeichnungen ...) werden gepflegt.
- Es existiert eine Vorstellung davon, wie diese Stärke im Idealfall aussieht.
- Es gibt Personen, bei denen die als Stärke bezeichnete Eigenschaft besonders ausgeprägt ist. Diese Menschen sind oft Vorbilder für andere.

Die Grundausstattung glücklicher Menschen

Es gibt einige Stärken, die für das Glücklichsein unbedingt erforderlich sind. Sind diese Stärken entsprechend ausgebildet, begleiten sie den Menschen auf dem erfolgreichen Weg zum Glück. Sind diese Eigenschaften jedoch nur schwach oder gar nicht ausgeprägt, erzeugt der betreffende Mensch wahrscheinlich immer wieder sein eigenes Unglück.

In Hinblick auf eine glückliche Lebensgestaltung sind die folgenden Stärken gleichzeitig Glückswege:

7 | **Dankbarkeit**
8 | **Aufmerksamkeit**
9 | **Leben im *Hier* und *Jetzt***
10 | **Ehrlichkeit und Aufrichtigkeit**
11 | **Gelassenheit**
12 | **Geduld**
13 | **Offenheit**
14 | **Neugierde**
15 | **Mut**
16 | **Entschlossenheit**
17 | **Beharrlichkeit**

7 | Dankbarkeit

Was meinen Sie: Sind Sie dankbar? Den meisten Menschen fällt es leider ziemlich schwer, dankbar zu sein. Wir nehmen vieles, was wir schon haben, als selbstverständlich hin. Dabei hat die stetige Übung der Dankbarkeit sehr viele positive Effekte für unser Leben – und auch für unser Glücksgefühl.

Dankbarkeit führt uns zu unseren Glücksquellen

Wenn wir bewusst und aufrichtig dankbar sind, so erinnern wir uns immer wieder daran, woher all das kommt, wofür wir dankbar sind. Das führt uns unmittelbar zur Quelle unseres Glücks. Wir werden uns dessen bewusst, dass diese Quelle nicht selbstverständlich sprudelt. Und dass wir selbst auch immer wieder unseren Beitrag dafür leisten sollten, dass sie nicht versiegt.

Dankbarkeit macht offen und hilfsbereit

Indem wir uns bewusst machen, was wir schon alles haben, werden wir auf direktem Wege zufriedener. Ein Beispiel: Sie haben wahrscheinlich zu jedem Zeitpunkt frisches Wasser zur Verfügung. Und das ist eine Selbstverständlichkeit für Sie. Aber 1,2 Milliarden Menschen auf unserer Erde haben diesen Luxus nicht.

Dankbarkeit regt unsere Hilfsbereitschaft an: Wenn wir uns klarmachen, was wir schon alles haben, sind wir eher bereit abzugeben. Anderen Menschen zu helfen, ist ein weiterer Glücksweg ➔ 66 | S. 162 ff., der dem anderen hilft und uns glücklich macht.

Das tägliche Ritual

Wenn wir Dankbarkeit zu einer täglichen Übung machen, dann festigt sich unser Bewusstsein für all die schönen Dinge, die wir jetzt schon in unserem Leben haben. Am besten gestalten wir ein Ritual daraus. Einer meiner Freunde macht die Dankbarkeitsübung zum Beispiel immer, wenn er eine Treppe hochsteigt. Es könnte auch beim Aufstehen, Zähneputzen oder Duschen geschehen. Finden Sie in Ihrem Alltag Momente, die Sie bewusst mit Dankbarkeit füllen können.

Übungen

 Wofür sind Sie dankbar?
Für welche Menschen in Ihrem Leben? Für welche Dinge? Für welche Ereignisse danken Sie?

 Dankesbrief
Schreiben Sie einen Dankesbrief an einen Menschen, der ihn wirklich verdient hat.

 Dank an Gott oder an das Universum
Wenn Sie gläubig sind, erkennen Sie vermutlich einen Gott als höchste Autorität an. Wenn Sie nicht an einen Gott glauben, haben Sie sicher einen Bezug zur Natur oder zum Universum. Egal, wie Sie es nennen: Wofür sind Sie ihm/ihr dankbar?

Die Sprache hilft

Benutzen Sie für Ihre Dankbarkeit gegenüber anderen eine möglichst reichhaltige, abwechslungsreiche Sprache – finden Sie immer wieder neue, individuelle Worte, um Ihre Freude und Dankbarkeit zu zeigen:

- Danke, dass du mir geholfen hast.
- Ich freue mich so, dass du mir so geduldig zugehört hast.
- Wenn ich dich nicht hätte, …
- Toll, dass du dir Zeit für mich nimmst.
- Ich habe viel von dir gelernt.

8 | Aufmerksamkeit

Aufmerksamkeit ist tatsächlich ein goldener Schlüssel zu Zufriedenheit, Ruhe und Glück. In der buddhistischen Tradition nimmt sie einen zentralen Platz ein. Aufmerksam sein heißt, sich wirklich ganz bewusst auf eine einzige Sache zu konzentrieren.

Normalerweise werden unsere Sinne von vielen Reizen überflutet. Gerade in unserer modernen, hoch technisierten Welt werden wir pausenlos mit optischen und akustischen Reizen bombardiert. Unser Gehirn kann aber nur eine bestimmte Menge an Informationen gleichzeitig verarbeiten. Eine andauernde Reizüberflutung überfordert uns, macht uns unruhig, führt zum Ge-reizt-sein. Aufmerksamkeit ist die Lösung. Dafür ist die bewusste Reduktion auf einen einzigen Reiz in eben diesem Moment nötig.

Weniger ist mehr

Sie haben es bestimmt schon oft erlebt: Wenn Sie sich auf eine einzige Sache konzentrieren, dann entsteht ein gutes Gefühl. Unser Gehirn scheint uns unmittelbar dafür zu belohnen, dass wir uns nur mit einer einzigen Sache beschäftigen. Aufmerksamkeit heißt auch: vertieft wahrzunehmen. Denn gerade, wenn wir aufmerksam sind, erkennen wir plötzlich Details, die bei oberflächlicher Betrachtung verloren gehen.

Achtsam – oder aufmerksam – zu sein, hat eine Menge Vorteile:

- Ihnen werden weniger Gegenstände herunterfallen.
- Sie werden weniger zerbrechen, verschütten oder zerstreuen.
- Keine hektischen Suchaktionen mehr: Sie werden immer wissen, wo Ihr Schlüssel, Ihre Geldbörse, Ihre Brille ist.
- Sie werden weniger anecken, sich kaum noch stoßen.
- Sie werden Unfälle vermeiden – also auch sich und andere weniger verletzen.
- Ihre Körperbewegungen werden runder, weicher und eleganter werden.
- Sie werden beim geschickten, ruhigen Hantieren mit Gegenständen, beim bewussteren, ruhigen Agieren ein tolles Gefühl haben. Pures Glück, und das sofort!

Übungen

 Bewusst berühren

Fassen Sie einen Gegenstand jetzt einmal wirklich bewusst an. Das kann eine Tasse, ein Bleistift oder ein Schlüssel sein. Konzentrieren Sie sich ganz auf diesen Gegenstand. Spüren Sie dessen Oberfläche. Nehmen Sie das Gewicht, die Temperatur wahr. Legen oder stellen Sie den Gegenstand nach einiger Zeit wieder mit voller Konzentration an seinen Platz zurück.
Wiederholen Sie die Übung mit zwei anderen Gegenständen.

 Essen, nur Essen

Wählen Sie ein Frühstück, ein Mittag- oder Abendessen, bei dem Sie völlig ungestört sind. Genießen Sie beim Essen den Geschmack. Versuchen Sie nur zu essen, sonst nichts.

 Musik pur

Gönnen Sie sich Zeit, Musik pur zu hören. Schließen Sie dabei die Augen und hören Sie nur die Musik. Versuchen Sie, die einzelnen Instrumente herauszuhören.

9 | Leben im *Hier* und *Jetzt*

Es gibt nur einen Ort, an dem wir gerade sind: *Hier.* Es gibt nur eine Zeit, in der wir momentan leben: *Jetzt.* Oft jedoch reisen wir mit unseren Gedanken an andere Orte oder in andere Zeiten. Und meist beschäftigen wir uns dabei auch noch mit Negativem: mit schlechten Erfahrungen oder Sorgen um die Zukunft.

Seien Sie ganz *Hier*

Wenn Sie an Ihrem Schreibtisch sitzen und von Hawaii träumen, sind Sie weder an Ihrem Schreibtisch noch sind Sie auf Hawaii. Vielen geht es auch umgekehrt so: Sie haben eigentlich Urlaub und sind doch geistig am Schreibtisch geblieben. Und können sich so weder erholen noch ihre Arbeit sinnvoll erledigen. Wäre es nicht sinnvoller, am Schreibtisch die Arbeit gut zu erledigen, das Reisegeld zu verdienen und dann tatsächlich nach Hawaii zu fahren?

Es ist immer nur *Jetzt*

Unser ganzes Leben ist eine endlose Aneinanderreihung von kurzen *Jetzts.* Das letzte *Jetzt* von vor einer Sekunde wird zur Vergangenheit. Das *Jetzt,* welches gleich oder nächste Woche kommt, ist Zukunft. Wenn wir nicht im *Jetzt* leben, sondern mit unseren Gedanken in der Vergangenheit sind, können wir nicht oder nur sehr eingeschränkt wahrnehmen, was *Jetzt* geschieht. Wir verpassen wahrscheinlich tolle Glücksmomente.

Glück bringende Stärken

Das Geheimnis des Glücks

Es kamen einmal ein paar Suchende zu einem alten Zenmeister. Von ihm war bekannt, dass er sehr glücklich und zufrieden war.
»Herr«, fragten sie, »was tust du, um glücklich und zufrieden zu sein? Wir wären auch gerne so glücklich wie du.«
Der Alte antwortete mit mildem Lächeln: »Ich schlafe, ich stehe auf, ich gehe, ich esse.«
Die Fragenden schauten etwas betreten in die Runde. Einer platzte heraus: »Bitte, treibe keinen Spott mit uns. Was du sagst, tun wir auch. Wir schlafen, essen und gehen. Aber wir sind nicht glücklich. Was ist also dein Geheimnis?«
Der Zenmeister antwortete: »Wenn ich liege, dann liege ich. Wenn ich aufstehe, dann stehe ich auf. Wenn ich gehe, dann gehe ich, und wenn ich esse, dann esse ich.«
Die Unruhe und den Unmut der Suchenden spürend, fügte der Meister nach einer Weile hinzu: »Sicher liegt auch ihr und ihr geht auch und ihr esst. Aber während ihr liegt, denkt ihr schon ans Aufstehen. Während ihr aufsteht, überlegt ihr, wohin ihr geht, und während ihr geht, fragt ihr euch, was ihr essen werdet. So sind eure Gedanken ständig woanders und nicht da, wo ihr gerade seid. In dem Schnittpunkt zwischen Vergangenheit und Zukunft findet das eigentliche Leben statt. Lasst euch auf diesen nicht messbaren Augenblick ganz ein, und ihr habt die Chance, wirklich glücklich und zufrieden zu sein.«

Hier und *Jetzt* haben große Tradition

Die große Bedeutung des Lebens im *Hier* und *Jetzt* haben schon Menschen Jahrtausende vor uns entdeckt. Im Buddhismus hat es eine zentrale Bedeutung. Aber auch viele andere Kulturen pflegen das Leben im Augenblick.

Sich an etwas zu erinnern ist vollkommen in Ordnung, vor allem, wenn die Erinnerungen positiv sind. Das wahre Leben aber spielt sich *Jetzt* ab. Planungen für die Zukunft sind ebenfalls in Ordnung, aber planen Sie nicht zu viel. Es kommt meist anders. Ihre Zukunft schaffen Sie mit dem, was Sie *Jetzt* tun. Es gibt dazu den alten jüdischen Witz: Wie kannst du Gott zum Lachen bringen? Erzähl ihm von deinen Plänen.

Mental unterwegs sein, ist in Ordnung. Aber, wenn Sie zu oft geistig unterwegs sind, sind Sie ein Träumer oder flüchten vor der Realität. Die wahre Musik spielt *Hier*.

Beteiligen Sie möglichst viele Sinne an dem, was gerade geschieht. Wenn Sie gleichzeitig sehen, hören, fühlen oder sogar noch riechen und schmecken, dann ist Ihr Geist total hier und geht nicht auf zeitliche oder räumliche Reisen.

Träumen, auch Tagträumen ist eine tolle Sache. Aber träumen Sie bewusst. Nehmen Sie sich eine bestimmte Zeit, in der Sie bewusst in einer anderen Zeit und an einem anderen Ort sind. Kommen Sie dann immer wieder ins konzentrierte *Hier* und *Jetzt* zurück.

Übungen

 Spaziergang im *Hier* und *Jetzt*
Gehen Sie spazieren. Konzentrieren Sie Ihre ganze Aufmerksamkeit auf das Spazierengehen. Fühlen Sie Ihre Fußsohlen, wie sie vom Boden abrollen; fühlen Sie die Bewegungen Ihres Körpers beim Gehen; spüren Sie die frische Luft. Fühlen Sie Ihren Atem, wie er ein- und ausströmt.

 Tagesbilanz *Hier* und *Jetzt*
Beobachten Sie sich einen ganzen Tag lang konsequent: Wie oft sind Sie im ***Hier*** und ***Jetzt?*** Wie oft sind Sie mit Ihren Gedanken in der Vergangenheit, der Zukunft oder an irgendeinem anderen Ort, in einer anderen Zeit als dort, wo Sie gerade tatsächlich sind?

10 | Ehrlichkeit und Aufrichtigkeit

»Der Bus hatte Verspätung«, »Ich habe das Geld gestern überwiesen«, »Herr Meier ist nicht im Büro« ... Wir lügen bis zu 200-mal am Tag. Männer lügen dabei besonders oft in Aussagen über ihren Job, ihr Auto und ihre Freizeitaktivitäten. Frauen sagen häufiger die Unwahrheit über ihr Alter, ihr Gewicht und ihre Treue in der Partnerschaft. Und Kinder fangen bereits mit vier Jahren bewusst zu lügen an. Am leichtesten fällt das Lügen am Telefon, denn hier fehlt dem Gegenüber der Blick auf die Körpersprache, die sonst den Lügner verraten könnte.

Wir glauben, dass wir unseren Alltag einfacher bewältigen können und Probleme vermeiden, indem wir »großzügig« mit der Wahrheit umgehen. Die hauptsächliche Motivation für die Lüge ist die Angst. Und wir hoffen, diese Angst zu vermindern, indem wir einfach eine andere Wirklichkeit erfinden.

Praxis-Tipps

- Versuchen Sie in Ihrem Alltag ganz bewusst, stets ehrlich und aufrichtig zu sein.
- Widerstehen Sie immer öfter der Versuchung, »schnell mal« kleine Alltagsausreden zu benutzen. Wenn Ihnen eine Notlüge auf den Lippen liegt, probieren Sie es: Sagen Sie etwas, was offen und ehrlich ist.
- Weigern Sie sich, für andere zu lügen. Lassen Sie sich auch nicht von Ihrem Partner, einem Freund oder dem Chef zum Lügen verführen.
- Seien Sie Ihren Kindern ein Vorbild.
- Schweigen ist oft die bessere Alternative, wenn Sie eine Lüge auf den Lippen haben.

Oft schädigen wir damit zumindest keinen anderen. Aber der Grat ist schmal. Und: Wir schädigen uns vor allem selbst. Nämlich indem wir uns eine andere Wirklichkeit vorgaukeln und Dingen aus dem Weg gehen, denen wir uns besser stellen sollten. Wenn wir uns mit Lügen durchmogeln, wachsen wir nicht. Ein glücklicher Mensch hat es nicht nötig, andere zu übervorteilen.

Nur wenn wir ehrlich und aufrichtig zueinander sind, steigen das gegenseitige Verstehen und Vertrauen. Dies trägt wieder erheblich dazu bei, das Alltagsleben zu erleichtern. Menschen, die einander absolut vertrauen, können hervorragend zusammenarbeiten, ohne komplizierte Verträge zu schließen.

Immer und überall ehrlich zu sein, ist wohl ein zu hoher Anspruch, den kaum jemand erfüllen kann. Aber wenn wir Ehrlichkeit und Aufrichtigkeit zu einem Grundprinzip machen, dann haben wir stets ein gutes Gewissen und können anderen Menschen jederzeit offen und freundlich begegnen.

> **Übungen**
>
> **Meine Lügen heute**
> Notieren Sie doch einmal einen Tag lang Ihre kleinen und großen Lügen. Seien Sie am Anfang nicht zu streng mit sich. Es geht nur darum, dass Sie merken, wann und warum Sie unehrlich und unaufrichtig sind. Überlegen Sie sich zu jeder Lüge eine ehrliche Alternative.
>
> **»Lügennester« entdecken**
> Gibt es Lebensbereiche, in denen Sie vermehrt lügen? Vielleicht im Beruf? Versuchen Sie zunehmend die Wahrheit zu sagen, auch wenn es am Anfang schwierig ist.
>
> **Der Lohn der Mühe**
> Sammeln Sie ehrliche Aussagen, die Ihnen schwerfielen und bei denen Sie am liebsten gelogen hätten. Spüren Sie den Stolz und die Erleichterung darüber, dass Sie ehrlich geblieben sind?

11 | Gelassenheit

Der deutsche Philosoph Eugen Herrigel (1884–1955) war von Japan so fasziniert, dass er im Jahre 1924 eine Professur an der Kaiserlichen Tôhoku-Universität in der japanischen Stadt Sendai annahm. Herrigel war schon eine Zeit lang in Japan, als er ein Schlüsselerlebnis hatte: Er hatte sich mit einem Universitätskollegen im 5. Stock eines Hotels getroffen, als plötzlich ein heftiges Erdbeben einsetzte. Während die meisten Hotelgäste panikartig nach draußen stürzten, blieb sein japanischer Gesprächspartner total gelassen. Er begab sich mitten in dem Chaos in eine Zen-Meditationshaltung und blieb unbeweglich sitzen. Herrigel blieb im Raum, starrte den Meditierenden angstvoll an und wartete das Ende des Erdbebens ab. Nach dem Erdbeben setzte der Japaner das Gespräch an der Stelle fort, an der es unterbrochen worden war – so, als wenn nichts geschehen wäre. Herrigel war von der Zen-Mystik so fasziniert, dass er einen jahrelangen Ausbildungsweg begann, den er später in dem berühmten Buch »Zen in der Kunst des Bogenschießens« dokumentiert hat.

Gelassen zu bleiben, fällt uns oft nicht leicht, vor allem, wenn es uns gerade nicht so gut geht: Das Leben ist nicht immer fair. Wir erleben gute Zeiten. Und auch weniger gute. Vielleicht sogar schlimme Zeiten. Wir sollten dann nicht mit unserem Schicksal hadern. Das Auf und Ab ist ein natürlicher Zyklus. Wenn wir gelassen sind, können wir auch Zeiten, die weniger angenehm sind, innerlich mit Ruhe ertragen. Und die guten umso mehr genießen.

Das Leben ist keine Gerade

Das Leben läuft nicht gleichmäßig – vor allem nicht geradeaus immer weiter aufwärts. Sondern alles im Leben besteht aus Rhythmen: Tag und Nacht, Sommer und Winter, Aktivität und Erholung …

Gelassen zu sein, heißt einen ruhigen Geist behalten, auch wenn das Leben einmal nicht nach Plan läuft. Einen Geist zu pflegen, der in unangenehmen Situationen den Überblick behält, der es auch dann schafft, die Situation in Relation zum Gesamten zu sehen. Einen Geist, der mit Besonnenheit hektische (Über-)Reaktionen vermeidet und kluge Entscheidungen trifft.

Praxis-Tipps

Jeder von uns kennt Situationen, in denen es schwerfällt, ja, fast unmöglich scheint, gelassen zu bleiben. Hier ein paar spontane Rettungsmaßnahmen, die bei unangenehmen Erfahrungen helfen, die Ruhe zu bewahren:
- Atmen Sie zuerst einmal lange und tief aus. Atmen Sie dann sehr tief und ruhig weiter.
- Wenn irgend möglich: Schlafen Sie erst mal über die Angelegenheit. Morgen früh sieht die Sache womöglich schon ganz anders aus.
- Setzen Sie das Unangenehme ganz bewusst in Relation zu Ihrem ganzen Leben – vielleicht auch zum Leben überhaupt. Einer meiner Freunde hat hinter seinem Schreibtisch eine große Karte des Weltalls aufgehängt. Wenn es ganz dicke kommt, setzt er gedanklich sein aktuelles Problem in Relation zum Weltall. Das Problem erscheint dann flugs ganz klein.
- Erinnern Sie sich daran, dass Sie früher schon ganz andere Schwierigkeiten überwunden haben. Denken Sie an Ihre früheren Siege.
- Nehmen Sie die Schwierigkeiten sportlich.
- Machen Sie sich klar: Schwierigkeiten sind normal. Es geht nicht darum, dass das Leben insgesamt oder irgendeine Person ungerecht zu Ihnen wäre – es steckt keine »große böse Absicht« dahinter, wenn es manchmal im Leben holpriger läuft.

Übungen

 Wo bleibt meine Gelassenheit?
In welchen Situationen verlieren Sie leicht Ihre Gelassenheit? Was könnten Sie tun, um leichter und einfacher mit diesen Situationen umzugehen?

 Eine Herausforderung
Begeben Sie sich in eine Situation, die Sie normalerweise nicht mögen. Das könnte z.B. eine total volle Einkaufsstraße sein. Oder eine unangenehm laute Umgebung. Nehmen Sie sich fest vor, dass Sie die Situation beherrschen und nicht die Situation Sie. Gehen Sie nur so weit, wie Sie es ertragen können. Verlassen Sie nach einiger Zeit diese Situation wieder und machen Sie sich klar: Ich bin gelassen geblieben. Genießen Sie das!

 **Der Blick aus dem All**
Stellen Sie sich vor, Sie seien ein Astronaut und umkreisen in einem Raumschiff die Erde: Wie sehen aus dieser großen Höhe jetzt Ihre irdischen Probleme aus?

 **Gelassenheit gegenüber dem Tod**
Sie sind irgendwann in diese Welt gekommen. Sie werden irgendwann diese Welt wieder verlassen. Wahre Gelassenheit zeigt sich in der Konfrontation mit schwierigen Themen wie Abschied, Trennung und auch mit dem eigenen Tod. Beschäftigen Sie sich deshalb hin und wieder auch bewusst damit: Stellen Sie sich vor, Ihr bester Freund hält Ihre Grabrede. Schreiben Sie sich auf: Was sagt er? Oder: Was soll auf Ihrem Grabstein stehen?

12 | Geduld

Thomas Alva Edison gilt gemeinhin als der Erfinder der Glühlampe. Aber er war nicht der Erste, der mit Hilfe von elektrischem Strom einen Faden aus Metall oder Kohlefaser zum Leuchten brachte. Schon Jahre vor der Patentanmeldung durch Edison im Jahre 1897 hatten andere Tüftler Lampen zum Leuchten gebracht. Aber Edison gebührt die Ehre, als Erster eine Lampe entwickelt zu haben, die alltagstauglich war und länger als einige Stunden Lebensdauer hatte.

Edison war ein begeisterter Forscher und Entwickler. Unermüdlich und mit Engelsgeduld hat er bei der Erfindung der Glühlampe Hunderte von verschiedenen Drähten ausprobiert. Er ließ sich durch Rückschläge nicht entmutigen und hat weiter und weiter probiert. Er war davon überzeugt, dass es ihm gelingen würde, eine funktionstüchtige Glühlampe zu entwickeln. Der Erfolg hat ihm schließlich Recht gegeben. Mit der gleichen Geduld hat Edison im Laufe seines Lebens übrigens über 2000 Erfindungen gemacht, von denen er 1093 patentieren ließ.

Die Kunst, zu warten

Geduld ist die Kunst, in Ruhe auf etwas warten zu können, was noch nicht so weit ist. Warten auf eine Zeit, die noch nicht gekommen ist. Warten auf andere, die – unserer Meinung nach – noch nicht so weit sind. Warten auf etwas, was erst noch wachsen und reifen muss.

Manche Menschen leben so, als käme es vor allem darauf an, möglichst schnell ans Lebensende zu gelangen. Dauernd drängen und beschleunigen sie, pochen auf kürzeste Lieferfristen und sofortige Bedienung. Aber zieht etwa der Gärtner dauernd an den Sämlingen, damit sie schneller aus dem Boden kommen? Löst der Stau sich schneller auf, wenn Sie in Ihrem Auto vor sich hinfluchen?

Manchmal werden in Fragebögen oder Einstellungsgesprächen Menschen nach ihrer größten Schwäche gefragt. Die häufigste Antwort: Ungeduld. Die Befragten verstehen das aber selbst in Wirklichkeit gar nicht als Schwäche, sondern legen es insgeheim als Stärke aus: Ich bin ungeduldig, also ein dynamischer Macher.

Praxis-Tipps

- Geben Sie anderen Menschen Zeit («Wie viel Zeit brauchst du?»), anstatt ungeduldig wartend mit den Fingern zu trommeln.
- Nutzen Sie Wartezeiten geschickt. Wenn Sie stets etwas zu lesen dabeihaben, ist es gar nicht so schlimm, wenn die Freundin mal 20 Minuten später zur Verabredung im Café kommt.
- Versuchen Sie möglichst oft ohne Uhr auszukommen. Gönnen Sie sich immer öfter bewusst Zeitlosigkeit.

Übungen

 Wachsen und Reifen

Bilden Sie zehn Gegensatzpaare von Ereignissen, die einen gesunden, natürlichen Reifeprozess hinter sich haben im Gegensatz zu getriebenen oder vorzeitig unterbrochenen Prozessen. Ein Beispiel: neun Monate Schwangerschaft – Frühgeburt.

 Meine Geduld

Welche positiven Erfahrungen haben Sie mit Geduld? Worauf können Sie besonders gut warten?

 Meine Ungeduld

Was können Sie kaum erwarten? In welchen Situationen, mit welchen Menschen sind Sie besonders ungeduldig? Warum? Was könnten Sie daran ändern?

Ungeduldige Menschen sind oft Nervensägen für ihr Umfeld, schaden sich aber vor allem selbst: durch erhöhten Stress, durch Nervosität und selbst produzierten Ärger.

Gehören Sie also am besten zu den Menschen, die Geduld als eine Tugend pflegen, gleichsam als Schwester der Gelassenheit

→ **11 | S. 59 f.** Die Geduld verlangt Ihnen zwar etwas Kraft ab, bringt aber sicher gute Zinsen: Während des Wartens können Sie bereits die Energie der Vorfreude → **21 | S. 79** genießen. Sie sind im *Hier* und *Jetzt* → **9 | S. 56 ff.** anstatt im Irgendwo oder in einer noch ungewissen Zukunft. Sie werden für Ihre Mitmenschen ein erfreulicher Partner sein.

13 | Offenheit

Nikolaus Kopernikus (1473–1543) stellte 1509 die Theorie auf, dass nicht die Erde im Mittelpunkt unseres Systems stehen würde – so wie zu seiner Zeit angenommen –, sondern die Sonne. Er kündigte an, dass er mathematische Beweise dafür liefern werde. Erst kurz vor seinem Tode im Jahre 1543 beschrieb er dann in seinem Hauptwerk detaillierter, weshalb sich seiner Meinung nach die Planeten um die Sonne drehen. Damit war für ihn zweifelsfrei bewiesen, dass die Erde sich um die Sonne bewegt und nicht umgekehrt.

Aber die katholische Kirche hatte mit diesem neuen heliozentrischen Weltbild erhebliche Schwierigkeiten. Die römische Inquisition machte bekanntlich im Jahre 1616 auch dem Gelehrten Galileo Galilei den Prozess und ließ ihn von der Kopernikanischen Astronomie abschwören. Später soll Galilei trotzig behauptet haben: »Und sie bewegt sich doch!«. Erst im letzten Jahrhundert wurde Galilei von der Kirche rehabilitiert.

Auf zu neuen Ufern ...

Indien war im Mittelalter für Europa ein wichtiger Lieferant für exotische Gewürze. Aber der Seeweg nach Indien war lang und beschwerlich. Viele Kaufleute dachten über Alternativen nach. Schon vor Kopernikus und Galilei muss Menschen bewusst gewesen sein, dass die Erde eine Kugel sei. Denn 1492 machte sich Christoph Kolumbus auf, anstatt Afrika zu umschiffen, es »anders herum« nach Indien zu versuchen. Der genuesische Seefahrer in spanischen Diensten und seine Begleiter müssen sehr mutige Männer gewesen sein, denn niemand hatte nur die geringste Ahnung, was sie auf dem Seeweg Richtung Westen erwarten würde. Kolumbus war offen für alles, was kam. Er suchte einen neuen Seeweg nach Indien und entdeckte Amerika.

Das Tor weit öffnen

Offenheit bedeutet die Bereitschaft, sich auf bisher unbekannte Dinge und Erfahrungen einzulassen. Offenheit ist das Gegenteil von Verschlossenheit. Wer offen ist, ist meist auch neugierig →14|S. 65 f., interessiert sich für unbekannte und andersartige Dinge. Offen sein zeigt sich in zwei Stufen: Zunächst ist es eine innere Haltung. Diese öffnet die Sinne, »andere« Dinge überhaupt wahrnehmen zu können. Aufmerksamkeit →8|S. 55 f. hilft sehr, das Andersartige, das Neue zu erkennen. Nach der Wahrnehmung kommt in der zweiten Stufe die Verarbeitung: Was kann ich mit den neuen Informationen anfangen? Passen sie zu meinen bisherigen Erfahrungen? Muss ich eventuell meine bisherige Meinung ergänzen oder gar revidieren?

Zur Offenheit kommt also die Toleranz, Dinge und Meinungen in das eigene Leben einzulassen, die das bisherige Weltbild erschüttern könnten. Mit der Offenheit erhöhen wir unsere Chancen, Glück zu erleben. Ein neuer Geschmack oder Duft verzückt uns. Ein anderer Blick verschafft uns ein Aha-Erlebnis. Neue Töne und Bilder entführen uns in nie gekannte Welten. Wir bereichern unser Leben durch Vielfalt.

Praxis-Tipps

- Seien Sie stets offen für neue Erfahrungen!
- Begrüßen Sie Meinungen, die von Ihrer eigenen Meinung abweichen. Hören Sie zu und entscheiden Sie erst dann, ob Sie bei Ihrer ursprünglichen Meinung bleiben wollen, oder ob Sie das neu Gelernte mit hinzunehmen.
- Überlegen Sie stets, wofür die andere Meinung, die neue Erfahrung in Ihrem Leben gut sein könnte.

Übungen

 Anders essen

Besuchen Sie ein exotisches Restaurant: Essen Sie japanisch, arabisch, thailändisch oder irgendetwas anderes, was Sie noch nicht kennen. Lassen Sie sich die Speisen erklären und nehmen Sie die Empfehlungen des Kellners oder Wirtes immer öfter an.
Alternative 1: Kochen Sie nach einem exotischen Rezept. Benutzen Sie Zutaten, die Sie bisher nicht verwendet haben.
Alternative 2: Kaufen und probieren Sie eine exotische Frucht, eine Speise, einen Saft – irgendetwas, was Sie bisher nicht kannten.

 Anders lesen

Kaufen Sie eine Zeitung oder eine Zeitschrift, die Ihnen bisher unbekannt war. Je fremder und ungewohnter, umso besser.

 Anders hören und sehen

Wenn Sie Radio hören: Hören Sie doch mal eine Zeit lang drei andere Radiosender als sonst. Wenn Sie Nachrichten im Fernsehen sehen: Wählen Sie für Ihre nächsten Nachrichten bewusst drei andere Sender als die, die Sie sonst immer ansehen.

14 | Neugierde

In dem wunderschönen Gedicht »Stufen« von Hermann Hesse gibt es die Zeilen: »Und jedem Anfang wohnt ein Zauber inne, der uns beschützt und der uns hilft, zu leben.«

Kleine Kinder leben den Zauber des Anfangs dauernd: Für sie ist jeder neue Tag ein spannendes Abenteuer. Ständig gibt es noch Unbekanntes zu entdecken. Kinder sind stets offen für neue Erfahrungen. Sie sind neugierig, wie die Welt funktioniert. Sie fragen ihren Eltern Löcher in den Bauch.

Wir alle waren einmal so. Leider lässt bei vielen Menschen im Laufe der Jahre die Neugierde nach. Wir bekommen zu oft einen Rüffel für eine »dumme Frage«. Dabei ist nicht die Frage dumm, sondern derjenige, der den Fragenden abkanzelt oder nicht antworten kann oder will. Wir werden durch solche Bremsaktionen lediglich dazu erzogen, nicht zu neugierig zu sein. Dabei geht es beim »Neugierigsein« ja nicht um die negative Neugierde, etwa darum, einem Mitmenschen nachzuschnüffeln. Sondern um die positive Neugierde, diese Welt zu begreifen.

Von Kindern lernen

Viele Menschen haben im Erwachsenenalter ihre kindliche Offenheit ganz abgelegt. Sie glauben, alles zu wissen. Sie lassen keine andere Meinung zu. Alles, was andersartig ist, wird abgelehnt oder gar verteufelt. Sie lesen immer die gleiche Zeitung. Sie essen immer wieder das Gleiche. Trinken das gleiche Bier. Schauen die gleiche Fernsehserie ... Schade! Denn positive Neugierde und Offenheit sind große Quellen für Glück. Mit der Neugierde auf andere Menschen und unbekannte Dinge können wir die tollen Erfahrungen der Kindheit jeden Tag haben. Die Neugierde lässt uns ständig aufregend Neues entdecken. Sie öffnet uns den Blickwinkel für neue Erkenntnisse und Erfahrungen.

Neues macht glücklich

Wenn wir auf der Suche nach Neuem sind, ist unser Gehirn sehr aktiv. Wenn wir wie ein Trüffelschwein Neues erschnüffeln, kurbeln wir unsere Neurotransmitter-Produktion an.

Praxis-Tipps

- Betrachten Sie alles mit den Augen eines Anfängers. Tun Sie so, als wenn Sie der Sache zum ersten Mal begegnen.
- Probieren Sie täglich etwas Neues. Es wird Ihr Leben enorm bereichern.
- Fragen Sie sich bei allem, was Sie tun, hören, sehen: Könnte es auch ganz anders sein?
- Gehen Sie in eine Bibliothek. Stöbern Sie in verschiedenen Abteilungen und entdecken Sie so neue Welten.
- Fragen Sie Menschen, denen Sie begegnen, nach deren Hobbys.
- Surfen Sie im Internet: Geben Sie in eine Suchmaschine ein paar zufällige Buchstaben als Suchbegriff ein und lassen Sie sich überraschen.

Neurowissenschaftler können mit modernen bildgebenden Verfahren dem Gehirn dabei zuschauen (siehe Interview Seite 15 ff.). So kann man zum Beispiel mit Hilfe der funktionalen Magnetresonanztomografie (fMRT) feststellen, welche Gehirnregionen aktiv sind, wenn ein Mensch Neues in sich aufnimmt. Und siehe da: Es sind dabei gleiche oder ähnliche Regionen aktiv wie bei anderen Glück bringenden Aktionen, beispielsweise Essen und Bewegung. Wir können also feststellen: Neugierig zu sein macht direkt glücklich.

> **Übungen**
>
> **Forscher werden**
> Auf welchem Gebiet wären Sie gerne ein Wissenschaftler und Forscher? Was würden Sie dann am liebsten erkunden?
>
> **Auf dem Spielplatz**
> Wenn Sie eigene Kinder haben, dann können Sie diese Übung immer wieder zu Hause durchführen, ansonsten gehen Sie auf einen Spielplatz: Schauen Sie den Kindern eine Weile zu. Was können Sie von den Kindern lernen?

15 | Mut

Alexander hat auf der letzten Party Cosima kennengelernt. Sofort ist er von Cosima begeistert. Aber leider ist Alexander etwas schüchtern. Er traut sich nicht, sie für nächsten Samstag einzuladen. Der Grund ist ganz einfach: Alexander hat Angst, einen Korb zu bekommen.

So ist es oft im Leben – wir sehen eine Chance, trauen uns aber nicht recht, weil wir Angst vor dem ungewissen Ausgang haben: Ich würde mich gerne selbstständig machen, aber was ist, wenn es schiefgeht? Ich würde so gerne einmal nach China, fürchte aber, dort nicht zurechtzukommen. Ich würde meinem Chef zu gerne mal sagen, dass ich meinen Job viel lieber ganz anders ausführen möchte, traue mich aber nicht, weil ich eventuell rausgeschmissen werde.

Raus aus der Komfortzone!

Die sogenannte Komfortzone ist der Bereich, in dem wir uns normalerweise wohlfühlen: unsere Wohnung, unser Arbeitsplatz, das Lieblingsrestaurant, die gewohnte Tageszeitung, die Art von Büchern, die wir gerne lesen – einfach alles Sichere, Gewohnte.

Leider findet innerhalb dieser Komfortzone kein Wachstum statt. Wenn ich mich immer wieder mit den gleichen Menschen unterhalte, deren Meinung und Haltung ich schon seit Jahren kenne, bin ich zwar relativ sicher vor unliebsamen Überraschungen, lerne aber auch nichts dazu. Wenn ich immer wieder zu meinem Lieblingsitaliener gehe, dessen Speisekarte ich schon auswendig kenne und wo ich seit Jahren sowieso nur Pizza Napoli esse, werde ich nie die Raffinesse der französischen Küche entdecken. Wenn ich seit 25 Jahren immer in der ersten Julihälfte in den Schwarzwald fahre, werde ich nie die Schönheiten Schwedens entdecken können.

Um unser Glück zu mehren und auch den eigenen Horizont zu erweitern, ist es manchmal notwendig, für eine kurze Zeit etwas Wohlbehagen zu opfern. Das ist zunächst ungewohnt, vielleicht auch unangenehm. Die Bequemlichkeit, auf die Sie kurzfristig verzichten, ist aber eine Investition, um dann später umso mehr Wohlbehagen zu ernten. Klar: Es kann schiefgehen: Das Essen beim Thailänder schmeckt vielleicht nicht, in Spanien ist es mir viel zu heiß, und die Oper hat mir gar nicht gefallen. Aber das alles ist nichts verglichen mit der Chance, dass Sie ganz neue Erfahrungen machen werden!

Mut = Chancen nutzen

Mut ist die Fähigkeit, trotz Unbehagen und Angst einen Schritt zu wagen, dessen Ausgang ungewiss ist. Nur sollten wir unterscheiden: Habe ich nur eine Beklemmung, etwas Unbehagen, oder treibt mir der Gedanke an die Tat den kalten Angstschweiß auf die Stirn? Angst hat ja ihren Sinn. Angst soll uns vor Risiken warnen und vor Gefahren schützen. Wir tun also gut daran, Angst nicht einfach zu ignorieren. Wir stehen damit vor einem kleinen Problem: Tun wir nichts, ändert sich auch nichts. Tun wir etwas, laufen wir Gefahr, mit unangenehmen Konsequenzen konfrontiert zu werden.

Die Lösung kann darin bestehen, zu differenzieren: Ist das Risiko klein oder groß? Fange ich mir eventuell ein paar Ohrfeigen ein oder riskiere ich Kopf und Kragen? Ein gute Frage ist also: Was kann im schlimmsten Fall passieren? Ich frage den tollen Mann, ob er Lust hat, mit mir das Musical zu besuchen. Schlimmstenfalls schaut er mich verständnislos an und sagt »nein«. Ich bin dann vielleicht etwas traurig.

Ich gehe zum ersten Mal japanisch essen. Schlimmstenfalls komme ich mit den Stäbchen nicht zurecht oder Sushi schmeckt mir gar nicht. Was dann? Ich kann mir eine Gabel geben lassen. Oder mir zeigen lassen, wie das mit den Stäbchen geht. Oder auch einfach das Essen stehen lassen. Die 18,50 Euro werde ich verschmerzen.

Ich rede mit meinem Chef über Veränderungen in meiner unbefriedigenden Arbeit. Schlimmstenfalls ändert sich nichts oder mein Verhältnis zum Chef wird noch schlechter. Ich kann dann immer noch kündigen.

Praxis-Tipps

- Fangen Sie klein an. Gehen Sie nur geringe Risiken ein. Der Mut wächst mit den Erfahrungen.
- Schreiben Sie positive Mut-Erfahrungen in Ihr Glückstagebuch. Dadurch bestärken Sie Ihren Mut.
- Belohnen Sie sich für eine mutige Tat: mit einer Tasse Kaffee, einem guten Buch, einem Kinobesuch.
- Vergessen Sie nicht: Die beste Belohnung für Mut ist es, etwas Positives erreicht zu haben.

Übungen

Mit den folgenden Übungen sollen Sie ganz bewusst kleine Risiken eingehen. Wenn die Übungen nicht ganz für Sie passen, wandeln Sie diese einfach ab.

 Auskunft

Sprechen Sie bei nächster Gelegenheit einen Fremden auf der Straße an: »Ihre Jacke (Tasche, Hut ...) gefällt mir sehr gut. Wo haben Sie das her?«.

 Eine Kleinigkeit erbetteln

Sprechen Sie am Bahnhof, der Bushaltestelle oder der S-Bahn einen Wildfremden an: »Entschuldigung, mir fehlen noch genau 20 Cent für meine Fahrkarte. Würde Sie mir die bitte schenken?«.

 Auffallen

Fallen Sie einmal wegen besonders gewagter Kleidung auf. Setzen Sie sich einen roten Hut auf, tragen Sie zwei verschiedenfarbige Socken, ziehen Sie ein besonderes Kleid an – was Ihnen einfällt: Und dann schauen Sie, was passiert.

Machen Sie sich ein Bild vom guten Ende!

Nachdem wir das Risiko eines Wagnisses abgeschätzt haben, sollten wir uns den gewünschten positiven Ausgang einmal ausmalen und als Bild vor unserem geistigen Auge erstehen lassen: Die Einladung wird begeistert aufgenommen, und man erlebt gemeinsam einen tollen Abend. Im unbekannten Restaurant lernt man eine ganz neue Esskultur kennen und wird schließlich zum Sushi-Fan. Oder: Die Arbeit macht wieder richtig Spaß, und das Verhältnis zum Chef verändert sich sehr positiv.

Ein solches Bild erleichtert die Entscheidung: Wenn nämlich die dabei empfundene Attraktivität des positiven Ergebnisses deutlich größer ist als das vermeintliche Risiko, dann wagt man den Sprung.

Entdecken Sie Ihre mutige Seite: Der Mut ermöglicht uns, die Dinge in unserem Sinne positiv zu beeinflussen. Der Mut hilft uns, zu wachsen, mehr angenehme Dinge zu erleben und erfreuliche Erfahrungen zu machen. Mut stärkt unser Selbstwertgefühl.

Die Glücksforscher haben herausgefunden, dass Menschen, die sich als besonders glücklich bezeichnen, immer wieder ganz bewusst Risiken eingehen. Meistens werden sie dafür dann auch durch außergewöhnliche Erfahrungen reich belohnt.

16 | Entschlossenheit

Als der spanische Konquistador Hernán Cortés (1485–1547) im Jahre 1519 Mexiko erreicht hatte, ließ er die Segel, Kompasse, Anker und alle beweglichen Teile an Land schaffen. Dann gab er den Befehl, die Schiffe zu verbrennen. Er nahm mit dieser Aktion sich selbst und seinen Gefährten jegliche Rückzugsmöglichkeiten nach Europa. Damit ließ er keine Zweifel daran, dass er an das Gelingen des Vorhabens glaubte. Er machte sich dann mit 500 Mann auf, das Großreich der Azteken zu erobern: Diese waren ein Volk von mehreren Millionen Menschen, und sie verfügten über ein effizientes Militärsystem.

Vertrauen in das Gelingen haben

Entschlossenheit basiert auf der starken Überzeugung, dass die beschlossene Sache richtig ist. Auf dem Vertrauen darauf, dass das Begonnene funktionieren wird. Entschlossenheit kann man nicht im eigentlichen Sinne lernen. Entschlossenheit ist in jedem von uns vorhanden. Sie ist nur möglicherweise durch Zweifel und Unsicherheiten überdeckt.

Im Buddhismus gibt es dazu ein schönes Bild: Die Strahlkraft der Sonne ist immer da. Wenn sich wenige Wölkchen vor die Sonne schieben, so ist es leicht bewölkt. Ziehen dicke, dunkle Wolken auf, dann ist die Sonne nicht mehr sichtbar, aber natürlich immer noch vorhanden. Genauso ist es mit der Entschlossenheit: Sie ist immer vorhanden. Nur wird sie manchmal durch Zweifel überdeckt.

Wenn wir entschlossener sein wollen, gilt es, die Zweifel und Unsicherheiten zu erkennen und sie zu zerstreuen. Stellen wir uns den jungen Mann vor, der gern mit einem Mädchen ausgehen will. Er traut sich nicht so recht, das Mädchen zu fragen. Er ist nicht entschlossen

Praxis-Tipps

- Falls Sie noch zögern, prüfen Sie jeden Zweifel: Ist er berechtigt?
- Falls Sie Angst vor Entscheidungen haben: Was kann Ihnen maximal passieren?
- Machen Sie sich die Konsequenzen klar, wenn es einmal nicht so gut läuft. Können Sie mit den Konsequenzen leben?

Übungen

Entschlossen zum Glück

Entscheiden Sie sich jetzt dafür, dass Sie in den nächsten 24 Stunden mindestens dreimal glücklich sind. Voraussetzung ist, dass Sie bedingungsloses Vertrauen darin haben, dass es funktioniert. Falls Sie irgendwelche Zweifel haben, lassen Sie die Übung jetzt und führen Sie sie erst dann durch, wenn Ihr Vertrauen gewachsen ist.

Zweifel zerstreuen

Bei welcher Aufgabe, bei welchem Ziel fehlt es Ihnen an Entschlossenheit? Welche Zweifel überdecken hierbei Ihre Entschlossenheit? Wie können Sie die Zweifel beiseiteräumen?

genug, weil er befürchtet, einen Korb zu bekommen. Wenn er diese Zweifel mit in einen zögerlichen Vorschlag einbringt, wird er nicht gerade überzeugend wirken. Eher so, als wäre er sich auch nicht ganz sicher, ob er das Treffen überhaupt wolle. Macht er sich aber klar, dass er auch nach einem Korb gut und sicher weiterlebt, dann kann er diesen Zweifel jetzt ausräumen und wird mit dem klar vorgetragenen Wunsch nach einem Treffen wahrscheinlich auf Gegenliebe treffen. Martin Luther hat es ganz drastisch ausgedrückt: »Aus einem verzagten Arsch kommt kein fröhlicher Furz.«

17 | Beharrlichkeit

Letzter Spieltag der Bundesliga-Saison 2000/2001: Bayern München liegt vorn – aber Schalke ist Zweiter und kann bei einem Sieg im letzten Spiel gegen Unterhaching die Bayern überflügeln, weil die ein schlechteres Torverhältnis aus den vorhergehenden Spielen haben. Die Schalker gewinnen ihr letztes Spiel mit 5:3. Als in Gelsenkirchen abgepfiffen wird, steht die Partie Hamburg-Bayern München noch 0:0. Damit hätte Bayern einen Punkt mehr als Schalke und wäre Deutscher Meister. Da erzielen in der 90. Minute die Hamburger ein Tor zum 1:0. Damit wäre wieder Schalke 04 Deutscher Meister. In Gelsenkirchen knallen schon die Sektkorken.

0:1 in der 90. Minute wäre sicherlich für die meisten Mannschaften ein Grund aufzugeben. Nicht so für Bayern München. Wegen der vielen Unterbrechungen gibt es drei Minuten Nachspielzeit. Auch die verstreichen. 94. Minute: Bayern bekommt einen Freistoß zugesprochen. Der Ball ist drin! 1:1. Bayern München ist Deutscher Meister.

Praxis-Tipps

- Lernen Sie von Spitzensportlern: Sie üben immer wieder die gleichen Handgriffe, Würfe, Schläge, Techniken – bis diese fast automatisch ablaufen.
- Lernen von Künstlern: Picasso hat bis zu seinem Tod unablässig immer wieder geübt. Ehe eine Hand auf einem Bild erschien, hatte er bereits Hunderte von ihnen skizziert.
- Lesen Sie ab und zu einmal Biografien erfolgreicher Menschen: Sie werden darin sehr häufig Hinweise darauf finden, wie diese Menschen unbeirrt und beharrlich ihre Ziele verfolgt haben. Trotz Niederlagen, trotz Rückschlägen – sie machten immer weiter. Wahrscheinlich wurden diese Menschen gerade wegen ihrer Beharrlichkeit berühmt.

Glück bringende Stärken

Dranbleiben – und nicht beirren lassen

Wenn wir uns fest zu etwas entschlossen haben, so ist das eine gute Voraussetzung, das Ziel auch zu erreichen. Der Entschluss allein reicht aber nicht aus. Danach gilt es, dranzubleiben. Wir werden von Zweifeln geplagt werden, ob es denn der Mühe wert sei, weiterzumachen. Wir werden eventuell Rückschläge erleben und in alte Gewohnheiten zurückfallen. Das ist alles normal. Es gilt, sich davon nicht beirren zu lassen.

Der Weg zur Meisterschaft ist nicht einfach. Jeder, der im Leben besondere Leistungen vollbracht hat, kennt auch Phasen der Schwäche. Alle Menschen, die so etwas schon einmal versucht haben, konnten diese Phasen durch Beharrlichkeit überwinden. Von denen, die aufgegeben haben, wird selten berichtet. Nur wer durchhält, wird reich belohnt. Es gibt dazu einen schönen Spruch aus dem Persischen: »Das Glück ist in die Tüchtigen vernarrt.«

Übungen

Beharrliche Menschen
Welche Menschen kennen Sie persönlich, die äußerst beharrlich ihr Ziel verfolgt und erreicht haben: aus Presse, Funk und Fernsehen oder aus der Geschichte?
Was haben diese Menschen Besonderes getan? Was imponiert Ihnen daran?

Mit Beharrlichkeit zum Ziel
Was ist Ihnen besonders wichtig? Was möchten Sie erreichen? Wie können Sie mehr Beharrlichkeit aufbringen?

Dranbleiben
Gibt es eine aktuelle Angelegenheit, bei der Sie die Aussichten auf Erfolg als sehr gering ansehen? Oder hatten Sie vor kurzem so eine Situation?
Sind Sie geneigt aufzugeben? Was können Sie tun, um es weiter zu versuchen?

Zusammenfassung »Glück bringende Stärken«

Dankbarkeit erinnert uns immer wieder daran, was wir schon alles haben I➔7.
Achtsamkeit I➔8 hilft uns enorm bei der Wahrnehmung dessen, was gerade geschieht. Glück findet immer nur im *Hier* und *Jetzt* I➔9 statt. Die Achtsamkeit I➔8 hilft, im *Hier* und *Jetzt* zu verweilen.
Wenn wir ehrlich und aufrichtig I➔10 sind, vermeiden wir viele Konflikte. Wir entlasten uns. Die Gelassenheit I➔11 hilft uns, in unangenehmen Situationen ruhig zu bleiben. Wir beherrschen die Situation. Und nicht umgekehrt. Geduld I➔12 gibt uns die Kraft, auf Dinge zu warten, die Zeit zum Wachsen und Reifen brauchen.
Die Offenheit I➔13 und die Neugierde I➔14 bereichern uns mit neuen Erfahrungen.
Unser Mut I➔15 hilft uns, über unseren Schatten zu springen und Neuland zu betreten.
Mit Entschlossenheit I➔16 gehen wir an neue Aufgaben heran und bringen es mit Beharrlichkeit I➔17 zum gewünschten Ergebnis.

Positives Denken

Wir kennen es aus eigener Erfahrung: Wenn wir optimistisch gestimmt sind, haben wir Energie und gehen mit Elan an eine Sache heran. Optimismus lohnt sich, das bestätigt auch die Glücksforschung.

Optimismus lässt sich lernen

Optimisten leben tatsächlich glücklicher – und die ewigen Schwarzseher laufen wirklich häufiger als andere ins Unglück: Wir scheinen also oft das zu bekommen, was wir erwarten. Kurz: Unsere Erwartungshaltung wird Realität.

Jetzt mag mancher sagen: Eine positive oder eher negative Einstellung zum Leben ist angeboren und lässt sich nicht verändern. Richtig daran ist, dass wir durch unsere Gene eine gewisse Grundausstattung an Optimismus mitbekommen.

Die Glücksforschung hat herausgefunden, dass nur etwa 30 bis 40 Prozent unserer Einstellungen genetisch bedingt und daher nicht zu ändern sind. Die gute Nachricht: Der überwiegende Teil ist formbar. Wir können also lernen, optimistisch(er) zu sein.

Folgende Glückswege fördern eine positive Lebenseinstellung:

- 18 | **Glück erwarten heißt Glück schaffen**
- 19 | **Glück bei kleinen Chancen**
- 20 | **Interaktionen mit anderen**
- 21 | **Die Energie der Vorfreude**
- 22 | **Die Kraft der Intuition**

18 | Glück erwarten heißt Glück schaffen

Stellen Sie sich vor, am Morgen flüstert Ihnen irgendjemand ins Ohr: »Heute wirst du einen wunderbaren Menschen treffen.« Nehmen wir an, Sie glauben ganz fest daran. Wie gehen Sie dann in den Tag? Werden Sie nicht überall Ausschau nach diesem Menschen halten? Sie werden wahrscheinlich bei dem einen oder anderen Menschen denken: »Das könnte er sein!« oder sogar: »Das ist er!« Sie werden vermutlich an diesem Tag viele wunderbare Menschen entdecken.

Wenn Ihnen dagegen morgens jemand ins Ohr flüstert, dass Sie sich heute vor Menschen in Acht nehmen sollten, die Böses von Ihnen wollen, so werden Ihnen an diesem Tag sicherlich eine Menge Schurken und Betrüger über den Weg laufen. Am besten gehen Sie erst gar nicht aus dem Haus!

Ob positive oder negative Erwartungshaltung: Sie wird sich zu einem (großen) Teil selbst erfüllen. Im Englischen heißt das »self fulfilling prophecy«, die sich selbst erfüllende Prophezeiung. Diese bedeutet einfach, dass eine bestimmte Erwartungshaltung auch – wenigstens teilweise – zu den erwarteten Ergebnissen führt.

Optimistische Menschen leben länger

Die Psychologen Deborah Danner, David Snowdon und Wallace Friesen von der University of Kentucky erstellten im Jahre 2000 eine Studie über das Altern und die Alzheimer-Krankheit, als ihnen ein Schatz in Form von 70 Jahre alten Dokumenten in die Hände fiel. Im Jahre 1930 waren 180 Frauen in den Orden der »Armen Schulschwestern Unserer lieben Frau« eingetreten und hatten ihr Gelübde abgelegt. Ihre Oberin bat damals alle jungen Frauen, einen Aufsatz über ihr Leben zu schreiben. Darin sollten vor allem Schlüsselerlebnisse aus der Kindheit und Schulzeit stehen, sowie die Erwartungen an ihr weiteres Leben.

Sieben Jahrzehnte später werteten die drei Forscher die Aufsätze aus. Aufgrund der geäußerten positiven Emotionen (Glück, Interesse, Liebe, Hoffung, Dankbarkeit …) oder der negativen Emotionen (Ärger, Trauer, Desinteresse, Angst, Scham …) teilten sie die damaligen Novizinnen in vier gleich große Gruppen ein: »fröhlichste Gruppe« bis »unfröhlichste Gruppe«. Dann machten sie sich auf die Suche nach den Nonnen aus dieser Studie, die noch lebten. Dank der Mithilfe des Ordens war diese Aufgabe einfach zu erledigen. Aus der »fröhlichsten Gruppe« lebten im Alter von 85 Jahren noch 90 Prozent der Nonnen, aber von der »unfröhlichsten Gruppe« nur noch 34 Prozent.

Die Lebenserwartungskurve der »fröhlichsten Gruppe« zeigt für ein Alter von 94 Jahren noch 50 Prozent an, das heißt, durchschnittlich jede zweite Nonne aus dieser Gruppe wird wahrscheinlich dieses Alter erreichen. Die Kurven für die beiden »unfröhlichsten Gruppen« verlaufen fast gleich (schlecht). Von diesen beiden Gruppen wird statistisch gesehen nur jede siebte bis achte Nonne 94 Jahre alt.

Ein Glücksfall für die Glücksforschung

Die berühmt gewordene Studie über die Auswirkung der Lebenseinstellung auf die Lebenserwartung ist in der Glücksforschung ein rarer Glücksfall. Alle Nonnen haben die gleichen Lebensbedingungen: gleiches soziales Umfeld, gleiches Essen, gleicher Tagesablauf, gleiche medizinische Versorgung usw. Diese Faktoren können also für das unterschiedlich lange Leben ausgeschlossen werden. Bleibt als ein ausschlaggebender Faktor (neben genetischer Disposition und anderen Faktoren): die positive oder negative Lebenseinstellung.

Die Forscher haben ausgerechnet, dass optimistische Nonnen eine durchschnittliche Lebenserwartung haben, die neun Jahre höher ist als bei den eher pessimistischen Nonnen. Dieser Effekt ist größer als bei einem Raucher, der sich endgültig vom Glimmstängel verabschiedet.

Fazit: Eine optimistische Lebenseinstellung ist gut für ein langes, gesundes Leben.

Positives Denken

Das ist eine wunderbare Botschaft. Und dazu noch eine ganz einfache: Erwarten Sie eine positive Zukunft. Erwarten Sie, dass es Ihnen gut gehen wird. Und Sie werden automatisch Ihr Tun so ausrichten, dass die positive Zukunft auch eintritt. Sicher nicht zu 100 Prozent, aber doch mit deutlich höherer Wahrscheinlichkeit als wenn Sie besorgt und ängstlich in die Zukunft schauen würden.

Praxis-Tipps

- Deponieren Sie ein Symbol – einen kleinen Gegenstand für positives Denken – an Ihrem Arbeitsplatz. So werden Sie immer wieder daran erinnert, Positives zu erwarten.
- Suchen Sie die Nähe von Menschen, die positiv denken und konstruktiv handeln.
- Meiden Sie negative Nachrichten in Presse, Funk und Fernsehen.

Übungen

 Glückliches Heute!
Welche positiven Erwartungen haben Sie an den heutigen Tag?

 Glückliche Woche!
Welche positiven Erwartungen haben Sie an die kommende Woche?

 Glückliches Jahr!
Welche positiven Erwartungen haben Sie an die nächsten 12 Monate?

19 | Glück bei kleinen Chancen

Der Geschäftsmann und Visionär Jim Jannard ist ein Qualitätsfanatiker. Mit dem Verkauf seiner ganz speziellen High-Tech-Sonnenbrillen hat er ein Vermögen gemacht. Er hängt die Konkurrenz ab, indem er seine Brillen mit einer Toleranz von weniger als ⅛ Dioptrien fertigen lässt. Und dann gibt es noch Jannards ganz speziellen Härtetest: Die Gläser der Sonnenbrillen dürfen auch dann nicht zerbrechen oder aus der Fassung springen, wenn man sie mit einer Schrotflinte aus fünf Metern Entfernung beschießt.

Als Jim mit hochauflösenden (HDTV-)Videokameras experimentierte, war er von der Qualität enttäuscht. Die von ihm gewünschte Qualität gab es auf dem Markt einfach nicht. Jim sah darin eine Chance und gründete »Red Digital Cinema Camera Company«. Das war Ende 2005. Jim bildete ein Team von Experten, die alles auf den Kopf stellten, was bisher bei HDTV-Kameras üblich war. Man entwickelte eine neue revolutionäre Kamera mit berauschenden Daten, die Fachleute bereits liebevoll »Red« nennen. Im August 2007 lieferte die Firma die ersten Exemplare aus. Obwohl alle Branchengrößen die Entwicklung einer solchen Kamera als »aussichtslos« ansahen, hat es Jim Jannard geschafft, zu einem erstaunlich günstigen Preis ein Produkt zu entwickeln, welches wahrscheinlich die ganze Branche verändern wird.

Anfangen, wo andere längst aufgehört haben

Es gibt immer wieder Menschen, die das Unmögliche wagen. Und damit Erfolg haben. Die Glücksforschung zeigt, dass Menschen, die sich als besonders glücklich bezeichnen, besonders häufig zu dieser Klasse gehören. Da, wo der chronische Pechvogel erst gar nicht anfängt, weil es »ja eh nicht funktioniert«, will es der Glückliche »erst recht« wissen. Er probiert, scheitert. Er probiert erneut, scheitert erneut. Glaubt auf jeden Fall an die Chance und dass es »irgendwie gehen muss«. Probiert ein drittes, viertes, hundertstes Mal. Und hat schließlich doch Erfolg. Hier paart sich Optimismus mit Beharrlichkeit
➔ 17 | S. 70 f.

Praxis-Tipps

- Suchen Sie auch die klein(st)e Chance.
- Glauben Sie an die Machbarkeit des Unmöglichen – Henry Ford sagte: »Ich weigere mich glatt, irgendetwas für unmöglich zu halten.« Ähnlich ein japanischer Autokonzern: »Nichts ist unmöglich.« Oder ein deutscher Baumarkt: »Geht nicht, gibt's nicht.«

Sisyphos als glücklicher Mensch

Versuchen, scheitern, wieder versuchen – erinnert Sie das an jemanden? Legendär auf diesem Gebiet wurde Sisyphos, ein Held in der griechischen Mythologie. Unermüdlich mühte er sich mit einem riesigen Felsblock.

Der antike Sisyphos wird bedauert, weil er unablässig einen schweren Stein den Berg hinaufrollt; nur um ihn anschließend wieder zu Tal donnern zu sehen. Albert Camus dagegen schreibt in seinem philosophischen Essay über den Mythos von Sisyphos: »Wir müssen uns Sisyphos als einen glücklichen Menschen vorstellen.« Und tatsächlich: Etwas wieder und wieder zu versuchen, kann letztendlich der Weg zum Glück sein.

Übungen

 Meine Erfolge trotz kleiner Chancen

Welche Erfolge haben Sie in Ihrem Leben bisher erzielt, für die die Chancen am Anfang ganz gering waren?

 Fundstücke

Überlegen Sie einmal: Fällt Ihnen ein, in welchen Situationen andere Menschen trotz kleiner Chancen etwas versucht haben und damit erfolgreich waren?

 Chancen vergrößern

Gibt es eine aktuelle Angelegenheit, bei der die Aussichten auf Erfolg sehr gering sind? Sind Sie geneigt, aufzugeben? Was können Sie tun, um die Chancen zu vergrößern?

Positives Denken

Wer wagt, gewinnt

Die Menschheitsgeschichte ist voll von Erzählungen über Menschen, die das Unmögliche, das Unwahrscheinliche versucht haben. Mehr noch: Die Frauen und Männer, die Geschichte geschrieben haben, gehören fast alle zu dieser Klasse. Hätten sie nur das Wahrscheinliche, das Naheliegende versucht, hätten sie keine Geschichte geschrieben.

Offensichtlich findet man das Glück nicht nur irgendwo zufällig »auf der Straße«, sondern manchmal muss man danach bohren oder in versteckten Nischen suchen.

20 | Interaktionen mit anderen

1990 war ein aufregendes Jahr. Der politische Frühling erfasste ganz Osteuropa. Der sowjetische Präsident Gorbatschow hatte bedeutende Signale für eine Veränderung in seinem Land und im ganzen Ostblock gesetzt. Der damalige Bundeskanzler Helmut Kohl sah die Chance für eine deutsche Wiedervereinigung gekommen. Die Deutschen streckten in Moskau ihre Fühler aus und zeigten sich großzügig bei Krediten für die klamme Sowjetunion. Doch Gorbatschow musste sich erst im eigenen Land beweisen. Am 10. Juli 1990 wurde er mit großer Mehrheit wiedergewählt.

Kommunikation für Millionen

Sofort nach seinem Wahlsieg schickte Gorbatschow eine Einladung an Politiker wie Kohl, Genscher & Co. Die Verhandlungen begannen in Moskau. Doch schon nach kurzer Zeit wurde der Verhandlungsort verlegt: Die beiden Staatsmänner flogen samt Tross am Sonntag, dem 16. Juli 1990, in den Kaukasus zu Gorbatschows Jagdhaus. Die Gespräche werden dort in lockerer Atmosphäre fortgesetzt: Kohl trägt eine Strickjacke, Gorbatschow einen Pullover. Die »road map« zur Wiedervereinigung nimmt Gestalt an. Einen Tag später verkünden die Politiker den Durchbruch: Zum Zeitpunkt der Vereinigung soll Deutschland »seine volle und uneingeschränkte Souveränität« erhalten. Die Bilder von Diplomaten in Anzügen, aber auch die von zwei großen Staatsmännern in Strickjacke und Pullover gehen um die Welt.

77

Praxis-Tipps

- Gehen Sie stets mit optimistischen Erwartungen in ein Gespräch. Dann werden Sie mehr Zuversicht ausstrahlen und automatisch bessere Ergebnisse erzielen.
- Hören Sie gut zu, damit Sie die Interessen des anderen genau verstehen.
- Artikulieren Sie klar und deutlich Ihre Interessen. So kommen Sie zu besseren Ergebnissen, als wenn Sie nur auf Ihrem Standpunkt beharren.
- Fassen Sie die guten Ergebnisse am Schluss noch einmal zusammen. Damit betonen Sie nochmals, wie wichtig sie Ihnen sind. Sie demonstrieren gleichzeitig Ihren Willen, auch bei weiteren Gesprächen zu einem gemeinsamen positiven Ergebnis zu kommen.

Übungen

 Glück bringendes Gespräch

Sie möchten mit einem anderen Menschen ein Gespräch führen, mit der Absicht ein bestimmtes Ziel zu erreichen? Prima!

Nehmen Sie sich ein paar Minuten Zeit. Sorgen Sie dafür, dass Sie jetzt ungestört sind. Versetzen Sie sich gedanklich in die Situation. Bedenken Sie alles: Wo wird das Treffen stattfinden? Wie sind Sie gekleidet? Was werden Sie sagen? Was wird Ihr Gesprächspartner sagen? Versuchen Sie, das ganze Gespräch im Kopf mit einem positiven Ergebnis abzuschließen. Hören Sie sich und den anderen reden.

Notieren Sie die wichtigsten Gedanken.

Das »Wie« macht's

Die Interaktion mit anderen Menschen ist für unser Glück sehr wichtig. Das Miteinander tut uns gut. Von anderen Menschen erfahren wir Neues, Interessantes und Wertvolles. Andere Menschen können uns in unseren Zielen unterstützen. Oft sind wir auf ihre Hilfe angewiesen. Große Ziele erreichen wir selten ganz ohne Unterstützung.

Wenn man sich Hilfe von anderen Menschen wünscht, ist es wichtig, dass das Gegenüber gern mit uns zusammenarbeitet. Am besten, der andere findet die Zusammenarbeit angenehm und sieht sich gleichzeitig auch selbst in seinen Zielen unterstützt.

Eine Verständigung mit anderen, die von Ethik getragen wird, zeichnet sich aus durch Offenheit, Ehrlichkeit und Aufrichtigkeit. Der andere Mensch wird sich uns gegenüber nur öffnen und uns unterstützen, wenn er zu der Überzeugung gelangt, dass wir offen sind, nichts verbergen und ihm nichts Böses wollen.

Die Glücksforscher haben herausgefunden, dass glückliche Menschen sehr viel häufiger und intensiver kommunizieren als Pechvögel. Glückliche Menschen erwarten außerdem meistens auch von vornherein, dass die Interaktion mit anderen positiv verläuft. Sie gehen also schon gut gelaunt und mit einer positiven Erwartungshaltung in Gespräche, die dann oft auch gelingen.

21 | Die Energie der Vorfreude

»Vorfreude ist die schönste Freude«, sagt der Volksmund. Ergebnisse der Glücksforschung bestätigen diese alte Volksweisheit. Schon wenn wir an freudige zukünftige Ereignisse denken, feuern unsere Neuronen im Gehirn. Der Neurotransmitter Dopamin wird ausgeschüttet und bewirkt eine intensivere Kommunikation zwischen unseren Gehirnzellen. Wir spüren das an einem angenehmen, positiven Gefühl.

Das passiert zum Beispiel auch beim Essen: Der Anblick des »Amuse-Gueule«, des kleinen »Grußes aus der Küche«, lässt uns schon das Wasser im Munde zusammenlaufen, bevor wir den ersten Bissen gegessen haben. Wir freuen uns auf das köstliche Mahl. Der ganze Körper bereitet sich also schon auf den Genuss des Essens vor.

Vorfreude beflügelt

Die Vorfreude auf ein zukünftiges positives Ereignis macht uns wach, kurbelt unsere Phantasie an, lässt uns aktiv werden. Wenn wir uns auf ein Rendezvous freuen, sind wir freudig erregt. Wir sind bestens gelaunt, werden sehr charmant und zeigen uns von unserer besten Seite.

Wir können die Energie der Vorfreude optimal für uns nutzen, indem wir uns zukünftige Ereignisse möglichst intensiv ausmalen. Wir entwickeln damit in unserem Gehirn Strukturen, die uns dann in der tatsächlichen Situation bestens helfen, Glück zu erleben.

Praxis-Tipps

- Malen Sie sich das kommende Ereignis in den schönsten Farben aus. Spüren und genießen Sie schon vorab die unbändige Freude.
- Schließen Sie die Augen und erleben Sie das kommende Ereignis vorweg. Was sehen Sie? Was hören Sie? Was fühlen Sie? Was können Sie eventuell riechen und schmecken? Beteiligen Sie alle Sinne!
- Bauen Sie in Ihre Vorfreude Alternativen, Varianten und B-Pläne ein. Dann gewinnen Sie an Flexibilität.

Übungen

 Vorfreude auf heute

Welche freudigen Ereignisse erwarten Sie heute noch?
Welche Vorfreude können Sie bereits jetzt auskosten?

 Vorfreude auf morgen

Welche freudigen Ereignisse erwarten Sie für morgen?
Was können Sie tun, um sie besonders gut werden zu lassen?

 Vorfreude auf die nächste Woche

Welche freudigen Ereignisse erwarten Sie für die kommende Woche?
Auf was freuen Sie sich besonders? Was können Sie bereits jetzt auskosten?

22 | Die Kraft der Intuition

Ein Feuerwehrhauptmann führte eine Gruppe von Feuerwehrleuten bei einem großen Brand in ein Industriegebäude. Plötzlich hatte er so ein »komisches Gefühl«. Er schrie seine Leute an: «Raus, raus, raus hier!« Kaum waren die Männer draußen, gab es eine riesige Explosion, die die Feuerwehrleute mit Sicherheit das Leben gekostet hätte. Alle sprachen von einem Wunder. Und von dem großen Glück, das alle gehabt hätten.

Bei genauerer Untersuchung des Unfallhergangs stellte sich Folgendes heraus: Es hatte eine Verpuffung im Gebäude gegeben. Dabei ist der Luftzug stärker nach innen gerichtet als bei einem normalen Brand. Das Feuer brennt geringfügig anders und auch die feinen Geräusche unterscheiden sich von einem normalen Brand. Der sehr erfahrene Feuerwehrhauptmann hatte offensichtlich mit seinen Sinnen diese kaum wahrnehmbaren Unterschiede gespürt, und in seinem Unterbewussten summierten sich diese Signale zu einem warnenden Zeichen **HÖCHSTE GEFAHR!** Das Gefühl – die Intuition – signalisierte dann: **RAUS HIER!**

Unbewusste Signale wahrnehmen

Die Intuition ist also nichts Geheimnisvolles. Es spielen keine fremden Mächte mit und man muss auch keine Wunder bemühen. Die Intuition beruht auf winzigen Signalen, die wir nicht bewusst wahrnehmen. Unsere Sinne registrieren sie trotzdem.

Wenn wir es schaffen, unsere Intuition zu entwickeln und ihr zu vertrauen, dann haben wir neben unserem Denken ein zweites wichtiges Instrument für gute Entscheidungen.

Glücksforscher haben herausgefunden, dass glückliche Menschen viel öfter ihrer Intuition vertrauen als Pechvögel. Es lohnt sich also auch für ein Mehr an Glück, die eigene Intuition zu entwickeln.

Praxis-Tipps

- Führen Sie ein Tagebuch, in welchem Sie Ihre Intuitionen aufschreiben. Immer wenn Sie bei einer neuen Situation dieses »Bauchgefühl« verspüren – egal, ob positiv oder negativ –, schreiben Sie sofort das Gefühl auf. Schauen Sie dann nach einiger Zeit nach, wie sich die Sache entwickelt hat. Wie oft lagen Sie mit Ihrer Intuition richtig?
- Lassen Sie sich zunehmend auf Ihre Intuition ein. Wenn Sie noch wenig Vertrauen dazu haben, probieren Sie es bei »ungefährlichen« Handlungen und Entscheidungen aus.
- Treffen Sie Ihre Entscheidungen erst einmal so weiter wie bisher. Nehmen Sie Ihre Intuition nach und nach bei der Suche nach Lösungen mit hinzu. Beginnen Sie am besten so, dass Sie bei jeder Entscheidung notieren, was Ihr spontanes »Bauchgefühl« ganz am Anfang dazu sagt. Gleichen Sie dann ab: Stimmte die Intuition?

Positives Denken

Übungen

 Meine Intuitionen heute

Welche Intuitionen haben Sie heute? Führen Sie einen Tag lang eine Liste.
Wie war das Ergebnis? Haben Sie Erklärungen für Ihre Intuition?

 Meine früheren Intuitionen

Erinnern Sie sich an Situationen, bei denen Ihre Intuition sich später als richtig herausgestellt hat?

 Phantasiereise

Haben Sie ein aktuelles Problem? Das ist ein wunderbares Objekt, um Ihre Intuition zu wecken. Und so geht es:
Suchen Sie sich einen ruhigen Ort, wo Sie einige Zeit völlig ungestört sind.
Machen Sie es sich bequem und schließen Sie die Augen.
Stellen Sie sich ein großes Schild vor, auf dem das Problem geschrieben steht – dick und fett, unübersehbar, als Satz oder als einzelnes Wort. Was fällt Ihnen dazu nun ein? Welche Gefühle nehmen Sie wahr? Begeben Sie sich auf eine Fantasiereise. Steuern Sie nichts. Lassen Sie alles geschehen und nehmen Sie Gedanken und Gefühle einfach wahr. Lassen Sie sich ganz von Ihren Gefühlen treiben. Machen Sie die Phantasiereise so lange, wie Sie mögen. Kommen Sie in die Wirklichkeit zurück, wenn Sie das Gefühl haben, jetzt wäre es Zeit, die Augen wieder zu öffnen. Falls Sie mögen: Malen Sie ein Bild der Situation; wenigstens mit ein paar Strichen. Notieren Sie die wichtigsten Gedanken mit ein paar Stichworten.
Treffen Sie jetzt Ihre Entscheidung zu diesem Problem.

Zusammenfassung »Positives Denken«

Erwarten Sie von Ihrer Zukunft das Beste. Diese positive Erwartungshaltung erhöht die Wahrscheinlichkeit, dass das Gewünschte auch eintritt |➔18.
Suchen Sie Ihr Glück auch bei kleinen Chancen |➔19.
Die Zusammenarbeit mit anderen Menschen ist sehr wichtig. Die Interaktion mit anderen Menschen hilft Ihnen und den anderen, gemeinsam ein glückliches und erfülltes Zusammenleben zu gestalten |➔20.
Bereits die Vorfreude auf ein kommendes Ereignis oder eine angestrebte Tätigkeit kann uns glücklich machen |➔21.
Unsere Intuition, das unbewusste Wahrnehmen von unterschwelligen Signalen und Botschaften, ist eine starke Quelle, die wir zu unserem Vorteil einsetzen können |➔22.

Negatives überwinden

Manchmal scheinen wir immer wieder in die gleichen Fallen zu tappen und uns selbst unglücklich zu machen. Immer wieder reagieren wir auf eine bestimmte Art – wütend, feige oder ungerecht – und laufen nahezu automatisch ins Unglück.

Der Ballast der Vergangenheit

Ein Grund, warum Menschen unglücklich werden? Sie lassen sich von äußeren Ereignissen dazu hinreißen, auf eine Unglück bringende Art und Weise zu reagieren – und zwar mit eingeschliffenen Verhaltensmustern. Das sind im Wesentlichen unsere negativen Geisteszustände wie Zorn, Wut, Hass, Neid und andere. Wer es dagegen versteht, diese negativen Geisteszustände einzudämmen und sie durch positive zu ersetzen, der geht dem Glück mit Riesenschritten entgegen.

Oft tragen wir noch Ballast aus der Vergangenheit mit uns herum. Er bindet uns und macht uns schwerfällig. Wenn wir frei und glücklich sein wollen, ist es gut, diesen Ballast loszuwerden. Es ist daher hilfreich, zu erkennen, was uns unglücklich macht. Denn nur dann können wir uns davon frei machen.

Folgende Glückswege halten uns das Unglück vom Leib:

23 | **Negative Gefühle im Zaum halten**
24 | **Schlechte Nachrichten – nein danke!**
25 | **Fernsehfrei leben – klug, schlank und glücklich**
26 | **Vergangenes Unheil abschütteln**
27 | **Die Kunst, zu vergeben**
28 | **Das Glück im Unglück erkennen**
29 | **Pech in Glück verwandeln**
30 | **Zukünftigem Pech aktiv vorbeugen**
31 | **Strategien gegen Härtefälle**
32 | **Stress, lass nach**

23 | Negative Gefühle im Zaum halten

Negative Gefühle wie Ärger, Wut, Zorn beeinträchtigen unser Glück enorm. Wenn wir ihnen freien Lauf lassen, können sie beträchtlichen Schaden anrichten. Bei uns und bei anderen. Sie kennen diese Art Polizeiberichte: Eine Frau und ihr Mann haben schon seit einiger Zeit Beziehungsprobleme. Sie streiten häufiger. Eines Abends wird der Streit besonders heftig. Sie schreit, er tobt. Er verliert die Kontrolle über sich, dreht durch und greift zum Baseballschläger. Die Frau stirbt auf dem Transport ins Krankenhaus.

Der Mensch ist kein Dampfkessel

Oft wird geraten, die Wut rauszulassen, zu schreien, zu toben. Dahinter steckt das Bild von einem Gefäß, in dem sich Druck aufgebaut hat. Diese – falsche – Vorstellung impliziert dann: Der Druck muss abgelassen werden, dann ist alles wieder gut.

Im Moment mag ein solches »Explodieren« auch tatsächlich gut tun. Langfristig ist die Wirkung jedoch fatal. Nach den Erkenntnissen der Verhaltensforschung findet nämlich ein Lernprozess statt. Wir verbinden mehr und mehr den Reiz (Ärger von außen) mit einer Reaktion (Dampf ablassen, schreien). Wenn wir dies viele Male wiederholen, dann läuft die Reiz-Reaktions-Kette automatisch ab. Wir haben gelernt, auf schlechte Nachrichten und unangenehme Ereignisse mit Wut, Zorn und Toben zu reagieren.

Raus aus dem Teufelskreis

Die Folgen des beschriebenen negativen Lernprozesses sind fatal. Erstens verschlimmern wir oft eine ohnehin schon komplizierte Situation, weil wir mit unserer impulsiven, heftigen Reaktion auch unsere Mitmenschen negativ beeinflussen. Es entsteht leicht ein Streit, die Situation eskaliert. Die Polizeiberichte sind voll davon, wie aus Nichtigkeiten Katastrophen entstanden: zertrümmerte Wohnungen, Verletzte, Tote.

Übungen

Tagesbilanz
Zeichnen Sie einen Tag lang Ihre negativen Gefühle auf.
Haben Sie sich geärgert? Waren Sie wütend? Waren Sie auf einen anderen neidisch? Oder kamen sogar Hass und Rachegelüste in Ihnen hoch? Machen Sie sich klar, was die Auslöser sind. Können Sie Muster erkennen?

Der Zaumhalter
Entwickeln Sie eine Gegenstrategie für jedes Ihrer negativen Gefühle.
Lassen Sie sich Zeit. Nehmen Sie sich ein Gefühl nach dem anderen vor. Freuen Sie sich über Erfolge.

Helfer und Hilfsmittel
Von wem können Sie lernen, Ihre negativen Gefühle zu beherrschen?
Was macht dieser Mensch so Besonderes? Wie können Sie diese Eigenschaft für sich nutzen?

Praxis-Tipps

- Was sind die Auslöser Ihrer negativen Gefühle? Meist sind es unrealistische Erwartungen – wie sieht das bei Ihnen aus?
- Können Sie Ihre Erwartungen ändern?
- Können Sie gelassener reagieren?
- Können Sie mit anderen Menschen eine Klärung herbeiführen?
- Können Sie die auslösende Situation meiden?

Zweitens veranlassen wir unseren Körper, Hormone – vor allem Adrenalin – auszuschütten, die uns auf Angriff und Kampf mobilisieren. Diese Stoffe werden im Körper erst langsam abgebaut. Noch eine Stunde nach einem Wutanfall sind wir erregt. Der auslösende Anlass ist lange vorbei, aber die Aggressivität tragen wir noch eine ganze Weile mit uns herum. Wir nehmen sie mit in unsere anderen Tätigkeiten, in unser ganzes Leben hinein. Wir kollidieren dann auch immer schneller mit anderen Menschen, sind in Situationen wie zum Beispiel dem Straßenverkehr eine tickende Zeitbombe.

Häufige Adrenalin-Ausschüttungen schwächen unser Immunsystem und machen uns anfällig für Krankheiten.

Die Lösung: Gefühle beherrschen, statt von ihnen beherrscht zu werden. Wir können negative Ereignisse nicht immer vermeiden. Aber wir können lernen, mit ihnen angemessen umzugehen. Wir können lernen, uns nicht von ihnen beherrschen zu lassen.

Der erste Schritt dazu: die negativen Geisteszustände erkennen. Wenn wir uns darüber bewusst sind, wann wir verärgert, wütend oder zornig sind und welches die Auslöser waren, dann sind wir auf dem besten Wege, zum Meister unserer Gefühle zu werden.

24 | Schlechte Nachrichten – nein danke!

»Der Orkan Emma reißt 10 Menschen in den Tod«. »46 Tote bei Flugzeugabsturz in den Anden«. »Flutkatastrophe: Mehr als 1400 Tote in Südasien«. »Anschlag in Bagdad: Selbstmordattentäter riss über 30 Kinder mit in den Tod«. »Über 1000 Tote bei Erdbeben in Indonesien«. Das sind unsere täglichen Nachrichten. In vergangenen Jahrhunderten erfuhren die Menschen nie oder sehr selten, wenn irgendwo auf der Welt etwas Schreckliches passiert war. Heutzutage wird uns jede Schreckensnachricht aus dem letzten Winkel der Erde frisch mit der Morgenzeitung zum Frühstück serviert.

Wer Tag für Tag diese Bilder konsumiert, wer ausgiebig liest und zuschaut, wie Menschen bei Attentaten, Zugunglücken, Flugzeugabstürzen, Erdbeben und Überschwemmungen ums Leben kommen, tut sich selbst Gewalt an.

Er muss zu dem völlig falschen Schluss kommen, die Erde wäre ein einziges Jammertal und voller Gefahren. Das eine Flugzeugunglück wird groß gezeigt und thematisiert. Dass in der gleichen Zeit Millionen Menschen sicher in Flugzeugen rund um die Erde reisen, wird übersehen.

Aber nicht nur in den übergreifenden Medien wie Zeitung, Radio, Fernsehen und Internet werden schlechte Nachrichten verbreitet, sondern auch im ganz alltäglichen Leben, in unserem nächsten Umfeld: Der Arbeitskollege streut Gerüchte, die Nachbarin tratscht und am Stammtisch werden andere durch den Kakao gezogen.

Gegen die psychische Vergiftung

Alle diese Nachrichten haben eine dreifach negative Wirkung:

Erstens, sie vermitteln uns ein sehr verzerrtes Bild von der Wirklichkeit. Wer ein falsches Bild von der Wirklichkeit hat, kann keine guten Entscheidungen treffen.

Zweitens, sie steigern unsere Angst. Die Angst, selbst Opfer solch eines Unglücks zu werden.

Drittens, sie versetzen uns in schlechte Stimmung und mindern unser Wohlgefühl.

Der Weg daraus ist ganz einfach: Ignorieren Sie die schlechten Nachrichten, so gut Sie können: Lesen Sie den Unglücksbericht nicht, schalten Sie die Katastrophennachrichten aus und signalisieren Sie anderen Menschen auch ansonsten, dass Sie an Hiobsbotschaften nicht interessiert sind. Damit beugen Sie einer zunehmenden psychischen Vergiftung vor.

Nicht schuldig

Viele Menschen fühlen sich schuldig, wenn sie sich nicht dem Leid anderer Menschen widmen. Natürlich ist es sinnvoll zu helfen, wenn das Haus nebenan abbrennt und die Nachbarn jetzt auf der Straße stehen. Aber bei einem Flugzeugabsturz in Bolivien, einem Eisenbahnunglück in China und einem Terrorakt in Bagdad können wir nichts tun. Wir helfen den Menschen nicht, wenn wir entsetzt oder »betroffen« sind. Wir fühlen uns nur schlecht und hilflos. Und verschleudern so nutzlos Energie.

Übungen

 Sammeln Sie positive Nachrichten

Suchen Sie bewusst in Zeitungen und TV-Nachrichten nach guten Nachrichten. Erzählen Sie diese weiter.

 Tote Zonen

Nehmen Sie eine Tageszeitung und einen dicken roten Stift. Streichen Sie alle schlechten Meldungen und Katastrophenberichte dick mit Rotstift durch. Was bleibt übrig?

 Zeitungs-Check

Prüfen Sie einmal: Brauchen Sie wirklich eine Tageszeitung? Wie viel Zeit kostet die Zeitung Sie täglich? Wie könnten Sie diese Zeit sinnvoller nutzen?

 Das positive Gegenteil

Listen Sie eine Zeitlang schlechte Nachrichten auf, und überlegen Sie sich zu jeder schlechten Nachricht eine gegensätzliche, gute. Zum Beispiel: Ein Zug ist verunglückt. Die »Gegensatz-Nachricht«: Heute sind zahlreiche Menschen sicher und pünktlich an ihr Ziel gelangt.

Praxis-Tipps

- Ignorieren Sie allgemeine schlechte Nachrichten.
- Lesen Sie keine Katastrophenberichte.
- Erzählen Sie keine schlechten Nachrichten weiter (»Haben Sie gehört, in der Nebenstraße hat man einen Bäcker erschlagen?«).
- Suchen Sie gezielt nach guten Nachrichten.

25 | Fernsehfrei leben – klug, schlank und glücklich

Mittwochnacht, 2:43 Uhr vor dem Fernsehbildschirm. ARD: In einem Gefängnis unterhält sich ein Strafgefangener mit einem Besucher über offensichtlich sehr ernste Probleme. Ein Wärter schaut grimmig zu. Zapp. ZDF: Eine Gruppe Verbrecher streift durch die Stadt, ohne dass jemand eingreift. Zapp. RTL: Ein paar völlig aufgebrachte Jugendliche schreien sich gegenseitig an. Zapp. SAT1: In einer Gerichtsshow schreien sich Angeklagter und Zeuge an. Zapp. RTL2: Polizisten entdecken eine Leiche. Zapp. Vox: Eine Wohnung wird aufgrund einer Insolvenz komplett ausgeräumt. Zapp. NDR: Bericht aus einem Bordell in Australien ...

Alle diese Situationen wird mit Sicherheit kaum jemand von uns jemals erlebt haben – und glücklicherweise wahrscheinlich nie erleben. Ein milde Beschreibung dieses Programms wäre also: unrealistisch. Eine bessere: total weltfremd.

Auf der Suche nach immer neuen Attraktionen und »Hinguckern« servieren die Fernsehmacher zunehmend Unverdauliches und Belastendes: Ekel mit D-Promis im Dschungel,

Praxis-Tipps

- Halbieren Sie Ihren Fernseh-Konsum.
- Schauen Sie sich nur sehr gezielt Sendungen an. Eine gute TV-Zeitschrift oder eine Internet-Auswahl hilft Ihnen.
- Verbinden Sie das Fernsehen mit einer nützlichen Tätigkeit, zum Beispiel Gymnastikübungen, Bügeln oder Maniküre.
- Gönnen Sie sich bewusst wenigstens einen fernsehfreien Tag in der Woche.
- Spielen Sie mal wieder mit Freunden oder Familie, anstatt fernzusehen.
- Zappen Sie nicht wahllos durch die Kanäle, um vielleicht doch noch irgendetwas zu finden, sondern drücken Sie auf den Aus-Knopf. Vielleicht wartet Ihr Partner ja schon auf Sie ...

Übungen

 TV-Bilanz
Ein Test: Führen Sie eine Woche lang eine Liste darüber, wie lange Sie jeden Tag ferngesehen haben.

 Stimmungsbarometer
Führen Sie eine Liste Ihrer Fernsehsendungen. Schreiben Sie direkt nach der Sendung auf, wie Sie sich jetzt fühlen (– –, –, 0, +, ++).

 Positiv-Liste
Welche Fernsehsendungen sind für Sie besonders wertvoll? Warum?

sich gegenseitig anschreiende Familienmitglieder vor Gericht, Kinderschänder im Nachmittagsprogramm.

Gemeinsam ist all diesen Sendungen: Sie zeichnen ein Bild der Welt, welches mit der Wirklichkeit nicht mehr das Geringste zu tun hat. Wer das Tag für Tag über sich ergehen lässt, stumpft zunehmend ab.

Auch die Berichte aus einer Promi-Welt, die für uns unerreichbar ist, erzeugen nur Unzufriedenheit. Stundenlanges Fernsehen ist Gift für den Körper: Man sitzt nur rum und stopft meist auch noch Ungesundes in sich rein. Untersuchungen haben ergeben, dass Vielseher oft übergewichtig sind. Insgesamt kann man sagen: Zu viel und ungezieltes Fernsehen macht dumm, dick und unglücklich!

26 | Vergangenes Unheil abschütteln

Wilma Rudolph gewann bei den Olympischen Spielen 1960 in Rom drei Goldmedaillen: im Sprint über 100 Meter und 200 Meter sowie in der Sprintstaffel über 4 mal 100 Meter. Dabei sah es in ihrer Kindheit keineswegs so aus, als würde aus ihr eine Sportlerin werden: Sie erkrankte bereits als kleines Mädchen an Kinderlähmung.

Ihr linkes Bein blieb teilweise gelähmt, und sie musste eine Schiene tragen. Ihr Bein musste ständig massiert werden, was abwechselnd ihre zahlreichen Geschwister übernahmen. Die Geschwister halfen ihr auch, ohne die Schiene zu laufen. Zur Verblüffung ihrer Ärzte legte Wilma die Schiene schließlich ganz ab und ging ohne Hilfe.

Schon bald forderte sie die Jungs in der Nachbarschaft zum Sprint heraus – und gewann gegen jeden. Sie begann Basketball zu spielen und wurde an ihrer High School von einem Leichtathletiktrainer entdeckt. Sie gewann auch an der High School jeden Sprintwettbewerb. Schon bald gehörte sie zum amerikanischen Olympiateam für die Spiele in Melbourne 1956. Dort schied sie zwar bei den Einzelwettbewerben aus, gewann aber mit der 4 mal 100 Meter Staffel Bronze.

Der große Triumph erfolgte dann 1960 in Rom mit den drei Goldmedaillen. Wilma Rudolph erhielt von der Presse auf Grund ihrer dunklen Hautfarbe und ihrer Schnelligkeit den Beinamen »Die schwarze Gazelle«. Die Frau, der in der Kindheit ein Leben als Behinderte prophezeit worden war, stellte im Laufe ihrer Karriere noch mehrere Weltrekorde auf.

Der Blick nach vorn

Wenn wir mit hoher Geschwindigkeit auf der Autobahn unterwegs sind und permanent in den Rückspiegel schauen, so wird das nicht lange gut gehen. Ähnlich ist es im Leben: Egal, wie viel Unheil in der Vergangenheit passiert ist – wir können es nicht ungesche-

Negatives überwinden

Praxis-Tipps

- Machen Sie sich klar, dass Sie die Vergangenheit nicht ändern können.
- Achten Sie auf das *Hier* und *Jetzt*. Dann verliert die Vergangenheit automatisch an Bedeutung.
- Verabschieden Sie sich rituell von der Vergangenheit. Was ist mit den Briefen des Menschen, mit dem Sie schon lange nicht mehr zusammenleben? Sie könnten sie verbrennen, vergraben oder im Meer versenken. Bedanken Sie sich noch einmal bei der Vergangenheit und kehren Sie ihr dann den Rücken.
- Verschenken Sie die Dinge, die Sie an etwas Unangenehmes erinnern, doch einfach an andere Menschen, die sich möglicherweise ohne den Ballast der Vergangenheit darüber freuen können.

hen machen. Wir können nur heute anders damit umgehen. Und für eine positive Zukunft sorgen. Wenn wir also noch Ballast aus der Vergangenheit mit uns herumschleppen, sollten wir versuchen, ihn möglichst schnell loszuwerden.

Sie wissen: Die Zukunft beginnt immer *Hier* und *Jetzt*. Noch einmal ein Beispiel aus dem Straßenverkehr: Wenn wir von Köln nach Hamburg fahren wollen und stellen nach einiger Zeit fest, dass wir in Bonn gelandet sind, so ist das sicher ärgerlich. Denn wir sind nach Süden gefahren, anstatt in Richtung Norden. Aber wir können die bisherige Fahrt nicht ungeschehen machen. Wir sind jetzt in Bonn.

Das einzig Sinnvolle: Wir fahren jetzt von Bonn nach Hamburg. Die Strecke ist natürlich länger, als wenn wir gleich in die richtige Richtung gefahren wären, aber es gibt dazu keine sinnvolle Alternative. Schauen wir also immer, wo wir jetzt gerade sind →9 | S. 56 ff. und wohin wir wollen. Die Rückschau – wo wir irgendwann einmal waren – hilft uns nicht weiter. Es macht keinen Sinn, sich über das Verpasste, das Falsche, das Unnötige zu ärgern. Der Ärger beeinträchtigt uns nur in unserem momentanen Glück.

Wenn wir noch etwas Sinnvolles tun wollen, dann können wir aus dem Unheil der Vergangenheit etwas lernen: Wir können uns beim nächsten Mal besser auf die Fahrt vorbereiten, uns eine aktuelle Straßenkarte oder ein Navigationssystem zulegen.

Übungen

 Altlasten-Inventur
Welchen alten Ballast schleppen Sie noch mit sich herum? Was fällt Ihnen spontan zur Ent-Lastung ein?

 Abschied
Was ist alt und hilft Ihnen jetzt nicht (mehr) weiter? Wie können Sie sich davon verabschieden (verbrennen, vergraben, versenken ...)?

 Loslasser
Welche Menschen kennen Sie, die sich besonders gut von Ballast befreien können? Was können Sie von ihnen lernen?

27 | Die Kunst, zu vergeben

Nelson Mandela wurde wegen seiner Widerstandsarbeit gegen das Apartheidsystem in Südafrika mehrfach verhaftet. 1964 wurde er mit vielen anderen Aktivisten des ANC (African National Congress) zu lebenslanger Haft verurteilt. Die ersten Jahre des Strafvollzuges wirkten auf die Gefangenen ausgesprochen hart und entwürdigend, da die Wärter davon ausgingen, dass sie keine Menschen bewachten, sondern tierähnliche Geschöpfe. Die dunkelhäutigen Gefangenen bekamen schlechteres Essen als die anderen und mussten auch im Winter in kurzen Hosen und ohne Unterwäsche überleben.

Aus dem Gefängnis heraus setzte Mandela seine Widerstandsarbeit fort. Erst 1990 kam er aus dem Gefängnis frei. Er hätte allen Grund gehabt, Rache gegen diejenigen Weißen zu schwören, die ihn Jahrzehnte seines Lebens hinter Gitter gebracht und entwürdigt hatten. Aber was tat Mandela stattdessen? Am Tage seiner Freilassung hielt er im Stadion von Soweto eine Rede vor 120.000 Zuhörern. Er leitete damit öffentlich seine Politik der Versöhnung ein: Er lud »alle Menschen, die die Apartheid aufgegeben haben«, zur Mitarbeit an einem »nichtrassistischen, geeinten und demokratischen Südafrika mit allgemeinen, freien Wahlen und Stimmrecht für alle« ein. Welche Haltung und welche Geste!

Und wem vergeben Sie?

Vielleicht hat Ihnen jemand in der Vergangenheit sehr weh getan. Sie sinnen möglicherweise auf Rache. Sie werden damit mindestens einen Menschen schädigen: sich selbst.

Negative Gedanken beeinflussen zuerst einmal Sie selbst – auch wenn sie sich gegen einen Schurken richten. Ihr Gesicht wird finster und Sie verkrampfen sich. Ein altes chinesisches Sprichwort lautet: »Bevor du zur Rache schreitest, schaufle zwei Gräber.«

Ihre beste Strategie dagegen: **vergeben.** Es wird Ihnen wahrscheinlich nicht so leicht fallen. Es wird Ihnen aber gut tun. Vergeben Sie demjenigen, der Ihnen Unrecht zugefügt hat. Wenn Sie es nicht tun, so gestatten Sie dem Missetäter von einst, heute immer noch Macht über Sie auszuüben.

Die verlassene Ehefrau, die ihrem untreuen Gatten den Abflug mit der jungen Geliebten nicht verzeihen kann, wird immer verbitterter werden und sich damit jegliche Chance auf eine neue Partnerschaft nehmen. Sie wird ewig bei ihren wenigen noch verbliebenen Freundinnen klagen, wie schlecht es ihr doch

Praxis-Tipps

- Hat Sie jemand wirklich mit Absicht verletzt – oder war es eher Unachtsamkeit?
- Ist es die Sache wert, dass Sie sich jetzt noch damit beschäftigen?
- Unter welchen Bedingungen würden Sie verzeihen?
- Gestatten Sie anderen nicht, immer noch in Ihr Leben einzugreifen.

gehe. Wenn sie dagegen begreift, dass die Ehe endgültig vorbei ist, dass diese Entwicklung sogar vorteilhaft für sie sein kann, bekommt sie nach der Phase der Trauer neuen Lebensmut. Der Akt des Vergebens ist dabei sehr wichtig.

Bedenken Sie auch: Jedes Nicht-Verzeihen bleibt bei Ihnen hängen. Der andere hat es wahrscheinlich schon längst vergessen. Sie schleppen den Ballast der Vergangenheit immer noch mit sich herum. Ist es nicht höchste Zeit, ihn loszuwerden?

Übungen

 Wem vergeben?

Wer hat Sie in der Vergangenheit verletzt? Auf wen sind Sie noch böse? Wer schuldet Ihnen noch etwas? Mit wem glauben Sie noch eine Rechnung offen zu haben? Können Sie ihm/ihr vergeben? Wie?

 Der gute Abschluss

Falls die Liste aus der ersten Übung bei Ihnen leer ist: wunderbar. Sollte dies nicht der Fall sein: Welche Angelegenheit können Sie sofort und endgültig abschließen? Was brauchen Sie dazu? Können Sie das Vergeben und Abschließen allein bewältigen oder ist der Kontakt zu dem anderen notwendig oder gar sinnvoll? Kann ein Freund oder ein Mediator helfen?

 Schuld abtragen

Überlegen Sie auch: Wer hat möglicherweise mit Ihnen noch eine Rechnung offen? Wofür? Können Sie etwas wiedergutmachen? Können Sie dazu beitragen, die Sache endgültig abzuschließen?

28 | Das Glück im Unglück erkennen

Wenn Sie sich den Arm brechen, so können Sie sich in Ihrem Unglück bedauern. Sie können aber auch das Beste aus der Situation machen: Endlich haben Sie Zeit, um ausgiebig zu lesen.

Wenn Sie Ihr Flugzeug verpassen, so können Sie sich fürchterlich darüber ärgern. Sie können aber auch das Geschenk annehmen, dass Sie jetzt einen freien Abend in der Stadt haben, die Sie schon immer mal näher kennenlernen wollten.

Sie hatten sich auf den leckeren Lammbraten gefreut, den Sie sich soeben im Restaurant bestellt hatten. Wenn Ihnen jetzt der Ober verkündet, dass »Lammbraten leider aus« sei, dann kann Ihnen diese Aussage den restlichen Abend vergällen. Sie können sie aber auch als Chance ansehen, ein anderes Gericht kennenzulernen.

Die Entscheidung liegt bei Ihnen

Sie entscheiden immer selbst, wie Sie mit dem Unglück oder mit der unangenehmen Überraschung umgehen. Versuchen Sie, das Beste aus der Situation zu machen; versuchen Sie, den positiven Aspekt zu sehen.

Praxis-Tipps

- Wenn Ihnen etwas Unangenehmes widerfährt, atmen Sie erst einmal tief durch.
- Akzeptieren Sie zunächst, dass es geschehen ist. Sie können es wahrscheinlich nicht rückgängig machen. Akzeptieren heißt nicht es gutheißen, sondern zur Kenntnis nehmen und die Situation so zu sehen, wie sie ist.
- Relativieren Sie das Unglück oder das Unangenehme zu Ihrem Gesamt-Leben. Ist es wirklich eine Katastrophe, wenn ein Glas zerbricht? Ist es eine verpasste Straßenbahn wert, dass Sie sich den ganzen Tag darüber beklagen? Wie sieht die Sache morgen, nächste Woche, in einem Jahr aus?
- Erkennen Sie die Chancen in der unangenehmen Situation. Was können Sie *Jetzt* Positives daraus machen?

Übungen

 Anders einkaufen

Sie bekommen im Supermarkt nicht die Ware, die auf Ihrem Einkaufszettel steht.
Was könnte daran positiv sein?

 Absagen können auch positiv sein

Sie haben sich beworben. Und bekommen jetzt eine Absage.
Was könnte daran positiv sein?

 Lerneffekte

Ihnen ist etwas Unangenehmes oder gar Ärgerliches passiert. Gibt es daraus für Sie etwas zu lernen? Können Sie dazu beitragen, dass das Unangenehme in der Zukunft nicht mehr oder weniger häufig auftritt?

Wenn Sie sich angewöhnen können, grundsätzlich die Haltung einzunehmen: »Ich schaue zuerst einmal, was die Situation Positives bietet«, dann kommt der Ärger erst gar nicht auf. Oder er verfliegt in Kürze.

Auch dabei spielt wieder die Einsicht eine große Rolle, dass Vergangenes hier und heute nicht mehr zu ändern ist →9 | S. 56 ff. Das ist das Geheimnis an diesem Glücksweg: Glückliche Menschen deuten Unglück um. Untersuchungen haben gezeigt, dass Menschen, die sich als sehr glücklich bezeichnen, akzeptieren können, dass etwas Unangenehmes passiert ist, und versuchen, das Beste daraus zu machen.

29 | Pech in Glück verwandeln

Die Pharma-Firma Pfizer schickte sich an, ein neues Herzmittel zu entwickeln. Dazu wurde der Wirkstoff Sildenafil verwendet. Trotz umfangreicher Tests und Entwicklungsarbeit: Als Herzmittel war die Pille ein Flop, die Versuche wurden abgebrochen.

Aber als eine ganze Reihe von Testpersonen – hauptsächlich Männer – die übrigen Versuchspillen partout nicht mehr rausrücken wollten, wurden die Pfizer-Manager stutzig. Sie fragten bei den widerspenstigen Versuchspatienten hartnäckig nach und erfuhren erst auf diesem Wege von der potenzsteigernden Wirkung des Präparats. So wurde aus dem gescheiterten Herzmittel ein Mittel gegen »erektile Dysfunktion«.

Inzwischen ist Viagra die erfolgreichste »Arznei« in der Geschichte der Pharmazie. Der Pfizer-Konzern macht damit Milliarden-Umsätze. Nicht schlecht für ein missglücktes Herzmittel!

Alchimisten – auf der Suche nach dem Glück

So wie den Pfizer-Forschern ging es oft schon den Alchimisten früherer Zeiten: Über Jahrhunderte versuchten sie beispielsweise, aus unedlen Metallen und anderen Stoffen Gold herzustellen. Das ist ihnen zwar nie gelungen, jedoch haben ihre Experimente wesentlich zu der Entwicklung der Chemie und der Pharmakologie beigetragen. So sind unter anderem die Entwicklung des Porzellans und die Erfindung des Schießpulvers auf Alchimisten zurückzuführen.

Der Begriff der Alchemie hat daher auch eine philosophische Bedeutung: aus einem minderwertigen Material etwas sehr Hochwertiges schaffen.

Glückliche Menschen sind moderne Alchimisten. Glücksforscher haben herausgefunden, dass Menschen, die sich als sehr glücklich bezeichnen, es immer wieder verstehen, aus

Praxis-Tipps

- Wenn jemand Sie unhöflich oder unfreundlich behandelt: Lächeln Sie und seien Sie besonders freundlich. Sie werden stolz auf sich sein. Die Unhöflichkeit wird an Ihnen abperlen wie Wasser an einem Lotusblatt.
- Wenn Sie eine schlechte Nachricht erreicht: Welche positive Nachricht können Sie verbreiten?
- Sammeln Sie Geschichten von Menschen, denen es gelang, Pech ganz gegen alle Wahrscheinlichkeit in Glück zu verwandeln: zum Beispiel die Geschichte von dem Mann, der mit seinem Auto einen Auffahrunfall verursachte. In dem anderen Wagen, der in den Unfall verwickelt war, saß eine sehr attraktive Frau, die er später heiratete.

erlittenem Unheil schnell einen positiven Gewinn zu ziehen. Pechvögel dagegen bleiben an ihrem Pech kleben und beklagen sich immer wieder über die Unbilden des Lebens. Seien Sie Ihr eigener Alchimist! Wenn Ihnen etwas Schlechtes widerfährt: Versuchen Sie, es in das positive Gegenteil umzuwandeln.

Beispiel: Sie waren unaufmerksam. Ihnen ist etwas runtergefallen und zerbrochen. Seien Sie ab sofort besonders aufmerksam. Ein weiteres Beispiel: Sie suchen etwas in Ihren Papieren und können es nicht finden. Sie ärgern sich über die eigene Unordnung. Fangen Sie sofort an und richten Sie sich ein perfektes Ordnungssystem ein.

Auf diese Weise ersetzen Sie nach und nach negative Dinge und Ereignisse durch positive. Sie nehmen die negativen Erfahrungen als Impuls, daraus Positives zu schaffen.

Übungen

 Hilfreiche Erkenntnisse

Ist Ihnen etwas Negatives zugestoßen? Wie können Sie es in Glück verwandeln? Haben Sie etwas gelernt, was Sie in Zukunft gut (ge)brauchen können? Haben Sie etwas gewonnen (Zeit, neue Freiheiten, Erkenntnisse, Hinweise ...)?

 Das positive Gegenteil

Was ist das genaue positive Gegenteil von dem, was Ihnen zugestoßen ist? Wie können Sie es erreichen?

 Chancen erkennen

Zeichnen Sie eine Woche lang vermeintlich negative Ereignisse auf. Versuchen Sie die Chancen darin zu erkennen.

30 | Zukünftigem Pech aktiv vorbeugen

Es gibt Risiken, die muss man einfach nicht eingehen. Beim Sicherheitsgurt ist es offensichtlich: Er soll uns bei einem eventuellen Unfall vor schweren oder gar tödlichen Verletzungen schützen. Zahlreiche Tests haben bewiesen, dass der Gurt Leben und Gesundheit retten kann.

Bei anderen Lebens-, Gesundheits- und Glücksrisiken sind wir weniger vorsichtig.

Viele Menschen behandeln ihren Körper ausgesprochen nachlässig und denken nicht daran, dass dies irgendwann ihre Gesundheit und damit auch ihre Lebensfreude erheblich mindern wird. Das Problem ist, dass unser Körper über lange Jahre gut funktionieren kann, bevor die Schädigungen offensichtlich werden. Wir bekommen also die Folgen unseres Handelns erst sehr viel später zu spüren. Zwischen (Un-)Tat und Folgen liegen oft Jahre.

Das Alter – ein Blick in die eigene Zukunft

Wenn wir Menschen beobachten, die älter als wir selbst sind, so können wir ein Stück in unsere Zukunft schauen. Sind diese Menschen gesund und glücklich? Wenn ja, was haben sie in früheren Jahren dafür getan?

Sind die Menschen krank oder unglücklich? Welche Dinge haben sie in der Vergangenheit versäumt? Es muss nicht immer am Einzelnen liegen, wenn es ihm schlecht geht. Aber häufig ist es so. Wir brauchen nur genauer hinzusehen und uns ausgiebig mit den Menschen zu unterhalten.

Die gute Botschaft ist: Wir können einen aktiven Beitrag dazu leisten, dass es uns auch in Zukunft gut geht. Aber dazu müssen wir heute schon schädliche Lebensweisen unterlassen und nützliche pflegen. Darin besteht die Kunst des Lebens: den Augenblick genießen, aber darüber die Zukunft nicht aus den Augen verlieren.

Praxis-Tipps

- Tun Sie jeden Tag etwas für Ihre Gesundheit. So beugen Sie dem zukünftigen Pech Krankheit vor.
- Tun Sie jeden Tag etwas für Ihre geistige Fitness. So beugen Sie dem zukünftigen Pech Stumpfsinn vor.
- Tun Sie jeden Tag etwas für Ihre Freude. So beugen Sie dem zukünftigen Pech Trostlosigkeit vor.
- Tun Sie jeden Tag etwas für Ihre Mitmenschen. So beugen Sie dem zukünftigen Pech Einsamkeit vor.

Übungen

 Aktive Vorsorge
Auf welchen Gebieten könnten Sie zukünftig Pech haben? Was können Sie tun, um dem vorzubeugen?

 Gesundheits-Prophylaxe
Was können Sie heute tun, um auch in Zukunft gesund zu sein?

 Freundes-Pflege
Wie können Sie heute schon dafür sorgen, in der Zukunft nicht einsam zu sein?

31 | Strategien gegen Härtefälle

Ein Zenmeister wurde einmal von einem Suchenden gefragt: »Meister, was ist das höchste Glück?« Der Zenmeister antwortete: »Vater stirbt, Sohn stirbt, Enkel stirbt.« Der Suchende war ganz entsetzt und fragte, was denn das Sterben mit Glück zu tun habe. Der

Meister erklärte ihm, dass es ein Unglück sei, wenn der Sohn oder Enkel vor dem Vater sterben würde, dass aber alles in Ordnung wäre, wenn die »natürliche« Todesfolge eingehalten werde.

Das Leben ist nicht immer freundlich. Sie können zwar einiges für Ihr Leben tun, aber andere Menschen haben auch großen Einfluss auf Sie. Daher kann es im Leben manchmal ungemütlich werden. Anstatt in solchen Situationen mit dem Dasein zu hadern, gilt es dann, nicht zu verzweifeln und die stürmische Zeit gut zu überstehen. Dabei helfen Ihnen die Anregungen aus diesem Buch.

Wenn alles zusammenbricht ...

Bei Härtefällen, wie dem Verlust eines geliebten Menschen durch Trennung oder Tod, können Ihnen viele Dinge helfen, die Sie hier lernen. Wenn Sie in ein soziales Netzwerk eingebunden sind, dann können Ihnen Menschen aus Ihrem Netzwerk in der Situation helfen. Sie werden nicht den Boden unter den Füßen verlieren.

Gelassenheit → **11** | S. 59 ff. kann Ihnen helfen, die schlimme Zeit zu ertragen. Der optimistische Blick in die Zukunft → **18** | S. 73 ff. aktiviert Ihre Kräfte und hilft Ihnen, schnell wieder aus dem Tal herauszukommen. Die Dankbarkeit → **7** | S. 54 f. macht Ihnen klar, dass Sie zwar einen (großen) Verlust erlitten haben, Sie aber immer noch über sehr viele andere Möglichkeiten verfügen, die Ihr Leben reichhaltig und wertvoll machen.

Praxis-Tipps

- Generell ist positives Denken wichtig, aber verschließen Sie die Augen nicht vor Härtefällen. Falls anderen Menschen etwas Schlimmes zustößt: Überlegen Sie, wie Sie damit umgehen würden.
- Achten Sie darauf, wie andere Menschen in ihrem Leben mit Schicksalsschlägen umgehen.
- Suchen Sie nicht immer nur den Weg des geringsten Widerstandes, sondern gehen Sie manchmal bewusst unbequeme Pfade. Sie lernen damit eher, mit Schwierigkeiten umzugehen.

Übungen

 Neue Berufung?

Nehmen wir an, Sie könnten von heute auf morgen Ihren bisherigen Beruf nicht mehr ausüben. Was würden Sie dann tun?

 Von heute auf morgen ...

Nehmen wir an, Ihr jetziger Arbeitgeber sieht sich gezwungen, Sie aus wirtschaftlichen Gründen zu entlassen. Was würden Sie sofort unternehmen?

 Der Härtetest

Stellen Sie sich vor, ein geliebter Mensch stirbt plötzlich. Versetzen Sie sich intensiv in die Situation. Wie würden Sie damit umgehen? Was würden Sie ohne ihn in Ihrem Leben ändern?

32 | Stress, lass nach …

Belastungen, die uns zu schaffen machen, bezeichnen wir umgangssprachlich als Stress. Für einen gesunden Menschen ist kurzzeitiger Stress kein Problem und beeinträchtigt auch das Lebensglück nicht wesentlich. Sollte der Stress jedoch ein Dauerthema werden, dann drohen erhebliche Gesundheitsgefahren und Glücks-Verluste. Daher ist ein wirksames Stress-Management von großer Bedeutung.

Streng genommen gibt es zwei Arten von Stress: zum einen den positiven Stress, Eu-Stress, zum anderen den negativen, Dis-Stress. Der erstgenannte, positive Eu-Stress ist die Anspannung vor einem positiven Ereignis, ein überraschender Kuss, eine erste Verabredung, das Lampenfieber vor einem Vortrag.

Der Dis-Stress ist negativ: Überforderung, Lärm, Angst. Wenn wir umgangssprachlich von Stress reden, meinen wir fast ausschließlich Dis-Stress. Auch in den folgenden Ausführungen ist Stress immer als Dis-Stress gemeint.

Dauer-Stress ist gesundheitsschädlich

Beim Stress geschieht ganz grob gesagt Folgendes: Ein Herausforderung, eine Gefahr oder Bedrohung kommt auf uns zu. Darauf reagiert unser Körper blitzschnell durch die Ausschüttung von Hormonen in den Blutkreislauf. Wir werden sofort in Kampfbereitschaft versetzt oder bereiten uns auf eine Flucht aus der bedrohlichen Situation vor.

In Zeiten, als uns noch der Säbelzahntiger oder ein fremder Eindringling in das eigene Territorium bedrohte, war das sinnvoll, um zu überleben. Aber heutzutage werden wir sehr selten auf eine Art bedroht, gegen die uns ein schneller Angriff oder die Flucht nützen würde: Wir müssen in Diskussionen standhalten, Auseinandersetzungen auf verbaler oder mentaler Ebene bestehen, Zeitdruck aushalten … Unser Körper reagiert aber immer noch so wie vor Millionen von Jahren – als könnten wir durch bloßen körperlichen Einsatz die Situation bewältigen.

Bei der Aktivierung des Körpers durch Stressreize werden Kraftreserven direkt freigesetzt. Wenn das Leben in Gefahr ist, ist das sinnvoll. Es würde ja keinen Sinn machen, die Reserven für die Zeit nach dem Tod aufzusparen. Wenn aber täglich dieses Alarmsystem betätigt wird, so führt das im Laufe der Zeit zur Auszehrung.

Es gibt zahlreiche wissenschaftliche Untersuchungen darüber, wie Dauer-Stress das Immunsystem schwächt.

Um glücklich zu werden, glücklich zu sein und glücklich zu bleiben, ist Stress also eine Sache, die man möglichst vermeiden sollte. Ganz einfach gesagt: Wenn ich gestresst bin, kann ich nicht gleichzeitig glücklich sein. Und noch dazu schädigt Stress auch langfristig die Gesundheit. Diese Spät- und Langzeitfolgen sind meistens sogar noch gravierender als die unmittelbaren Beeinträchtigungen durch die Stresserlebnisse.

Stressalarm – was tun?

Entwickeln Sie zunächst empfindliche Antennen für alles, was Sie persönlich »stresst«: Wo und wann erleben Sie Stress? Wie geht es Ihnen damit? Sind Sie selbst oder andere die Ursache? Wie können Sie dem Stress aus dem Weg gehen oder ihn zumindest verringern?

Es lohnt sich, diese Aspekte sehr genau anzuschauen. Betrachten Sie sich nicht als Opfer, sondern ergreifen Sie die Initiative. Wenn es sich in Ihren jetzigen Lebensumständen nicht immer vermeiden lässt, in Stresssituationen zu geraten, dann hilft Ihnen auf jeden Fall eine andere Einstellung dazu. Nehmen wir einmal an, Sie seien Lkw-Fahrer. Der dichte Verkehr auf unseren Straßen, die knappen Termine und die Staus, die alles noch viel schlimmer machen, gehören dann zu Ihrem täglichen Job. Vielleicht haben Sie schon mit dem Gedanken gespielt, einen anderen Beruf zu wählen, aber momentan geht es einfach nicht.

In dieser Situation können Sie immer noch eine Menge für sich tun. Anstatt sich über viele Dinge zu ärgern, die sich doch nicht ändern lassen, können Sie zahlreiche Anregungen aus diesem Buch dazu benutzen, die Zwischenzeiten mehr zu genießen. Wenn Sie schon den ganzen Tag hinter dem Lenkrad sitzen, hat es wenig Sinn, zu Hause dann vor dem Fernseher weiterzusitzen. Treiben Sie stattdessen lieber Sport oder betätigen Sie sich im Garten.

Die beste Maßnahme gegen Stress ist natürlich, den Stress erst gar nicht entstehen zu lassen. Dazu tragen einige Glückswege bei:

- Mit der richtigen Geisteshaltung jagen Sie nicht unsinnig falschen Zielen hinterher. Sie genießen das, was Sie schon haben.
- Sie sind dankbar →7 | S. 54 f. und vermeiden falsche Vergleiche →3 | S. 40 f., die zu Neid und Gier führen. Sie vermeiden durch Achtsamkeit →8 | S. 55 Unglück und Unfälle.
- Sie achten auf Ihren Körper und halten sich durch gesunde Ernährung und Bewegung →42 | S. 119 f. gesund.
- Durch ein aktives Netzwerk →62 | S. 157 f. mit anderen Menschen haben Sie genügend Ausgleich.

Und die folgenden vorbeugenden Maßnahmen helfen ganz konkret bei der Stressreduktion – natürlich gibt es ganz individuell noch viele mehr, hier seien nur die wichtigsten genannt:

Praxis-Tipps

- Lernen Sie mindestens eine wirksame Entspannungstechnik: Autogenes Training, Progressive Muskelentspannung, Yoga.
- Legen Sie bei Ihrer Arbeit immer wieder kleine Pausen ein. Das hält Sie fit.
- Gönnen Sie sich immer ausreichend Schlaf.
- Halten Sie Ihren Akku stets einigermaßen geladen.
- Hüten Sie sich vor Erschöpfungen. Kurzfristig kann das mal passieren. Wenn das aber öfter vorkommt, ist es ein Zeichen von ungesunder Lebensführung.

Negatives überwinden

- Sport und Bewegung überhaupt
- Ausreichender Schlaf
- Sinnvolle Pausen zur rechten Zeit
- Entspannungsmethoden wie Yoga, Autogenes Training oder Progressive Muskelentspannung.

Zu diesen Themen gibt es eine riesige Anzahl von guten Büchern, Kursen und Tipps im Internet (siehe auch Anhang ab Seite 184). Suchen Sie sich das Passende aus. Vor allem: Probieren Sie es auch tatsächlich aus!

Sollten Sie schon in einer Stresssituation sein, so helfen Ihnen die folgenden Glückswege besonders gut, den Stress wieder zu verkleinern: bleiben Sie gelassen →11 | S. 59 f., üben Sie sich in Geduld →12 | S. 61 f. und seien Sie beharrlich →17 | S. 70 f. dabei, die Situation möglichst schnell zu überwinden.

Übungen

 Stress-Inventur

Leiden Sie unter Stress? Falls ja, wodurch wird er verursacht? Welche Situationen, welche Erlebnisse setzen Sie unter negativen Stress? Was sind die Symptome?
Was fällt Ihnen spontan ein, um diesen Stress abzumildern?

 Schnelle Erholung

Wie gut können Sie sich entspannen? Wie schnell können Sie sich nach Anstrengungen erholen? Wie tun Sie das? Was sind Ihre Techniken dazu? Falls Sie noch keine haben: Welche könnten es sein?

Zusammenfassung »Negatives überwinden«

Wenn wir unsere negativen Gefühle im Zaum halten |→23, dann schaffen wir Raum für Positives. Wir beherrschen die Gefühle, nicht sie uns.
Wenn wir negativen Nachrichten |→24 nicht gestatten, uns zu vergiften, dann haben wir mehr Raum für Positives. Besonders beim Medium Fernsehen |→25 sollten wir gezielt das auswählen, was unser Glück fördert.
Vergangenes Unheil stellt einen großen Ballast dar, der uns heute behindert. Wenn wir das alte Unheil abschütteln |→26 und unseren Missetätern vergeben |→27, dann leben wir befreiter im *Hier* und *Jetzt*.
Auch unangenehme Situationen und Ärgernisse haben positive Seiten: Wir tun gut daran, das Glück im Unglück zu erkennen |→28. Wir können sogar Pech in Glück verwandeln |→29, indem wir das genaue Gegenteil dessen tun, was uns widerfahren ist.
Wir sind in der Lage, eventuellem zukünftigem Pech aktiv vorzubeugen |→30. Wir können Härtefällen |→31 und Stress |→32 besser begegnen, wenn wir gute Strategien gegen sie haben.

Positive Gewohnheiten

Mit guten Gewohnheiten und sinnvollen Ritualen ist es wie mit den meisten anderen Dingen im Leben: Aller Anfang ist schwer. Denn immer, wenn wir etwas zum ersten Mal tun, ist es noch umständlich. Wenn dann schon eine Gewohnheit daraus geworden ist, fällt es uns ganz leicht.

Herausfinden, was gut tut

Alles, was wir immer wieder tun, schleicht sich in unser Leben – die guten wie die weniger guten Gewohnheiten. Anfangs fällt es uns noch auf, doch bald schon tun wir etwas ganz automatisch, ohne es bewusst zu merken. Daher macht es Sinn, Gewohnheiten und Rituale zu entwickeln, die uns gut tun.

Wenn wir herausgefunden haben, welche Gefühle uns gut tun und wie wir sie hervorzaubern können, dann ist es ratsam, sie zu kultivieren und zu ritualisieren. Sie werden uns dann immer vertrauter.

Zu den positiven Gewohnheiten gehört auch, dass wir uns Zeiten des Rückzugs gönnen, um mit uns allein zu sein. Gestärkt und in uns selbst ruhend können wir uns nach einer solchen Pause zusammen mit anderen für gemeinsame Dinge einsetzen.

Folgende Glückswege helfen uns, positive Gewohnheiten zu entwickeln und zu kultivieren:

33 | **Positive Routinen entwickeln**
34 | **Gute Gefühle kultivieren**
35 | **Glückliche Zeiten allein**
36 | **Die Wärme der Geborgenheit**
37 | **Ordnung schafft Klarheit**
38 | **Allzeit bereit**
39 | **Wer lacht, hat mehr vom Leben**
40 | **Freundlich sein bringt Glück**

33 | Positive Routinen entwickeln

Tee und heißes Wasser – Cha-no-yu nennen die Japaner ihre Teezeremonie. Der Tee wird in einem eigenständigen kleinen Gebäude serviert, dem Teehaus. Auf dem Weg dorthin durchqueren die Gäste den Garten auf einem gepflasterten Pfad. Jeder ist festlich gekleidet. Als Geste der rituellen Reinigung spült sich jeder den Mund mit frischem Quellwasser aus und wäscht sich die Hände. Anschließend verweilen alle eine Zeitlang im Vorraum des Teehauses.

Um den Lärm des Alltags wirklich draußen zu lassen, wird nur sehr wenig gesprochen. Der Gastgeber bereitet in aller Ruhe und mit viel Sorgfalt den Tee zu. Jeder Handgriff ist geübt.

> **Praxis-Tipps**
>
> - Machen Sie sich bewusst, dass Sie schon eine Menge richtig tun.
> - Vielleicht können Sie Ihre positiven Routinen ausbauen und optimieren. Oft genug reichen schon kleine Änderungen und Ergänzungen. Experimentieren Sie etwas mit Raum, Zeit und Ablauf. Wie können Sie es noch besser machen?
> - Sie können auch ganz einfach positive Gewohnheiten aufbauen, indem Sie Negatives weglassen.

Die ganze Situation ist von Schönheit und Ruhe bestimmt. Samurais haben früher vor dem Eintreten in das Teehaus ihr Schwert auf einem Gestell unter der Dachtraufe abgelegt, um zu demonstrieren, dass der Teeraum auch ein Raum des Friedens ist. Die Teezeremonie ist eine Insel von Ästhetik, Schönheit, Ruhe und Frieden inmitten von Alltagsschmutz, Hektik und Streit. Sie ist Herzstück der japanischen Kultur und Kunst.

Rituale bauen Brücken

Mit Routine bezeichnen wir eine erlernte Fähigkeit oder Tätigkeit, die immer wieder nach gleichen Regeln abläuft. Im Anfang ist eine neue Tätigkeit noch schwierig. Durch wiederholte Übung wird sie immer einfacher. Oft geübt, läuft sie schließlich wie von selbst ab. Es ist eine Gewohnheit geworden.

Wenn es uns gelingt, Tätigkeiten und Abläufe, die uns glücklich und zufrieden machen, zu Routinen zu entwickeln, dann tun wir automatisch viel für unser Glück – ohne uns zu mühen oder viel darüber nachzudenken.

Ein weiterer angenehmer Nebeneffekt guter Gewohnheiten: Positive Routinen verdrängen negative. Warum? Wir können nicht positiv und negativ gleichzeitig sein. Das eine verdrängt das andere. Wenn wir also positive Routinen entwickeln und ausüben, dann ist da nicht gleichzeitig Raum für negative.

Eine negative Routine könnte sein, einen Tee aus dem nächstbesten Becher zu trinken. Das Ganze im Stehen oder unterwegs beim Gehen. Wir werden dann den Tee kaum genießen und würdigen können. Wenn wir uns aber angewöhnt haben, uns zum Trinken stets an einen Tisch zu setzen und eine saubere Teetasse zu benutzen, dann leitet schon das Arrangieren der Tassen den Genuss und einen kurzen Erholungsprozess ein.

> **Übungen**
>
> **Meine positiven Routinen**
> Welche positiven Routinen haben Sie bereits?
>
> **Wunsch-Routinen**
> Welche positiven Routinen hätten Sie gerne zusätzlich?
>
> **Kreativ kopieren**
> Welche positiven Routinen bewundern Sie bei anderen Menschen? Welche davon können Sie in Ihr Leben übernehmen?

34 | Gute Gefühle kultivieren

In allen Kulturen haben die Menschen Rituale entwickelt, um bestimmte Ereignisse hervorzuheben und zu unterstützen. Denken wir nur an so wichtige Angelegenheiten wie Hochzeit und Beerdigung. Mit den entsprechenden Festtagen und Ritualen sind bestimmte Kleidung, vorgegebene Abläufe, Musik und Ähnliches verbunden: Bei einer Hochzeit gibt es zum Beispiel vorher den Polterabend, das klassische weiße Kleid der Braut, das Anstecken der Ringe, die Entführung der Braut, das gemeinsame Anschneiden des Hochzeitskuchens. Bei einer Beerdigung trägt man in unserer Kultur schwarze Kleidung, der Sarg wird langsam hinabgesenkt, mit Erde bedeckt ...

Wir ziehen festliche Kleidung an, wenn wir auf einen Ball gehen. Wir begrüßen uns per Handschlag. Wir beten vor dem Essen. Unser Leben ist bestimmt von Ritualen, die uns Halt und Ruhe geben.

Das Für und Wider der Rituale

So positiv Rituale auch sein mögen, manchmal können sie auch sinnentleert und hohl sein. Das ist der Grund, warum sich in unserer Gesellschaft viele Menschen demonstrativ gegen Rituale wehren: Die Braut zieht kein weißes Kleid an, sondern einen Hosenanzug. Der halbwüchsige Sohn geht mit der Jeans in die Oper. Der Intellektuelle erscheint zum Neujahrsempfang demonstrativ ohne Krawatte. Wir tun also gut daran, unsere Rituale von Zeit zu Zeit auf ihren Sinn und Zweck zu überprüfen – und darauf, ob sie uns wirklich gut tun.

Suchen Sie sich Entwicklungshelfer

Rituale helfen und unterstützen uns auch bei unseren täglichen Verrichtungen. Sie können enorm dazu beitragen, dass wir uns wohlfühlen: Wenn der Tisch ordentlich mit sauberem Geschirr gedeckt wird, so ruft dies die Vorfreude aufs kommende Mahl hervor.

Wenn wir nach Hause kommen, ziehen wir die Straßenschuhe aus und schlüpfen in unsere Hausschuhe. Schon geht es uns besser. Wir zünden eine Kerze an, die Ruhe und Geborgenheit ausstrahlt.

Eine Routine oder ein Ritual, welches dazu beiträgt, unser Wohlbefinden und unsere Zufriedenheit zu steigern, gilt es zu pflegen

Praxis-Tipps

- Spitzensportler haben oft sehr präzise Rituale vor einer bestimmten Handlung: Der Tennisspieler Ivan Lendl hatte immer eine Handvoll Sägespäne in den Hosentaschen. Diese dienten zum Aufsaugen von Schweiß an den Händen und am Schläger. Vor dem Anspiel ließ er den Ball immer exakt dreimal auftippen. Viele Fußballspieler legen sich den Ball vor dem Freistoß oder Elfmeter auf eine bestimmte Art zurecht. Die Rituale dienen der mentalen Vorbereitung und absoluten Konzentration.

und zu kultivieren. Das Ritual unterstützt die Vorfreude und schafft die richtige Atmosphäre für tiefen Genuss. Es leitet uns dazu an, es regelmäßig auszuüben.

Entwickeln Sie deshalb Ihre eigenen positiven Rituale. Ein paar Anregungen:

- Nach Hause kommen: zuallererst den Partner umarmen, einander ansehen und danach fragen, wie es dem anderen geht.
- Nach Hause kommen: Berufskleidung gegen Freizeitkleidung wechseln. Gemeinsam Tee oder Kaffee trinken.
- Immer freitagabends in die Sauna gehen.
- Mahlzeiten immer am Tisch einnehmen. Den Tisch dafür komplett eindecken mit Besteck und Servietten. Fernsehen und Radio ausschalten.
- Morgens gemeinsam in Ruhe frühstücken und sich miteinander positiv auf den Tag einstimmen.

Übungen

 Der große Schatz

Überlegen Sie und machen Sie sich Notizen dazu in Ihrem Glückstagebuch: Welche positiven Gefühle können Sie mit großer Wahrscheinlichkeit selbst hervorrufen? Diese Gefühle sind fast immer mit Ritualen verbunden. Beispiele:
- Beim Lesen ziehe ich mich in meine Leseecke zurück und bin ganz ungestört.
- Sonntagmorgens gönne ich mir ein Frühstück mit viel frischem Obst, klassischer Musik und ganz viel Zeit.
- Ich fühle mich richtig glücklich, wenn ich ein neues Rezept ausprobiere.

 Fehlzündungen

Welche positiven Gefühle können Sie manchmal hervorrufen, aber nicht immer? Finden Sie heraus, was dann vielleicht fehlt.

 Störfaktoren eliminieren

Welche positiven Gefühle können Sie in Gang setzen, die dann aber gelegentlich oder oft gestört werden? Manchmal reicht es aus, ein Detail durch ein anderes zu ersetzen, um die gewünschte Wirkung zu erzielen und sich die schönen Gefühle zu erhalten.

 Gute Helfer

Welche Menschen können Sie bei Ihren Ritualen unterstützen? Partner, Familie, Freunde, Kollegen ...?

 In Stimmung bringen ...

Wie können Sie gewünschte Stimmungen unterstützen: etwa mit schönem Licht, einem angenehmen Duft, leiser Musik ...?

 Dinge

Welche Gegenstände können Sie bei bestimmten Ritualen unterstützen? Können Sie die Gegenstände in einer bestimmten Art anordnen?

 Zeit und Raum

Gibt es Zeiten und Orte, die am besten für das Ritual geeignet sind?

- Sport zu festgelegten Zeiten planen und ausführen. Alleine, mit anderen oder im Verein.
- Sich viel Zeit nehmen nach dem Baden. Creme oder Körperöl genießen.
- Ein festes Ritual werden lassen: den Spaziergang am Sonntagnachmittag.
- Immer donnerstags ins Kino gehen.
- Einen wöchentlichen Stammtisch mit Freunden einrichten.
- Ein Lese-Ritual kreieren: zum Lesen immer das Leselicht einschalten, den Tee oder Rotwein auf den Beistelltisch stellen, die Füße hochlegen.
- Morgens gleich nach dem Aufstehen täglich 15 Minuten meditieren oder eine Atemübung zum Aufwachen praktizieren.
- Jeden Abend vor dem Schlafengehen Glückstagebuch führen.
- Den Tag ganz bewusst entspannt ausklingen lassen.
- Morgens lange genug schlafen. Mindestens genauso erholsam: auch abends immer zur gleichen Zeit ins Bett gehen.

35 | Glückliche Zeiten allein

»Der Mensch ist ein Gemeinschaftstier«, hat ein unbekannter Zeitgenosse einmal gesagt. Von der menschlichen Entwicklung her gesehen ist das auch richtig. Unsere Vorfahren konnten nur überleben, wenn sie sich in einer Horde gegenseitig unterstützten.

Aus der Horde ist im Lauf der Jahrtausende die Familie entstanden. Großfamilien, in denen drei Generationen eng zusammenleben, sind heute eine Seltenheit. Die Tendenz geht immer mehr in Richtung Alleinsein: In Universitätsstädten wie Aachen oder Münster leben mehr als die Hälfte der Einwohner in Single-Haushalten.

Das Allein-Sein, das Allein-Leben-Wollen ist offensichtlich ein Bedürfnis. Gleichzeitig sehnt sich fast jeder Single nach einem Partner. Die Partner-Börsen im Internet haben Hochkonjunktur. Irgendetwas scheint an der ganzen Konstellation nicht zu stimmen.

Allein oder einsam?

Keiner möchte einsam sein. Viele Singles haben schon während der Woche Angst vor dem nächsten Wochenende. Sie arrangieren alle möglichen Treffen, Verabredungen, Termine, um am Wochenende ja nicht einsam zu Hause zu hocken. »Da lebe ich lieber allein«, hört man trotzdem häufig. Vielen scheinen bei der Abwägung »mit Partner« (und Kompromissen) oder »allein« (und »frei«) die letztere Variante zu bevorzugen. Die Krux scheint im Entweder-oder zu liegen. Und die Lösung? Besteht darin, dass wir uns Zeiten der Gemeinsamkeit und Zeiten des Allein-Seins gönnen. Wir brauchen Zeiten der Geborgenheit in einer Gemeinschaft und dann auch wieder Zeiten, in denen wir uns zurückziehen können und ganz mit uns allein sind. Mit dieser Erfahrung können wir dann wieder gestärkt und selbst-bewusst zurück in die Partnerschaft oder Gruppe gehen.

Kluge Paare versuchen das Bedürfnis des Allein-Seins zu berücksichtigen. Das fängt mit einem eigenen Raum in der Wohnung oder im Haus an. Dieser Raum sollte ganz dem »Besitzer« gehören. Alles in diesem Raum entscheidet dieser Besitzer ganz allein: die Ausstattung, den Gebrauch. Die anderen Familienmitglieder sind dort »Gäste«. So ist das Allein-Sein eine Kraft- und Glücksquelle für alle.

Praxis-Tipps

- Unterscheiden Sie Einsamkeit und Allein-Sein.
- Wenn Sie in einer Partnerschaft leben: Treffen Sie klare Absprachen mit Ihrem Partner über gemeinsame und getrennte Aktionen und Handlungen.
- Schaffen Sie sich Zeiten für sich allein. Akzeptieren Sie ebenso selbstverständlich, dass auch Ihr Partner mal allein sein möchte.

Übungen

Zeiten mit anderen – Zeiten alleine

Was tun Sie gerne in einer Gruppe? Was lieber in einer Partnerschaft? Und was machen Sie am liebsten alleine?

 Glückliches All-ein(s)-sein

Dies ist vor allem eine Übung für Menschen, die fast nichts allein tun, sondern immer andere Menschen um sich herum brauchen:
Suchen Sie sich für heute oder die nächsten Tage eine etwas längere Zeit aus, in der Sie ganz allein sind. Versuchen Sie, diese Zeit ganz bewusst möglichst angenehm für sich zu gestalten – seien Sie sich ein guter Gefährte.

36 | Die Wärme der Geborgenheit

Wenn wir an einem kalten Winterabend ein Kaminfeuer entzünden, fühlen wir uns geborgen. Der Grund dafür: In solchen Handlungen und Empfindungen schwingen noch die Empfindungen und Motive unserer Vorfahren mit, die sich mit dem Feuer in ihren Höhlen Wärme verschafften und gleichzeitig die gefährlichen Tiere fernhielten.

Besonders wohltuend ist die Geborgenheit in einer überschaubaren Gruppe von Menschen, denen wir absolut vertrauen.

Positive Gewohnheiten

Geborgen sein heißt, sich ganz sicher zu fühlen, geschützt zu sein vor feindlichen Bedrohungen. Geborgen zu sein heißt in unserer Sprache auch so viel wie »gerettet«. Menschen, die von einer Lawine verschüttet wurden, werden geborgen. Ein im Meer versunkener Schatz ebenso.

Geschützte Räume schaffen

Es ist ganz wichtig für uns, dass wir uns ab und zu an vertraute Plätze zurückziehen können, die uns völligen Schutz bieten, an denen wir uns ganz sicher fühlen. Öffentliche Räume können diesen Schutz kaum vermitteln. Dort können jederzeit andere Menschen auftauchen, die wir nicht kennen. Selbst wenn sie uns wohlgesinnt sind, können wir nicht völlig entspannt sein, denn immer gilt es, erst einmal die Vertrauenswürdigkeit zu prüfen.

Das ist der Grund, warum sich viele Menschen lieber mit ihrem eigenen Auto durch den Stadtverkehr quälen, als die öffentlichen Verkehrsmittel zu benutzen. Im eigenen Auto fühlen wir uns sicher. In der U-Bahn fühlen wir uns unbehaglich, weil uns zu viele unbekannte Menschen nahe kommen – oft zu nahe. Es wäre schön, wenn Stadtplaner, Architekten und Designer diese menschlichen Bedürfnisse und Sehnsüchte bei der Gestaltung von öffentlichem Raum, Verkehrsmitteln und Ähnlichem viel stärker berücksichtigen würden.

Wir können eine Menge tun, um unseren Hunger nach Geborgenheit zu stillen. Wir können uns Räume schaffen und uns mit Menschen umgeben, die uns Schutz und Wärme bieten.

Praxis-Tipps

- Berücksichtigen Sie immer die Menschen in Ihrer Umgebung. Beteiligen Sie sie.
- Akzeptieren Sie, dass auch andere Menschen ihre Geborgenheit brauchen.
- Schaffen Sie sich Rückzugsmöglichkeiten: Ecken, Nischen.
- Achten Sie auf Farbe und Licht. »Warme« Farben (Rot, Orange) sind besser geeignet als »kalte« Farben (Blau, Grün).
- Wenn Sie an Orten sind, wo Sie sich geborgen fühlen: Was macht die Geborgenheit aus? Finden Sie die entscheidenden Faktoren heraus.

Übungen

 Geborgenheit zu Hause

Wie können Sie Ihre Wohnung zu einem Ort der Geborgenheit entwickeln? Welcher Raum strahlt jetzt alles andere als Geborgenheit aus und verdient besondere Beachtung?
Wenn Sie in Gemeinschaft leben: Wie können Sie den oder die anderen einbeziehen?

 Geborgenheit am Arbeitsplatz

Wie können Sie an Ihrem Arbeitsplatz Geborgenheit schaffen?
Wie können Sie dort Ihr Wohlgefühl steigern?
Wie können Sie Ihre Kollegen, Mitarbeiter und Vorgesetzten einbeziehen?

Die Glücksdatenbank

Ruut Veenhoven ist Soziologieprofessor an der Erasmus-Universität in Rotterdam. Er ist einer der weltweit führenden Glücksforscher. Veenhoven sammelt seit Jahrzehnten Untersuchungen und Studien über das Glück und die Lebenszufriedenheit der Menschen auf diesem Planeten. Ihm steht das große Verdienst zu, eine einzigartige Datensammlung angelegt zu haben: die so genannte World Database of Happiness. Inzwischen umfasst die Sammlung über 3 000 Umfragen und über 10 000 Studien. Veenhoven stellt die World Database of Happiness (Link siehe Anhang Seite 185) allen Forschern und Interessierten über das Internet zur Verfügung.

Ging man noch vor ein paar Jahrzehnten davon aus, dass Glück nicht messbar sei, so weiß man heute, dass sich das subjektive Glücksempfinden sehr gut messen lässt. Dies ist die Basis für zahlreiche Umfragen und Studien. Als Soziologe ist Professor Veenhoven vor allem daran interessiert, welche Faktoren unser Glück beeinflussen. Durch eigene Forschungen und Vergleiche anderer Forschungsergebnisse hat er Folgendes herausgefunden:

Unterschiede zwischen Männern und Frauen
Es gibt kaum messbare Unterschiede im Glücksempfinden von Frauen und Männern generell. Im Altersverlauf sieht es etwas anders aus: Jüngere Frauen sind meist etwas glücklicher als jüngere Männer. Dafür sind ältere Männer meist etwas glücklicher als ältere Frauen.

Glück, eine Altersfrage?
Prinzipiell sind in den meisten Ländern Junge und Alte gleich glücklich. Aber im Altersverlauf zeigt sich eine leicht durchhängende Kurve (leichte U-Form): Meist sind wir in der Jugend und im Alter glücklicher als in der Lebensmitte. In der Lebensmitte drücken oft einige Lasten: Die Kinder sind zu versorgen, der Beruf fordert die volle Leistung, und durch Hauskauf und Ähnliches hat man sich finanziell verpflichtet.

Verheiratet oder Single
Verheiratete Menschen und solche, die in einer festen Partnerschaft leben, sind etwas glücklicher als unverheiratete oder geschiedene.

Kinder – das Glück auf Erden?
Kinder stellen für viele Eltern eine enorme Belastung und Freiheitseinschränkung dar. So sind Eltern mit kleinen Kindern meist etwas weniger glücklich als kinderlose Erwachsene.

Ausbildung
Menschen mit einer Berufsausbildung sind glücklicher als solche ohne.

Berufe mit Freiheit
Berufe, die ein gewisses Maß an Freiheit gewähren, machen glücklicher als Berufe, deren Tagesablauf streng reglementiert ist. So sind beispielsweise Lastwagenfahrer glücklicher als Angestellte und Journalisten im Schnitt glücklicher als Lehrer.

Intelligenz
Die Höhe des Intelligenzquotienten hat kaum einen Einfluss auf das persönliche Glück.

Aussehen
Schöne und weniger schöne Menschen sind in etwa gleich glücklich. Ein Einfluss ist kaum messbar.

Die soziale Position
Menschen in sozial vorteilhaften Positionen haben mehr Freude am Leben.

Gesundheit und Energie
Menschen sind glücklicher, wenn sie in guter physischer Verfassung sind und sich gesund und voller Energie fühlen.

Einkommen
Die Höhe des Einkommens beeinflusst entgegen landläufiger Meinung das Glück kaum. Davon ausgenommen sind Menschen in armen Ländern, in denen der Lohn kaum zum Überleben reicht: Hier ist das Einkommen als Faktor fürs Glück sehr wichtig.

Religion
Es hängt von den Umständen ab, ob religiöse Menschen glücklicher sind. Dort, wo die Kirchen einen unterstützenden Charakter haben, wie in den USA, sind religiöse Menschen etwas glücklicher als nicht religiöse Menschen. In anderen Staaten, wie zum Beispiel den Niederlanden, sind solche Effekte nicht nachzuweisen.

Freiheit
Freiheit ist ein wichtiger Glücksfaktor. In freien westlichen Gesellschaften ist das für uns eine Selbstverständlichkeit. Aber Menschen, die keine oder nur wenig Freiheit haben, fühlen sich signifikant unglücklicher als Menschen in freien Gesellschaften.

Demokratie und Behörden
Eine gute funktionierende Demokratie und Behörden, die die Menschen nicht gängeln, tragen zum Glücksgefühl bei. Wichtig für das Glücksempfinden der Bürger sind stabile und verlässliche Umgebungen.

37 | Ordnung schafft Klarheit

In einem durchschnittlichen deutschen Haushalt befinden sich 20.000 bis 25.000 Gegenstände. Jeder Gegenstand wurde gekauft, in die Wohnung oder das Haus geschleppt, will irgendwo untergebracht und gepflegt werden. Wir versprechen uns von jedem Gegenstand ein Mehr an Zufriedenheit oder Glück. Aber werden die Dinge diesem Wunsch gerecht?

Ohne Zweifel gibt es Gegenstände, die uns das Leben erleichtern, die es angenehmer machen. Der Staubsauger ist so ein Ding. Aber muss es auch noch ein batteriebetriebener Tischstaubsauger sein, der mit lautem Getöse ein paar Brotkrümel aufsaugt? Oder wäre nicht das bewährte Tischtuch die bessere Alternative?

In vielen Haushalten gibt es eine solche Fülle von Trödel, Ramsch und Kram, dass es ein Wunder ist, wie manche Menschen es überhaupt noch schaffen, durch ihre Wohnungen zu kommen. Die Kleiderschränke sind bis auf den letzten Zentimeter gefüllt mit Klamotten, alle Schubladen sind bis obenhin voll mit allem möglichen Kram, vom dem keiner mehr weiß, wozu er gut ist.

Dinge binden Ihre Energie

Ständig müssen neue Regale, Schubladensysteme und Container her, um alles unterzubringen. Aber all die Gegenstände haben eine fatale Wirkung: Sie binden unsere psychische Energie, sie fordern unsere Aufmerksamkeit, erfordern Zeit und Geld. Das fängt schon bei der Beschaffung an. Wir arbeiten lange und hart dafür, Geld zu bekommen. Dann gehen wir auf Shoppingtour. Wir vergleichen, holen Angebote ein, fahren Dutzende Kilometer von Baumarkt zu Baumarkt, um irgendetwas 1,83 Euro billiger zu bekommen. Wer dabei auch noch die Jagd auf »das Beste« eröffnet, hat dann noch mehr Glücksverluste, als wenn er sich mit »gut genug« abfinden würde → 4 | S. 46 f.

Zu Hause will der neue Gegenstand untergebracht werden. Er ist zu pflegen, er kann zerbrechen oder gestohlen werden. Wird er altmodisch oder unbrauchbar, ist er zu entsorgen. Auch das kostet wieder Geld.

Praxis-Tipps

- Misten Sie Ihren gesamten Haushalt mal komplett aus. Dazu gibt es ganz hervorragende Anleitungen (siehe Literaturempfehlungen auf Seite 187). Fangen Sie klein an.
- Überlegen Sie vor jedem Kauf, ob Sie den Gegenstand wirklich brauchen. Brauchen Sie tatsächlich einen siebten Regenschirm, auch wenn er toll aussieht? Brauchen Sie wirklich einen elektrischen Dosenöffner, oder essen Sie sowieso lieber frisches Gemüse?
- Nutzen Sie Dinge ohne sie zu kaufen. Mieten oder leihen ist oft eine sinnvolle Alternative. Brauchen Sie wirklich im Flachland Schneeketten oder sollten Sie lieber am Tag des großen Schneefalls mit dem Taxi fahren?

Weniger ist mehr

Jeder Gegenstand, der uns umgibt, erfordert unsere Aufmerksamkeit. Das ist der Hauptgrund dafür, dass im japanischen Zen die Dinge sehr einfach sind. Die Räume sind im Wesentlichen leer. Das erschreckt uns Europäer im ersten Moment. Aber nach einiger Zeit fühlen wir in diesen Räumen, dass sie sehr angenehm sind. Die großen freien Flächen lassen unseren Geist aufblühen. Wir können unsere Gedanken auf die Wände projizieren, anstatt uns von billigen Kunstdrucken, Postern oder Souvenirs aus dem letzten Schwarzwaldurlaub ablenken und verwirren zu lassen.

Wenn Sie Ordnung in all Ihre Unterlagen bringen, dann werden Sie zunehmend ein Gefühl der Klarheit bekommen. Sie können sich einfacher entscheiden. Sie lassen sich weniger ablenken und stören. Sie verspüren ein Gefühl der Leichtigkeit. Und dies trägt zweifelsohne zu Ihrem Glück bei.

Weitere Vorteile einer Ordnung und eines »Weniger ist mehr«: Sie sparen eine Menge Geld und Zeit.

Übungen

 Die berühmte Packliste für die Insel

Welche zehn Gegenstände (zehn ist schon ein großzügiges Angebot!) würden Sie mitnehmen, wenn Sie für sechs Monate auf eine einsame Insel gehen würden?

 Abgebrannt?

Ein Gedankenspiel: Sie erfahren gerade, dass Ihre Wohnung oder Ihr Haus vollständig abgebrannt ist. Den Schaden ersetzt die Versicherung komplett. Was würden Sie jetzt tun? Was würden Sie neu kaufen? Was würden Sie nicht mehr ersetzen?

 Weg damit!

Gehen Sie jetzt durch Ihre Wohnung oder Ihr Büro und trennen Sie sich von mindestens einem Gegenstand. Wie geht es Ihnen dabei?

38 | Allzeit bereit

Ein Karatekämpfer ist jederzeit bereit, einen, zwei, vielleicht sogar noch mehr Angreifer abzuwehren. Er ist hellwach, aber nicht nervös. Er ist konzentriert, aber nicht verkrampft. Er ist entspannt, aber nicht nachlässig. Er ist auch bereit, zu jedem Zeitpunkt anzugreifen.

Diese Fähigkeiten hat der Karatekämpfer in harten Trainingsstunden erarbeitet. Vorausgegangen sind Tausende Übungen und Hunderte Stunden der Aufmerksamkeit. Körperlich muss er topfit sein. Jede Nachlässigkeit und jede Unaufmerksamkeit wird vom Gegner gnadenlos ausgenutzt und bedeutet wahrscheinlich die sofortige Niederlage.

Auch die Pfadfinder pflegen das Motto »Allzeit bereit«. Ihr Gründer Baden-Powell schrieb in seinem Abschiedsbrief: »Seid allzeit bereit, um glücklich zu leben und glücklich zu sterben.«

Die Haltung des Karatekämpfers oder des Pfadfinders sind auch eine gute Alltagshaltung für uns. Wenn wir bereit sind, Chancen wahrzunehmen oder die Initiative zu ergreifen, dann geht es uns gut. Wir verfügen dann über ein hohes Maß an Handlungsalternativen. Wenn wir uns dagegen als Spielball der bösen Welt verstehen, dann haben wir ein Problem.

Ordnung ist der Anfang

Die erwähnte Ordnung →37 | S. 110 f. ist die Voraussetzung dafür, allzeit bereit zu sein. Solange wir in räumlicher oder geistiger Unordnung leben, werden wir ständig vom Wesentlichen abgelenkt. Wir erleben dann immer wieder unliebsame Überraschungen und sind nicht Herr der Lage, sondern reagieren nur noch. Wer allzeit bereit ist, kann sowohl angemessen agieren als auch reagieren.

Praxis-Tipps

- Nehmen Sie die innere Haltung eines Karatekämpfers oder eines Pfadfinders ein.
- Praktizieren Sie ein gutes Selbstmanagement wie »getting things done«.
- Beseitigen Sie alles, was Sie ablenkt.

Der Amerikaner David Allen hat dafür ein Selbstmanagement entwickelt, welches den Kämpfer mit dem schwarzen Gürtel zum Vorbild hat. David Allen nennt das System »Getting Things Done« – abgekürzt GTD. Das gleichnamige Buch ist auch in Deutsch erschienen unter dem Titel: »Wie ich die Dinge geregelt bekomme« (siehe Literatur im Anhang, ab Seite 184). Ich kann das Buch und die Methodik wärmstens empfehlen. Man lernt, all das, was man in sein Leben gelassen und zu dem man sich verpflichtet hat, zu

Übungen

 Kampftag

Gehen Sie zu einer Kampfsportveranstaltung: Karate, Judo, Aikido. Schauen Sie sich die Kämpfer genau an. Alternativ können Sie sich einen guten Film auf DVD ansehen. Besonders empfehlenswert: der Film »Hero« von Zhang Yimou.

 Auslandsaufenthalt

Stellen Sie sich vor, Sie lernen eine reichen Amerikaner kennen, der Sie einlädt, ein halbes Jahr zu ihm in die USA zu kommen. Für Unterkunft und Verpflegung ist gesorgt. Würden Sie die Einladung annehmen? Ist Ihr bisheriges Leben darauf eingerichtet?

 Krankenhausaufenthalt

Stellen Sie sich vor, Sie erleiden einen Unfall und müssen für einen Monat in die Klinik. Sind Sie darauf eingerichtet oder bricht alles zusammen?

Positive Gewohnheiten

erfassen. Dann trifft man ganz bewusst klare Entscheidungen zu den einzelnen Verpflichtungen und sorgt dafür, dass die Dinge zum richtigen Zeitpunkt durchgeführt und erfolgreich abgeschlossen werden. David Allen nennt dies: »stressfreie Produktivität«.

39 | Wer lacht, hat mehr vom Leben

Charles Spencer Chaplin Jr., besser bekannt als Charlie Chaplin, hat mit seinen Filmen Millionen von Menschen zum Lachen gebracht. Er legte großen Wert auf Humor und prägte den wichtigen Satz: »Ein Tag ohne Lachen ist ein verlorener Tag!«

Lachen und Humor wirken sich in zweierlei Hinsicht positiv aus: Erstens geht es uns sofort besser, wenn wir etwas zu lachen haben. Zweitens stärkt das Lachen unser Immunsystem. Schon der Volksmund sagt: »Lachen ist gesund.«

Lachen – kein Kinderkram!

Kinder lachen bis zu 400-mal am Tag. Erwachsene nur noch bis zu 15-mal. Wer hat uns in den Jahren bis zum Erwachsensein das Lachen abgewöhnt – oder besser verleidet?

Praxis-Tipps

- Sammeln Sie gute Witze. Das Sammeln selbst macht schon fröhlich. Und Sie sind in der Lage, bei guter Gelegenheit einen zum Besten zu geben.
- Schauen Sie sich witzige Filme an. Sie werden sich anschließend garantiert besser fühlen als nach einem Drama.
- Besuchen Sie Kabarett- oder Comedy-Veranstaltungen.
- Schaffen Sie im Familienkreis eine humorvolle Atmosphäre.
- Nehmen Sie Humor mit in Ihre Arbeit.
- Bringen Sie Ihre Telefonpartner zum Lachen.

Übungen

Heute wird gelacht
Bringen Sie heute einige Menschen zum Lachen – und lachen Sie selbst auch!

Lachendes Programm
Welche humorvollen Fernsehsendungen gibt es in den nächsten Tagen? Tipp: Das Kinderprogramm nicht vergessen! Nach dem Sehen: Wie ist es Ihnen damit ergangen?

Witzige Überraschung
Überraschen Sie Ihren Partner, Kollegen oder den Chef mit einer witzigen Sache.

»Sei nicht so albern!«, sagen die Eltern zu dem Kind. »Jetzt aber mal im Ernst!«, sagen die Erwachsenen. Und vertun dabei die große Chance, das Leben leichter zu nehmen. Sie vergessen dabei auch, dass Humor beflügelt und die Phantasie ankurbelt.

Und Lachen verbindet: Wir können für uns allein lachen, wenn wir etwas Witziges lesen oder hören. So richtig Spaß macht das Lachen aber miteinander. Ein Kollege erzählt einen guten Witz, der Sohn macht eine witzige Bemerkung beim gemeinsamen Abendessen, oder wir brüllen alle vor Lachen im Kino.

Lachen verbindet über alle Kulturen hinweg. Wir haben vielleicht in manchen Situationen Schwierigkeiten, einen anderen Menschen zu verstehen, aber wenn er lacht, wissen wir, dass alles bestens ist.

40 | Freundlich sein bringt Glück

Die amerikanische Talkshow-Masterin und Unternehmerin Oprah Winfrey gestaltet seit Jahren die erfolgreichste Talkshow im amerikanischen Fernsehen, »The Oprah-Winfrey-Show«. Vor ein paar Jahren startete sie in der Show eine fantastische Aktion: die Freundlichkeits-Kette (Kindness-Chain).

Praxis-Tipps

- Lächeln Sie oft und viel.
- Lassen Sie an der Supermarktkasse jemanden vor.
- Sagen Sie einem Menschen einfach so ein paar freundliche Worte oder ein außergewöhnliches Lob.
- Helfen Sie jemandem.
- Erfüllen Sie die Bitte eines anderen.
- Bezahlen Sie die abgelaufene Parkuhr für jemanden, den Sie nicht kennen.

Die Spielregeln sind ganz einfach: Sie erweisen anderen Menschen einen Gefallen, über den diese Menschen sich so sehr freuen, dass sie sich unbedingt bedanken möchten. Der Dank soll aber nicht zu Ihnen zurückkommen, sondern durch eine freundliche Handlung an eine dritte Person weitergegeben werden. Diese Person soll dann wieder das Gleiche tun und so weiter. Auf diese Art und Weise entsteht eine Freundlichkeits-Kette. Würden sich alle an die Spielregel halten, würde sich eine Freundlichkeits-Kette um die ganze Welt spannen. In der Oprah-Winfrey-Show berichten Menschen regelmäßig begeistert davon, was sie anderen Positives »angetan« haben und umgekehrt, was andere ihnen »angetan« haben.

Freundlich sein ist ganz einfach

Ein Lächeln verzaubert. Wenn jemand freundlich zu uns ist, bekommen wir sofort gute Laune. Lächeln steckt einfach an: Lächeln Sie den größten Griesgram an, und er kann nicht anders als zurückzulächeln.

Der Mann hat Ärger im Job, er kommt nach Hause und schlägt seine Frau, diese schlägt die Kinder, die treten den Hund, und der beißt den Briefträger.

Unfreundlichkeit und Gewalt pflanzen sich in einer Kette fort. Das ist die schlechte Nachricht. Die gute Nachricht ist, dass sich Freundlichkeit genauso fortpflanzen kann. Werde ich freundlich behandelt, dann bin ich bester Laune. Dann bin auch ich freundlich – und so fort.

Wer freundlich ist, hat gleich doppeltes Glück: Erstens ist da das tiefe gute Gefühl, etwas Positives für andere getan zu haben. Zweitens kommt die Freundlichkeit fast immer direkt zurück.

Rein egoistisch betrachtet, lohnt es sich also, freundlich zu sein. Wenn wir uns selbst etwas Gutes tun wollen, brauchen wir nur freundlich zu anderen zu sein. Fast zu einfach, um wahr zu sein.

Übungen

 Freundlich, 3x täglich
Seien Sie heute zu mindestens drei Menschen sehr freundlich. Ernten Sie die positiven Reaktionen.

 Lächeln ist ansteckend
Wen können Sie heute zum Lächeln bringen? Und dann: Tun Sie's!

 Freundliche Mitmenschen
Überlegen und notieren Sie doch mal: Wer war heute besonders freundlich zu Ihnen?

Wer eine ehrliche, zugewandte Freundlichkeit zu seinem Prinzip erhebt, der entwickelt sich mit der Zeit immer mehr zu einer freundlichen Person oder noch besser: zu einer freundlichen Persönlichkeit. Er wird von seinen Mitmenschen viel Achtung, Respekt und Wohlwollen ernten und sich dadurch selbst auch immer besser finden.

Zusammenfassung »Positive Gewohnheiten«

Wenn wir positive Routinen entwickeln I→33 und die daraus entstehenden guten Gefühle kultivieren I→34, schaffen wir uns im Alltag immer wieder Glücksinseln.
Manchmal tut es ganz gut, eine Zeit lang allein zu sein I→35, in uns hineinzuhorchen und so wieder Kraft zu tanken.
Um uns sicher und geborgen I→36 zu fühlen, brauchen wir ein wohltuendes Umfeld.

Unordnung lenkt uns ab und erzeugt Stress, Ordnung schafft Klarheit I→37 in unserem Leben. Und wer mit einem wasserklaren Geist durch das Leben läuft, ist allzeit bereit I→38, neue Chancen wahrzunehmen.
Wer lacht, hat bekanntlich mehr vom Leben I→39, und Humor ist die beste Medizin. Wer zu anderen freundlich ist I→40, wird auch viel Freundlichkeit ernten.

Die Freuden des Körpers

Ein köstliches Mahl, ein guter Tropfen, zärtliche Berührungen, Sex: Wir kennen alle die Freuden, die sinnliche Genüsse auslösen - und die Verbindungen zwischen unserem Körper und dem Glück. Die Wissenschaftler haben entdeckt, wie es genau funktioniert und wie wir die zarten Bande zwischen Körper und Seele nutzen können.

Das wirkliche Paradies

Das Nachdenken über das Glück, über seine Ursprünge und darüber, wie wir es fördern können, ist so alt wie die Menschheit selbst. Seitdem Forscher und Mediziner immer bessere Messinstrumente zur Verfügung haben, kommen sie dem Ursprung des Glücks nach und nach genauer auf die Spur. Unser Körper – genauer: unser Gehirn – ist die Quelle des Glücks. Die richtige Dosierung von Neurotransmittern lässt uns das wohlige Gefühl des Glücklichseins erleben.

Die Vorstellungen vom Paradies verbinden viele Menschen mit Folgendem: Man braucht nie mehr zu arbeiten, kann den ganzen Tag faul herumliegen, und die gebratenen Hühnchen fliegen einem direkt in den Mund.

Diese Art von Paradies wäre aber die reinste Hölle. Wir würden wahrscheinlich darin ganz schnell depressiv werden. Faulheit lässt den Körper träge und müde werden. Die Glück bringenden Neutransmitter Dopamin und Serotonin bleiben aus (siehe auch Interview ab Seite 15). In unserem Gehirn entsteht das Gefühl von Langeweile und Leere.

Das wahre Paradies ist anders: Bewegung und körperliche Aktivität belohnt unser Körper sofort mit guten Gefühlen. Herausforderungen spornen uns an und beflügeln unseren Geist.

Folgende Glückswege haben direkt mit unserem Körper zu tun:

41 | **Die fantastische Grundausstattung**
42 | **Bewegen: mäßig, aber regelmäßig**
43 | **Vom Heilen zur Prophylaxe**
44 | **Der Lohn der Aktivität**
45 | **Aller Anfang ist schwer**
46 | **Guter Schlaf wirkt Wunder**
47 | **Kraftspender Meditation**
48 | **Sex, Lust und Leidenschaft**

41 | Die fantastische Grundausstattung

Wir alle haben bei unserer Geburt eine Grundausstattung geschenkt bekommen, die es uns ermöglicht, Freude und Glück in hohem Maße zu empfangen und zu empfinden. Der Körper ist sozusagen der Motor des Glücks und häufig auch dessen Quelle. Sobald wir uns bewegen, beginnt der Körper Endorphine auszuschütten. Wir werden also unmittelbar belohnt. Ob wir uns streicheln, küssen oder Sex miteinander haben: Immer sind es die Neurotransmitter, die in unserem Kopf für die guten Gefühle sorgen. Egal, ob wir Sport treiben, köstliche Speisen zu uns nehmen oder mit einem Partner intim sind: Der Körper ist dabei die unmittelbare Quelle für Glück und Zufriedenheit.

Der Motor des Glücks

Unser Körper kann aber auch noch auf andere, vielfältige Weise zum Motor für Glück oder Unglück werden: Ausreichendes Licht sorgt dafür, die die Ausgangsstoffe für Neurotransmitter in ausreichender Menge vorhanden sind. Fehlt Licht, wie in den Wintermonaten, so werden manche Menschen depressiv.

Jüngste Forschungsergebnisse belegen, dass ausreichende körperliche Bewegung Krankheiten aufhalten und sogar heilen kann. Bewegen wir uns dagegen zu wenig, so altern wir schneller als notwendig. Der Philosoph Arthur Schopenhauer fasste die zentrale Erkenntnis zur Gesundheit in die Worte: »Gesundheit ist nicht alles. Aber ohne Gesundheit ist alles nichts.« (weitere Informationen siehe Anhang ab Seite 184).

Übungen

 Abschied von Ungesundem

Verabschieden Sie sich von Sachen, die Ihrem Körper nicht gut tun oder ihn sogar schädigen. Beispiele:
- Ungesundes Fett im Kühlschrank.
- Der Schreibtischstuhl, der immer wieder Rückenschmerzen verursacht.
- Zu enge oder unpassende Schuhe.
- Zu enge oder unbequeme Kleidung.

Falls Sie Bedenken haben sollten, weil die Sachen ja irgendwann einmal Geld gekostet haben und auch immer noch etwas wert sind: Ist es das Ding wert, dass Sie Ihrem Körper damit schaden?

 Heute ist ein Freudentag

Gönnen Sie sich heute etwas Besonderes für Ihren Körper:
- Streicheln
- Massage
- ein wohliges Bad
- Maniküre
- Fußpflege
- Besuch bei der Kosmetikerin
- einen ausgiebigen Mittagsschlaf
- einen entspannten Spaziergang …

Egal was: Genießen Sie es tief und ausgiebig.

 Gesunde Zukunft

Was können Sie für Ihren Körper in der nächsten Zeit tun? Schreiben Sie auf, was die Voraussetzungen dafür sind, ob es Sie etwas kostet und wenn ja, wie viel.
Beispiele:
- Bei gutem Wetter mit dem Fahrrad zur Arbeit. Voraussetzung: Fahrrad in Ordnung bringen. Transport der Aktentasche. Sonst keine Kosten
- 1-mal wöchentlich in die Sauna, jeweils 12 Euro.
- Jeden Abend ein kurzer Spaziergang: kostenlos!

> **Praxis-Tipps**
>
> - Ihr Auto bekommt jeden Samstag eine Wäsche, regelmäßig Inspektionen und kommt alle zwei Jahre zum TÜV. Wie sieht es mit Ihrem Körper aus? Sie haben nur diesen einen!
> - Beobachten Sie, wie andere Menschen ihren Körper sorgfältig pflegen und erhalten.
> - Suchen Sie sich Vorbilder in punkto Körperpflege.

42 | Bewegen: mäßig, aber regelmäßig

Bewegung ist ein einfacher und schneller Zugang zum Glück. Unser Körper scheint uns unmittelbar für Bewegung zu belohnen. Wenn wir eine Zeit lang nur herumgesessen haben, stellt sich ganz automatisch ein Bedürfnis nach Bewegung ein.

Schauen Sie doch mal einem Hund zu, der nach draußen kommt und von der Leine genommen wird. Er rennt erst einmal freudig los. Nicht umsonst ist eine der schlimmsten Strafen, die Menschen über einander verhängen, das Einsperren im Gefängnis. »Hofgang« wird dort täglich nur kurz gewährt.

Bewegung hilft gegen Depression

Die Anzahl der Depressionen in unserer Gesellschaft steigt seit Jahren sprunghaft an. Depression ist eine neue Volksseuche geworden. Vielleicht hängt die Häufigkeit dieser Erkrankung auch damit zusammen, dass wir uns im Vergleich zu unseren Vorfahren viel zu wenig bewegen. Während diese früher den ganzen Tag auf dem Feld tätig waren, nehmen wir heute am liebsten den Lift, fahren mit dem Auto zur Arbeit und sitzen den ganzen Tag im Büro oder in Besprechungsräumen.

> **Praxis-Tipps**
>
> - Nehmen Sie jede Gelegenheit wahr, sich zu bewegen. Aufstehen, ein paar Schritte tun. Das tut gut.
> - Bauen Sie Bewegung in alles ein, was Sie tun.
> - Versuchen Sie, sich möglichst leicht zu bewegen. Es geht nicht um Anstrengung, sondern um Lockerheit und Eleganz.
> - Lernen Sie von Kindern.
> - Lernen Sie von Ihrem Hund oder Ihrer Katze.

Umfangreiche Tests mit Depressiven haben gezeigt, dass Bewegung mindestens genauso viel hilft wie die medikamentöse Behandlung mit Antidepressiva. Meistens ist die Bewegung sogar besser – und zudem frei von allen ungünstigen Nebenwirkungen. Daher ist das beste Mittel gegen Traurigkeit und Unwohlsein: aufstehen und sich bewegen.

Übungen

Bewegung sofort
Stehen Sie bitte gleich auf und bewegen Sie sich. Wenn es die Umstände erlauben: Gehen Sie nach draußen. Genießen Sie die Bewegung. Spüren Sie Ihren Körper.

Alltagsbewegung
Wie können Sie sich mehr bewegen? Schließen Sie Ihre Augen und gehen Sie Ihren Alltag komplett durch, vom Aufstehen bis zum Zubettgehen. Wo und wie können Sie Bewegung einfach in Ihren normalen Tagesablauf einbauen?

Meine Bewegungen
Führen Sie eine Woche lang die Liste »Meine Bewegungen«.

Beispiele:
- Morgens kräftig recken und strecken.
- Zu Fuß zum Einkaufen gehen.
- Tanzen ...

Bewegende Vergleiche
Wenn Sie unterwegs sind, schauen Sie sich einmal die Menschen genau an. Suchen Sie sich drei Menschen heraus, bei denen Sie eingeschränkte, umständliche Bewegungen sehen: mühseliges Aufstehen, schleppenden Gang. Schauen Sie sich die Gesichter der Menschen genau an. Suchen Sie sich jetzt drei Menschen, die sich beschwingt oder elegant bewegen. Schauen Sie wieder in die Gesichter. Welche Unterschiede erkennen Sie zwischen den beiden Gruppen?

43 | Vom Heilen zur Prophylaxe

Im alten China wurde der Arzt nur bezahlt, solange der »Patient« gesund war. Bei Krankheit musste der Arzt ohne Bezahlung behandeln oder sogar zusätzlich etwas bezahlen. Dies hatte zur Folge, dass der Arzt sich vor allem darum bemühte, die Leute gesund zu erhalten – Vorbeugen stand im Mittelpunkt der Behandlung. Wir machen es heute vielfach umgekehrt: Wir leben ungesund. Und wenn wir dann schließlich krank werden, gehen wir zum Arzt, um uns reparieren – pardon: heilen – zu lassen.

Die persönliche Gesundheitsreform

Schon seit vielen Jahren treiben wir in unserer Gesundheitspolitik das gleiche Spiel: Die Kosten steigen; die Politik macht eine Reform; Patienten, Ärzte und Pharmaindustrie schreien auf. Die Reform wirkt für eine kurze Zeit. Dann geht das Spiel wieder von vorn los.

Aus diesem Dilemma können wir nur entkommen, wenn wir uns das alte China zum Vorbild nehmen. Wir brauchen mehr Prophylaxe (Vorsorge) und weniger Heilung. Aber wir brauchen nicht zu warten, bis irgendwann das System eine Änderung vornimmt, sondern wir können als Teil des Systems sofort bei uns beginnen – sozusagen unsere persönliche Gesundheitsreform für uns selbst erfinden.

Sie haben bis hierhin schon eine Menge Glückswege kennengelernt, die Ihrer Gesundheit förderlich sind. Es kommen noch einige weitere dazu. Mit diesem Rüstzeug haben Sie zwar keine Garantie, vor Krankheiten gefeit zu sein, aber Sie erhöhen beträchtlich die Wahrscheinlichkeit, gesund zu bleiben. Und das funktioniert so: Wenn Sie auf Ihren Körper achten, sich ausreichend bewegen, sich vernünftig ernähren, sich ungesunden Stress vom Leib halten und ausreichend schlafen, dann gehen Sie vielen Zivilisationskrankheiten wie Übergewicht, Mangelernährung und Ähnlichem aus dem Weg. Wenn Sie dann noch ein glücklicher Mensch sind, stärken Sie Ihr Immunsystem und sind damit vor Infektionen noch besser geschützt.

Manchmal hilft es, dran zu glauben ...

Ein erstaunlicher Effekt wird immer noch zu wenig beachtet: der Placebo-Effekt. Placebo heißt auf Lateinisch »ich werde gefallen«. Es ist eine Tablette oder ein anderes medizinisches Präparat, welches keinen pharmazeutischen Wirkstoff enthält. Placebos werden hauptsächlich in der Pharmaforschung eingesetzt. Wenn ein neues Medikament entwickelt wurde, dann wird es zunächst an Tieren, später an Patienten getestet. Dazu bildet man meistens zwei Gruppen von Patienten: Die

Praxis-Tipps

- Sammeln Sie Hinweise zur Prophylaxe. Aber werden Sie nicht ängstlich.
- Schauen Sie sich kerngesunde Menschen an, vor allem ältere. Was tun die? Welchen Lebenswandel haben diese Personen?
- Machen Sie sich etwas besser mit dem Placebo-Effekt vertraut.

Übungen

 Visualisierungen

Es gibt eine Reihe guter Visualisierungstechniken. Schauen Sie sich mal in Ihrer Buchhandlung um oder suchen Sie im Internet danach (Empfehlungen finden Sie auch im Anhang ab Seite 184). Erlernen Sie eine dieser Techniken.

 Der persönliche Placebo-Effekt

Welche Vorstellungen würden Ihnen helfen, gesund zu bleiben?

erste Gruppe (Wirkstoff-Gruppe) erhält das zu testende Medikament, die zweite Gruppe (Placebo-Gruppe) erhält ein gleich aussehendes und gleich schmeckendes Präparat ohne pharmazeutischen Wirkstoff. Der Patient weiß nicht, zu welcher Gruppe er gehört. Damit die Ärzte und Pfleger durch ihr Verhalten gegenüber den Patienten nicht den Test verfälschen, wissen auch sie nicht, wer was bekommt. Das Ganze nennt man einen Doppel-Blind-Versuch.

Ein neues Medikament bekommt nur dann eine Zulassung, wenn die Wirkung sich deutlich von der des Placebos unterscheidet. Die erstaunliche Tatsache ist, dass viele Patienten der Placebo-Gruppe eine Besserung verspüren, obwohl sie gar keinen Wirkstoff bekommen haben. Auch Patienten, bei denen eine Scheinoperation am Knie durchgeführt wurde, berichteten oft von erheblichen Gesundheitsverbesserungen. Dieser Effekt wird Placebo-Effekt genannt.

Das Eiswasser-Experiment

Der britische Fernsehsender BBC sendete vor einigen Jahren eine Reihe zum Thema Glück. Darin gab es ein aufschlussreiches Experiment zu sehen. Es sollte gemessen werden, wie lange ein Mensch es aushält, seine Hand in Eiswasser zu halten.

Vor dem Experiment wurde der Glückspegel von verschiedenen Personen gemessen. Gestartet wurde mit einem jungen Mann, dessen Glückspegel relativ niedrig war. Er wurde gebeten, seine Hand in einen Behälter mit Eiswasser zu tauchen und sie so lange wie irgend möglich darin zu halten. Nur wenn er das Gefühl habe, dass es für ihn unerträglich werde, dann sollte er die Hand wieder aus dem Eiswasser nehmen.

Der junge Mann tauchte die Hand in das Eiswasser, die Zeit lief. Schon nach ein paar Sekunden verzog er sein Gesicht, als leide er große Schmerzen. Nach einiger Zeit erklärte er, es jetzt nicht mehr aushalten zu können. Er zog seine Hand aus dem Eiswasserbehälter. Die Zeit stoppte bei 32 Sekunden.

Nun sollte eine Frau mittleren Alters das gleiche Experiment mit frischem Eiswasser machen. Ihr Glückspegel wurde vorher als sehr hoch gemessen. Sie tauchte fröhlich ihre Hand in den Behälter und scherzte die ganze Zeit mit dem Betreuer des Experiments. Im Fernsehen lief der Zeitraffer: 1 Minute, 2 Minuten, 3 Minuten, 4 Minuten. Die Frau war immer noch sehr fröhlich und bester Dinge. 5 Minuten. Immer noch keine Wirkung. Nach 6 Minuten brach man das Experiment ab.

Das Fazit: Glückliche Menschen sind offensichtlich in der Lage, auch unangenehme Dinge eine Zeit lang zu ertragen, ohne sich dadurch negativ beeinflussen zu lassen.

44 | Der Lohn der Aktivität

Die entscheidende Frage ist: Wenn schon die Einbildung, die Annahme, einen Wirkstoff bekommen zu haben, solche starken Verbesserungen herbeiführt, warum nutzen wir das nicht viel geschickter aus? Offensichtlich können wir ja mithilfe unserer bloßen Vorstellungskraft auf der Körperebene Veränderungen vornehmen. So wie uns Ärger oder Angst krank machen, können uns positive Vorstellungen heilen. Oder noch besser: Positive Vorstellungen schützen uns vor Krankheiten.

Sobald Sie körperlich aktiv und in Bewegung sind, können Sie gleich mehrere verschiedene Glückswege kombinieren: Sie bewegen sich – und Ihr Körper schüttet sofort Glückshormone aus. Ihre Muskulatur, Ihr Kreislauf und Ihr Immunsystem werden gestärkt. Licht und Luft tun Ihrer Haut gut. Bereits die Planung macht Spaß und erzeugt Vorfreude → 21 | S. 79. Sie lernen Ihre nähere Umgebung oder auch unbekanntes Terrain kennen. Sie können mit anderen zusammen sein. Sie erholen sich und gewinnen neue Energien.

Aktivurlaub anstatt »all inclusive«

In zahlreichen Prospekten von Reiseveranstaltern wird Ihnen suggeriert, faul am Swimmingpool zu liegen und exotische Cocktails zu schlürfen, sei der einzig wahre Urlaub und daher erstrebenswert. Tatsache ist, dass bei dieser Art von Urlaubsgestaltung der Frust vorprogrammiert ist. Wahre Urlaubsfreuden bringt nur die eigene Aktivität.

Praxis-Tipps

- Halten Sie sich so oft es geht draußen an der frischen Luft auf.
- Tragen Sie möglichst bequeme und angemessene Kleidung.
- Achten Sie auf erstklassiges Schuhwerk. Nicht Design und Preis sind entscheidend, sondern ausschließlich der Tragekomfort.
- Befreien Sie sich von allem, was Sie einengt und behindert.

Übungen

 Der aktive Alltag
Welches aktive Tun können Sie noch in Ihren Alltag integrieren? Planen Sie die Aktionen, die Ihnen einfallen, in Ihren Alltag ein!

 Die aktive Freizeit
Wie können Sie Ihre Freizeit bewegter gestalten? Tun Sie es!

 Der aktive Urlaub
Wie könnte Ihr nächster Aktivurlaub aussehen?

45 | Aller Anfang ist schwer

Vor dem Glückserleben kommt die Handlung. Und zu der müssen wir uns in den meisten Fällen erst einmal aufraffen. Denn wenn wir das wohlige Gefühl körperlicher Betätigung genießen wollen, heißt es zunächst: aufstehen, zweckmäßige Kleidung an und raus.

Wir müssen – wie der Volksmund so schön sagt – erst mal den »inneren Schweinehund« überwinden. Und dies gleicht wieder der Situation, die wir auch in anderen Lebensbereichen kennen: Wenn wir ein köstliches Gericht kochen wollen, so müssen wir uns zunächst für ein Gericht entscheiden und die Zutaten einkaufen.

Wir können die Hürde des Anfangens absenken, indem wir ein Ritual entwickeln. Rituale werden zu einem Automatismus. Auch das Selbstverpflichten ist ein Mittel zur Überwindung der Startschwierigkeiten. Viele Menschen »delegieren« diese Verantwortung an Institutionen, indem sie Mitglied in einem Verein oder Fitnessstudio geworden sind. Wenn einmal der Monatsbeitrag bezahlt ist, muss man da auch hin.

Der entscheidende Ruck

Um zu starten, bedarf es eigentlich nur eines winzigen Impulses: Ja, ich will. Diesem Entschluss sollte sofort eine Handlung folgen. Der erste Schritt. Haben wir einmal angefangen, dann ist es meist relativ einfach, auch den Rest zu erledigen.

Praxis-Tipps

- Gemeinsam geht es besser. Suchen Sie sich jemanden, der mit Ihnen zusammen läuft oder zur Gymnastik geht. So erinnern Sie sich gemeinsam daran, loszulegen.
- Treten Sie einem Sportclub, einem Fitnessstudio etc. bei. Das bereits bezahlte Geld wirkt Wunder. Sie gehen dann zum regelmäßigen Training, weil Sie Ihr Geld nicht »verfallen« lassen wollen.
- Reservieren Sie sich regelmäßig Zeit für Sport oder körperliche Betätigung: der Spaziergang nach dem Abendessen, Dienstag um 19 Uhr der Jazzdance-Kurs, Sonntagnachmittag geht's raus in den Wald.

Übungen

 Starthilfe
Womit möchten Sie anfangen? Was fällt Ihnen schwer?
Mit welchen kleinen Schritten können Sie sich den Start erleichtern?
Aufschreiben und loslegen!

 Immer wieder neu starten
Womit hatten Sie irgendwann schon einmal angefangen, vielleicht gar mehrmals, haben aber immer wieder aufgehört? Wie kann es Ihnen gelingen, wieder von Neuem zu beginnen und dranzubleiben?

46 | Guter Schlaf wirkt Wunder

Im alten Kaiserreich China wurden Schwerverbrecher dadurch hingerichtet, dass ihnen der Schlaf entzogen wurde. Durch Schlagen, Schmerzreize und Kitzeln wurden diese wach gehalten. Nach einigen Tagen bekamen sie Wahnvorstellungen und bald darauf starben sie. Schlafentzug wird auch heutzutage noch oft als Foltermethode angewandt, da er keine nachweisbaren körperlichen Spuren beim Opfer hinterlässt.

Gesunder Schlaf ist eine Voraussetzung dafür, um am nächsten Tag frisch und munter zu sein. Kurzfristige Schlafstörungen sind kein Problem. Sollten die Störungen jedoch über einen längeren Zeitraum anhalten, ist die Gesundheit ernsthaft gefährdet. In diesem Fall suchen Sie bitte einen Arzt auf. Wenn Sie zu wenig oder zu schlecht schlafen, dann sind Sie meistens auch nicht gut gelaunt. Und dann können Sie natürlich nicht gleichzeitig glücklich sein.

Nickerchen oder Powernapping

Unsere Großeltern haben es Mittagsschlaf oder Nickerchen genannt – den kurzen, erholsamen Schlaf. Neudeutsch heißt das jetzt Powernapping, was so viel bedeutet wie:

Praxis-Tipps

- Gehen Sie möglichst regelmäßig zu einem bestimmten Zeitpunkt ins Bett und stehen Sie zu einer gleichbleibend definierten Uhrzeit wieder auf.
- Sorgen Sie dafür, dass das Schlafzimmer abgedunkelt ist.
- Die Temperatur im Schlafzimmer sollte etwa 17 °C betragen. Am besten lüften Sie kurz vor dem Zubettgehen noch einmal kräftig.
- Das Schlafzimmer sollte möglichst ruhig sein.
- Gehen Sie weder mit vollem Magen noch hungrig ins Bett. Die letzte größere Mahlzeit sollte 3 bis 4 Stunden vor dem Schlafengehen eingenommen werden.
- Verbannen Sie den Fernseher aus dem Schlafzimmer. Sie sollten sanft in den Schlaf sinken und nicht vorher noch aufregende Dinge sehen.
- Vermeiden Sie aufputschende Mittel wie Kaffee, schwarzen Tee, Nikotin und größere Mengen Alkohol. Dies alles hält von einem guten Schlaf ab.
- Vermeiden Sie die dauernde Einnahme von Schlafmitteln.
- Ein kleiner Spaziergang am Abend oder kurz vor dem Zubettgehen fördert gutes Einschlafen.
- Versuchen Sie nicht krampfhaft einzuschlafen. Bei Einschlafschwierigkeiten ist es besser, aufzustehen und kurz wieder aktiv zu sein. Falls Sie lästige Gedanken beschäftigen, schreiben Sie diese nieder. Versuchen Sie erst bei aufkommender Müdigkeit erneut einzuschlafen.

Kraft-Nickerchen. Die Japaner schlafen während der Arbeitzeit und nennen es daher »Inemuri« – anwesend sein und schlafen.

Falls Sie es noch nicht kennen: Probieren Sie es aus. Nach nur etwa 20 Minuten fühlen Sie sich wieder frisch und munter. Wichtig ist nur, nicht länger als etwa 30 Minuten zu schlafen. Danach fallen Sie nämlich in eine andere Schlafphase, den Tiefschlaf. Und wenn Sie sich dann erst nach einer Stunde wecken lassen, fühlen Sie sich gerädert und brauchen noch eine lange Zeit, um wieder voll leistungsfähig zu sein.

47 | Kraftspender Meditation

In einem Experiment bot der Psychologe Jon Kabat-Zinn den Mitarbeitern eines Unternehmens einen Meditationskurs an. Nach dem Zufallsprinzip teilte er die Teilnahmewilligen in zwei Gruppen ein. Die Mitglieder der ersten Gruppe unterwies Kabat-Zinn zwei Monate lang einmal wöchentlich in verschiedenen Meditationstechniken, die sie täglich zu Hause üben sollten. Die zweite Gruppe erhielt zunächst keinen Unterricht, sondern diente als Kontrollgruppe der ersten. Beide Gruppen wurden vor und nach dem achtwöchigen Kurs mittels Fragebogen und EEG auf ihr Glücksempfinden getestet.

Die Ergebnisse waren bemerkenswert. Noch vier Monate nach Ende des Kurses fühlten sich die Teilnehmer des Kurses erheblich glücklicher als die Kontrollgruppe. Auf einer imaginären Glücksskala von 1 bis 100 verbesserten sich die Kursteilnehmer um sage und schreibe 20 Punkte!

Ein klarer Geist

In dem Wort Meditation steckt das lateinische »meditatio«, was so viel heißt wie: das Nachdenken über etwas. Meditation ist eine andächtige Versenkung, die Konzentration auf nur eine Sache. Sie ist in fast allen Kulturen bekannt, wenn auch teilweise unter verschiedenen Namen. Im Zen-Buddhismus gibt es Zazen, die Sitzmeditation. Im Christentum und anderen Religionen gibt es das Gebet.

Praxis-Tipps

- Suchen Sie sich einen Menschen, der Erfahrungen mit Meditation hat. Er kann Ihnen wertvolle Hinweise geben.
- Schließen Sie sich einer Gruppe an, die gemeinsam meditiert. Meistens ist dann auch ein Lehrer zugegen. Das Üben in der Gruppe erleichtert den Einstieg.
- Meditieren Sie regelmäßig zu einer festen Zeit. Schon nach ein paar Tagen werden Sie positive Wirkungen verspüren.
- Richten Sie sich einen festen Ort zum Meditieren ein.

Übungen

 Meditative Erfahrungen

Haben Sie Erfahrung mit Meditation, kontemplativer Betrachtung oder Gebet? Falls ja, was sind Ihre positiven Erfahrungen? Falls Sie keine Erfahrung haben: Sind Sie bereit, sich darauf einzulassen? Was ist der nächste Schritt dazu?

 15 Minuten Stille

Sorgen Sie dafür, dass Sie für etwa 15 Minuten völlig ungestört sind. Schalten Sie alle Außengeräusche wie Fernsehen und Radio aus. Stellen Sie das Telefon ab.
Setzen Sie sich bequem hin. Nehmen Sie einen Gegenstand, den Sie mögen, und betrachten Sie ihn sehr konzentriert. Ideal ist eine Blume. Sie können auch eine Kerze, eine kleine Figur oder ein Bild verwenden. Atmen Sie ganz ruhig und tief. Immer, wenn Sie merken, dass Ihre Gedanken abschweifen, kehren Sie zu dem betrachteten Gegenstand zurück. Genießen Sie die Stille. Wiederholen Sie die Übung in der nächsten Zeit einige Male.

 Tiefatmung

Lernen Sie möglichst tief zu atmen. Suchen Sie sich einen Kurs bei der Volkshochschule aus, kaufen Sie sich ein passendes Buch oder holen Sie die Informationen aus dem Internet (Literaturempfehlungen finden Sie auch im Anhang ab Seite 184).
Das tiefe Atmen können Sie bei jeder Gelegenheit üben und immer gut gebrauchen. Es unterstützt Ihre Gesundheit und stärkt Ihre Gelassenheit.

Eher weltlich orientierte Menschen sprechen von Kontemplation.

Die Meditations-Erfahrung erleben viele meditierende Menschen ähnlich: Es stellt sich ein Gefühl der tiefen inneren Ruhe ein, die Gedanken werden klar. Etliche Menschen mit Meditations-Erfahrung berichten von einer plötzlichen Einsicht, einer umfassenderen gelassenen Sichtweise. Im Buddhismus spricht man von »Erleuchtung«.

Die Erfahrungen der Menschen mit Meditation sind uralt und jeder, der schon intensiv meditiert hat, weiß darüber positiv zu berichten. Über Jahrhunderte und Jahrtausende waren die Wirkungen zwar bekannt und wurden gelehrt, jedoch kommt man dem Wesen erst in jüngerer Zeit mit moderner Wissenschaft auf die Schliche. Meditierende produzieren andere Gehirnströme als im Zustand des Nichtmeditierens. Die Gehirnaktivität beschränkt sich auf bestimmte Regionen. Herz- und Atemfrequenz verlangsamen sich beträchtlich. Dopamin wird in hohem Maße ausgeschüttet. Das Immunsystem wird gestärkt.

Zur Ruhe kommen

Im normalen Alltag stürmen zahlreiche Informationen auf uns ein: Schon während einer kurzen Autofahrt muss unser Gehirn Zehntausende von Reizen aufnehmen: andere Verkehrsteilnehmer, Verkehrszeichen, Geräusche ... Dabei hören wir noch Radio und unterhalten uns ganz nebenbei mit dem Beifahrer. Wir denken an das Gespräch mit unserem Chef und daran, was wir gleich noch alles einkaufen müssen. Der Geist springt ständig von einem Thema zum anderen.

In der Meditation kommt unser Geist zur Ruhe. Die Anzahl der Themen, die den Geist beschäftigen, wird verringert. Die Wechsel zwischen den Gedanken und Themen sind langsamer. In ganz tiefer Meditation gibt es nur einen einzigen Gegenstand der Betrachtung, einen einzigen – sonst nichts.

Meditieren will erlernt werden. Der Dalai Lama vergleicht es mit dem Erlernen des Fahrradfahrens: Zuerst sind die Abläufe ungewohnt und kommen uns kompliziert vor. Wenn wir es dann einmal können, ist es ein ganz einfacher Vorgang.

48 | Sex, Lust und Leidenschaft

Die Liebe und die Lust – schon Arthur Schopenhauer sah sich in seinem Werk »Die Welt als Wille und Vorstellung« zu folgender Einsicht genötigt: »Wenn man nun die wichtige Rolle betrachtet, welche die Geschlechtsliebe in allen ihren Abstufungen und Nuancen, nicht bloß in Schauspielen und Romanen, sondern auch in der wirklichen Welt spielt, so sie, nächst der Liebe zum Leben, sich als die stärkste und tätigste aller Triebfedern erweist, die Hälfte der Kräfte und Gedanken des jüngeren Teiles der Menschheit fortwährend in Anspruch nimmt, das letzte Ziel fast jedes menschlichen Bestrebens ist, auf die wichtigsten Angelegenheiten nachteiligen Einfluss erlangt, die ernsthaftesten Beschäftigungen zu jeder Stunde unterbricht, bisweilen selbst die größten Köpfe auf eine Weile in Verwirrung setzt, sich nicht scheut, zwischen die Verhandlungen der Staatsmänner und die Forschungen der Gelehrten störend mit ihrem Plunder einzutreten, ihre Liebesbriefchen und Haarlöckchen sogar in ministerielle Portefeuilles und philosophische Manuskripte einzuschieben versteht, nicht minder täglich die verworrensten und schlimmsten Händel anzettelt, die wertvollsten Verhältnisse auflöst, die festesten Bande zerreißt, bisweilen Leben oder Gesundheit, bisweilen Reichtum, Rang und Glück zu ihrem Opfer nimmt, ja den sonst Redlichen gewissenlos, den bisher Treuen zum Verräter macht, demnach im Ganzen auftritt als ein feindseliger Dämon, der alles zu verkehren, zu verwirren und umzuwerfen bemüht ist – da wird man veranlasst auszurufen: Wozu der Lärm? Wozu das Drängen, Toben, die Angst und die Not? Es handelt sich ja bloß darum, dass jeder Hans seine Grete finde.«

Körperliche Freuden genießen

Ja, Schopenhauer bringt es auf den Punkt: Sex – er nennt es Geschlechtsliebe – ist eine mächtige Kraft. Wir können in der geschlechtlichen Vereinigung mit einem anderen Menschen unglaubliche Höhepunkte erleben, aber auch bittere Enttäuschungen und tiefste Leiden. Wenn wir mit einem anderen Menschen intim werden, legen wir mit der Kleidung auch unsere geistigen Schutzmechanismen ab. Wir machen uns ganz verletzlich.

Plötzlich treffen höchst unterschiedliche Erwartungen und Erfahrungen aufeinander. Was den einen erregt, ist vielleicht für den anderen abstoßend. Alles will fein aufeinander abgestimmt sein, damit der Akt für beide befriedigend ist. Das Gebiet der Sexualität ist so komplex und umfassend, dass es hier nur sehr oberflächlich betrachtet werden kann. Doch werfen wir zunächst einen Blick darauf, warum es Sex überhaupt gibt.

Liebe, Lust und Sex ...

Warum ist Sex so wichtig, warum macht er uns so viel Spaß? Ganz einfach: Ohne Sex gäbe es uns gar nicht. Im Laufe der Evolution haben sich diejenigen fortgepflanzt, die dies als freudvollen Akt empfanden. Diejenigen, die Sex nicht als angenehm empfinden, werden ihn selten praktizieren und vermindern dadurch beträchtlich ihre Chancen, Kinder zu zeugen. Während viele Glückerlebnisse wie zum Beispiel Essen und Trinken oder Bewegung uns dafür belohnen, dass wir durch richtiges Verhalten unserem eigenen Körper gut tun, sichert Sex das Überleben der Spezies Mensch.

Was können wir nun tun, um Sex, Lust und Leidenschaft optimal zu entwickeln? Auch dabei gilt es zunächst einiges zu lernen und sich von falschen Vorstellungen zu verabschieden. Wir denken heute, wir würden in einem aufgeklärten Zeitalter leben. Tatsache ist aber, dass viele Menschen viel zu wenig über ihren eigenen Körper wissen. Geschweige denn über den Körper eines anderen Menschen.

Lustvoll kommunizieren

Für lustvolle Erlebnisse mit dem Partner müssen wir vor allem mehr über unser Gegenüber erfahren – und der andere muss ebenso etwas über uns und unsere Bedürfnisse erfahren.

Es ist also notwendig und sinnvoll, über die gegenseitigen Bedürfnisse und Gelüste zu kommunizieren. Das liest sich jetzt sehr technisch, ist es aber nicht. Die Kommunikation kann verbal erfolgen, indem man einfach über das redet, was man miteinander erlebt: vorher, währenddessen, danach ... Und sie sollte sich selbstverständlich nicht auf die Frage beschränken: »Wie war ich?«

Bei der Kommunikation rund um die Lust steht das Miteinander im Mittelpunkt und die Fähigkeit, sich selbst mitzuteilen, aber auch die Signale und Bedürfnisse des Partners wahrzunehmen.

Kommunikation muss in diesem Zusammenhang natürlich auch nicht unbedingt mit Worten erfolgen, sondern kann ebenso über die Körper erfolgen, indem man sehr aufmerksam registriert, was der andere mag und was vielleicht nicht so sehr. Da haben wir sie wieder, die Aufmerksamkeit →8 | S. 55 f., die uns zeigt, wo der goldene Mittelweg ist.

Die richtigen Bilder finden

Ähnlich wie viele Menschen falsche Vorstellungen vom Glück als einer Ansammlung von materiellen Gütern haben, gibt es auf dem

Gebiet der Sexualität eine Menge falscher Bilder und Vorbilder. Die Zeitschriften sind voller Supermodels mit »perfekten« Körpern. Sexfilme zeigen oft Menschen und Situationen, die mit der Realität nicht das Geringste zu tun haben. Dass die Fotos der Supermodels samt und sonders retuschiert sind, dass die einschlägigen Filme eine bloße Fiktion sind, all das wird geflissentlich übersehen.

Praxis-Tipps

- Kaufen Sie sich Bücher über Partnerschaft, Paarkommunikation und Sexualität.
- Lernen Sie Ihren Körper kennen. Und den Ihres Partners.
- Lernen Sie zu massieren – auch dafür gibt es übrigens inzwischen gute Literatur (Tipps finden Sie im Anhang ab Seite 184). Kurse gibt es an der Volkshochschule, oder Sie finden sie im Internet.
- Werden Sie zum Romantiker. Experimentieren Sie mit Düften, mit Licht (besonders stimmungsvoll ist sanfter Kerzenschein) und mit Musik.
- Beschäftigen Sie sich mit Liebesschulen. Vom klassischen Kamasutra und den Tantralehren können Sie eine Menge profitieren.
- Pflegen Sie Ihren Körper und halten Sie sich fit. Wenn Sie »sich selbst nicht mögen«, weil Sie zu viele Pfunde mit sich herumschleppen oder auch, weil Sie nach drei Minuten schon völlig aus der Puste sind, wird Ihnen auch der Sex nicht allzu viel Freude machen.

Übungen

Die folgenden Übungen sollen Ihnen helfen, mehr Sinnlichkeit und Achtsamkeit in Ihr Sexualleben zu bringen. Das wird Ihnen helfen, Ihrer beider Wünsche zu erfüllen und Ihre Gemeinsamkeit liebevoll und befriedigend zu gestalten.

 Inventur Höhepunkte
Schreiben Sie in einer ruhigen Stunde einmal ehrlich für sich auf, welche positiven Erfahrung Sie in Ihrem Leben schon mit Sex gemacht haben und immer noch machen. Was ist für Sie wichtig? Was mögen Sie besonders?

 Inventur der »Reinfälle«
Welche unangenehmen Erfahrungen haben Sie mit Sex gemacht? Was hat dazu geführt? Was können Sie für die Zukunft daraus lernen?
Anmerkung: Seien Sie nicht zu kritisch mit sich. Eine vorzeitige Ejakulation gehört nicht zu den »Pleiten«, eine Infektion mit einer Geschlechtskrankheit schon.

 Der erotische Abend
Arrangieren Sie einen total erotischen Abend: Verzaubern Sie Ihren Partner mit einem Dinner zu zweit. Auch anregende Speisen und Getränke können einer der Wegbereiter zu erotischem

Übrig bleiben falsche Bilder, die bei Männern ebenso wie bei Frauen einen enormen Leistungsdruck erzeugen und allein deshalb schon der Lust sehr abträglich sind. Verabschieden Sie sich von diesen falschen Vorgaben. Wenn Sie nicht auf Ihren Partner eingehen, sich zeigen, wie Sie wirklich sind und was Sie sich wünschen, sondern versuchen, im Bett »eine Rolle« zu spielen, bekommen Sie ein Problem. Wenn Sie meinen, Ihr Busen wäre zu klein oder Ihr Penis zu kurz, dann vergleichen Sie sich mit anderen → 3 | S. 40 f. und versetzen sich gleichzeitig in einen schlechten Zustand. Verzichten Sie darauf, darüber nachzudenken, ob Sie an Ihrem Körper irgendetwas manipulieren müssen! Genießen Sie stattdessen Ihren Körper und den Ihres Partners – so, wie er ist. Das schließt natürlich ein, dass Sie sich um Ihren Körper kümmern, ihn achten und ihn pflegen.

Respekt, Gelassenheit und Offenheit

Sie lieben einander und interessieren sich für Ihren Partner. Wenn Sie dann auch noch Ihren Körper und den Körper des anderen kennen und auch Ihrer beider Bedürfnisse, so sind die wichtigsten Voraussetzungen für befriedigende gemeinsame Erlebnisse schon gege-

ben. Jetzt bedarf es nur noch einer positiven Einstellung und ein paar äußerer Bedingungen, um Sex, Lust & Leidenschaft zu genießen.

Ihre Haltung gegenüber dem Partner sollte immer von Respekt geprägt sein. Der andere ist kein Lustobjekt zur Befriedigung der eigenen Bedürfnisse, sondern eben ein Partner, also gleichberechtigt. Was nicht ausschließt, dass mal der eine und ein anderes Mal der andere von beiden »im Mittelpunkt« stehen kann. Partner »gehören« einander nicht, sondern sie haben das außerordentliche Glück, *Jetzt* → 9 | S. 56 ff. eine Zeit gemeinsam genießen zu dürfen. Hier zeigen sich Dankbarkeit → 7 | S. 54 f. und Genuss → 49 | S. 133 ff.

Für guten Sex braucht man Zeit. Lassen Sie sich also diese Zeit: für ein ausreichendes Vorspiel und alles, was dann folgt. Genießen Sie die Zeitlosigkeit. Lassen Sie dafür ruhig jeden Fernsehabend ausfallen → 25 | S. 87 f. und bereiten Sie sich selbst das Vergnügen. Wetten, dass dies das bessere Programm ist?

Zusammenfassung »Die Freuden des Körpers«

Unser Körper ist Motor und Quelle des Glücks zugleich; wir alle verfügen über eine fantastische Grundausstattung I→41.
Körperliche Bewegung tut uns sofort gut. Das Motto sollte sein: mäßig, aber regelmäßig I→42.
Wir tun gut daran, unsere Gesundheit nicht zu gefährden, sondern sie in allem, was wir tun, zu fördern. Durch die Prophylaxe I→43 vermeiden wir Krankheiten und bleiben fit.
Wenn wir uns ausreichend bewegen und unseren Körper pflegen, werden wir reich belohnt

I→44. Wichtig ist, die Startschwierigkeiten zu überwinden I→45.
Fit, leistungsfähig und munter sind wir nur, wenn wir ausreichend und richtig schlafen. Guter Schlaf wirkt Wunder I→46.
Die Meditation I→47 wirkt auf Körper und Seele gleichermaßen gut. Sie ist ein wahrer Kraftspender.
Sex, Lust und Leidenschaft I→48 begleiten und bereichern unser Leben. Wir sollten weise damit umgehen.

Das Glück genießen

Schmecken, riechen, sehen, fühlen - ob leckerer Hummer, sanfte Klassikmelodien, duftender Lavendel, süffiger Rotwein oder die Romantik des Sonnenuntergangs: Die Glücksquelle des sinnlichen Genusses ist unerschöpflich. Und nicht das »wie viel« ist dabei entscheidend, sondern die Tiefe des Empfindens, die richtige Dosierung und die Abwechslung.

Das Glück genießen

Genuss ist lernbar

Die Quellen des Genusses sind überaus reichhaltig und mit allen Sinnen wahrnehmbar: Wir sehen berauschende Farben, inspirierende Bilder, atemberaubende Landschaften.

Wir hören singende Vögel, phantastische Musik, die ersehnte Stimme des geliebten Menschen. Wir fühlen die Zärtlichkeiten des Partners, das warme Bad, die Wärme der Sonne. Wir riechen den herbstlichen Wald, den duftenden Kuchen, das betörende Parfum. Wir schmecken das köstliche Mahl, den frischen Wein, das erquickende Wasser … Glück findet seinen Weg über viele Pfade.

Wenn wir aufmerksam sind, stellen wir fest, dass es für unser Glück nicht auf die Menge der Genüsse ankommt, sondern auf die Qualität und die Tiefe unseres Empfindens. Ein hastig heruntergeschlungenes Essen ist kein Genuss, sondern eine Zumutung für den Körper und eine Beleidigung für den Koch. Zum Genießen gehören Zeit und Aufmerksamkeit →8|S. 55. Und die Abenteuerlust beim Experimentieren →14|S. 65 f.

Folgende Glückswege führen dazu, die Fähigkeit zum Genuss immer feiner zu entwickeln und zu kultivieren:

49 | **Die positiven Erlebnisse zählen**
50 | **Das Glück der kleinen Dinge**
51 | **Die Tiefe der Sinne ergründen**
52 | **Es kommt auf die Dosierung an**
53 | **Die Abwechslung macht's**
54 | **Kochen – im Rausch der Sinne**

49 | Die positiven Erlebnisse zählen

Glück findet immer nur im Augenblick statt. Viel Glück erleben, heißt, viele kleine Glücksmomente zu erleben: Der freundliche Gruß eines Nachbarn. Das Lächeln der jungen Frau gegenüber. Das Gänseblümchen, das am Wegesrand blüht. Das erste Frühlingsgrün. Die frische Brise. Der duftende Kaffee.

All dies ist täglich in überaus großer Fülle vorhanden. Wir brauchen es nur wahrzunehmen. Wir brauchen uns nur klarzumachen, dass dies alles Geschenke an uns sind.

Wenn wir gelernt haben, für diese Glücksmomente empfänglich zu sein, sind sie eine große und unerschöpfliche Quelle. Wir brauchen nicht auf große Ereignisse zu warten, sondern können uns sofort an dem erfreuen, was schon da ist.

Sie sind Ihre eigene Glücksquelle

Drei Strategien sind bei der Suche nach dem Glück sehr förderlich. Erstens: Durch Achtsamkeit das Positive, das uns bei unseren täglichen Verrichtungen begegnet, wahrzunehmen und zu genießen. Zweitens: Durch das Aufsuchen bestimmter Orte, die Begegnung mit besonderen Menschen und die Suche nach bestimmten Situationen die Wahrscheinlichkeit zu erhöhen, glücklichen Momenten zu begegnen. Drittens: Immer wieder auch selbst der Auslöser für glückliche Momente zu sein.

Die erste Strategie ist sehr einfach: aufmerksam sein. Ein Gespür für positive Momente entwickeln.

Die zweite Strategie ist auch einfach, erfordert aber etwas mehr Aufwand: Wir müssen uns dazu irgendwo anders hinbewegen. So werden wir beispielsweise bei einer Wanderung durch den Wald ungleich höhere Chancen auf Glücksmomente haben, als wenn wir mit dem Auto auf der Autobahn unterwegs sind. Wir werden bei einer Ausstellung im Museum oder in einer Kunst-Galerie intensivere Erlebnisse haben, als wenn wir vor dem Fernseher hocken bleiben. Zusätzlich begegnen wir draußen im Leben noch vielen interessanten Menschen.

Die dritte Strategie ist wieder sehr einfach: So wie wir uns über das Lächeln eines anderen Menschen freuen, freut dieser sich über unser Lächeln und unsere Freundlichkeit. Wie bei einem Pingpong-Spiel kommt das von uns Ausgesendete direkt zu uns zurück. Wir müssen nur anfangen.

> **Praxis-Tipps**
>
> - Führen Sie ein Glückstagebuch (siehe Umschlagklappen). Nehmen Sie sich jeden Abend etwas Zeit und schreiben Sie die glücklichsten Erlebnisse des Tages auf.
> - Benutzen Sie möglichst oft die Anregungen, die Sie zu den einzelnen Glückswegen finden.
> - Verbinden Sie ein Lächeln mit den glücklichen Ereignissen.

> **Übungen**
>
> **3 x täglich Glück**
> Führen Sie eine Woche lang eine Liste und schreiben Sie jeden Tag drei Erlebnisse und Ereignisse auf, die an diesem Tag für Sie positiv waren.
>
> **Wiederholung**
> Es gibt nichts Besseres, als die Übung oben noch ein Mal zu wiederholen.

50 | Das Glück der kleinen Dinge

Manchmal ist es nur eine Kleinigkeit, die uns entzückt: Ein Marienkäfer krabbelt an einem Grashalm hinauf. Ein Schmetterling lässt sich auf unserer Schulter nieder. Ein Sonnenstrahl trifft unsere Haut. Im Urlaub sind wir für solche kleinen Glücksmomente empfänglicher als sonst. In der Hektik des Alltags übersehen wir sie oft.

Wenn wir unsere Sinne für die kleinen Glücksmomente des Alltags öffnen, so schaffen wir uns winzige Inseln der Erholung und Entspannung. Die Glücksmomente sind oft nur ganz kurz. Wenn wir uns auf sie einlassen, vergessen wir für wenige Sekunden den Alltag und tauchen kurz in eine andere Welt ein. Der Stress fällt von uns ab. Mit einem Schmunzeln auf den Lippen kehren wir zurück. Wir nehmen das Glück mit und profitieren eine Weile davon.

Praxis-Tipps

- Achten Sie auf Details, auf die Dinge am Wegesrand.
- Schauen Sie sich Dinge mit der Lupe oder unter dem Mikroskop an.
- Staunen Sie wie ein Kind.
- Wie würde es ein Frosch sehen? Gehen Sie in die Knie.
- Wie würde es ein Adler sehen? Steigen Sie auf einen Turm.

Schalten Sie alle Sinne ein

Die Glücksmomente sind immer da. Wir müssen sie nur sehen, hören, fühlen, schmecken und riechen: Das Moos, welches sich in der Stadtmauer festkrallt. Das Schiffshorn, welches vom weiten Meer kündet. Die frische Brise, die die Sommerhitze angenehm unterbricht. Der Kaffeeduft, der aus dem nahen Café durch den Türspalt huscht.

Übungen

 Glücksmomente einfangen
Sammeln Sie heute zehn kleine Glücksmomente. Es dürfen Winzigkeiten sein.

 Glücksmomente erfinden
»Erfinden« Sie zehn kleine Glücksmomente. Beispiele:
- Mit nackten Füßen durch kühles Gras laufen.
- Entdecken Sie das unerwartete Lächeln aus der Menge – zehren Sie noch Stunden später davon.
- Spüren Sie bewusst den Regen, die Sonne oder den Wind auf der Haut.

51 | Die Tiefe der Sinne ergründen

Der Genießer kippt keinen Liter Wein in sich hinein, sondern genießt in kleinen Schlucken. Er lässt den Wein unter die Zunge rollen. Die Geschmackspapillen haben Zeit, alle Nuancen zu spüren. Selbst ein paar Tropfen können ungeahnte Wonnen erzeugen.

Qualität statt Quantität

Geben Sie der Qualität von Produkten den eindeutigen Vorrang vor der Quantität. Genießen Sie lieber eine kleine Schale köstlicher Erdbeeren als zwei Kilo von geschmacklosen roten Wasserhüllen.

Glück stärkt Kreativität und Gedächtnis

Unsere Stimmung beeinflusst, wie wir denken. Das belegen zwei eindrucksvolle Experimente. In beiden Experimenten werden zwei Gruppen miteinander verglichen. Beide Gruppen sind per Zufall ausgewählt, damit sie in etwa gleichwertig besetzt sind. Im eigentlichen Test werden beide Gruppen gleich behandelt.

Es gibt nur einen Unterschied: Eine der beiden Gruppen wird positiv eingestimmt (die positiv gestimmte Gruppe) und die andere Gruppe wird neutral eingestimmt (die neutral gestimmte Gruppe). Beide Gruppen bekommen vor dem Experiment kleine Filme zu sehen. Die positiv gestimmte Gruppe sieht lustige Filme, bei denen es viel zu lachen gibt. Die neutral gestimmte Gruppe bekommt Filme mit neutralem Inhalt gezeigt. Es gibt nichts zu lachen.

Im ersten Experiment sollen die beiden Gruppen ein Brainstorming durchführen, das heißt, sie sollen zu einer vorgegebenen Aufgabenstellung möglichst viele Ideen entwickeln. Dazu haben sie zwanzig Minuten Zeit. Bei der positiv gestimmten Gruppe herrscht von Anfang an eine gute Stimmung, und die Ideen sprudeln nur so. Nach den zwanzig Minuten hat die Gruppe insgesamt 47 Ideen zusammengetragen.

Bei der neutral gestimmten Gruppe ist der Ideenfluss von Anfang an etwas langsamer. Aber auch sie schafft es, auf immerhin 35 verschiedene Ideen zu kommen. Vergleicht man dies aber mit der positiv eingestimmten Gruppe, dann sieht man, dass diese Gruppe fast 35 Prozent mehr Ideen in der gleichen Zeit produziert hat. Die Qualität der Ideen ist dabei noch nicht berücksichtigt.

Im zweiten Experiment sollen die beiden Gruppen auf ihre Gedächtnisleistungen überprüft werden. Die Einstimmung ist die gleiche wie beim ersten Experiment: lustige Filme für die positiv gestimmte Gruppe, neutrale Filme für die neutral gestimmte Gruppe.

Beim eigentlichen Gedächtnistest werden den Versuchspersonen nacheinander zwanzig Gegenstände gezeigt: ein Kamm, ein Eierbecher, eine Feder … Die Gegenstände werden für ein paar Sekunden präsentiert und dann wieder aus dem Blickfeld der Versuchspersonen entfernt. Am Ende sollen die Teilnehmer auf einem Zettel aufschreiben, welche Gegenstände sie behalten haben.

Normalerweise behalten untrainierte Versuchspersonen etwa fünf bis sieben der Gegenstände in Erinnerung. So war es auch in der neutral gestimmten Gruppe. Durchschnittlich behielten die Teilnehmer sechs Gegenstände.

Die Teilnehmer der positiv gestimmten Gruppe behielten durchschnittlich neun Gegenstände im Gedächtnis. Sie übertrafen damit die neutral gestimmte Gruppe um 50 Prozent.

Fazit aus beiden Experimenten: Wenn wir uns gut fühlen, glücklich sind, dann sind wir kreativer, und auch unsere Gedächtnisleistung ist höher. Es ist also sinnvoll, dass wir uns vor anspruchsvollen Aufgaben zunächst in eine gute Stimmung versetzen und erst dann mit der Arbeit beginnen. Umgekehrt können wir davon ausgehen, dass wir in einer neutralen oder gar schlechten Stimmung niemals Höchstleistungen vollbringen werden.

Lernen Sie von Genuss-Profis

Haben Sie schon mal an einer Weinprobe teilgenommen? Einer richtig guten? Dann werden Sie bestimmt mit Vergnügen erlebt haben, dass man unter Anleitung eines Profis unglaubliche Geschmacksnuancen des Weines wahrnehmen kann. Und das Beste dabei: Sie tun das ganz allein – der Profi gibt Ihnen lediglich Hinweise und erklärt Ihnen zum Beispiel, wie Sie den Wein unter die Zunge rollen lassen sollen.

Profi-Erlebnisse können Sie in Hülle und Fülle bekommen: Führungen durch das Stadtmuseum von London und die Altstadt von Köln, japanisch kochen und Pfifferlinge sammeln, kreatives Gestalten mit Ton, Papier, Bambus – was immer Sie mögen – oder Aquarellmalerei … Von den Profis in den verschiedenen Fachbereichen lernen Sie, auf die Details zu achten. Sie werden dadurch fast automatisch mehr Glück erleben. Glauben Sie es nicht einfach – probieren Sie es aus!

Praxis-Tipps

Probieren Sie alles aus, was Ihre Sinne bezaubern könnte – hier einige Anregungen für Sie:
- Körperliche Genüsse wie Sex, Streicheln, Küssen, Massagen, Duschen, Baden, Sauna, Gymnastik, Sport, Tanzen …
- Kulinarische Genüsse: Die Palette ist so gigantisch groß, dass hier nur kleine Impulse möglich sind: Genießen Sie frische Erdbeeren, Spargel, Artischocken … Hummer, Fisch, Steak, Käse … Kuchen, Kekse, Schokolade, Pralinen … Säfte, Bier, Sekt, Champagner, Wein …
- Optische Genüsse – etwa in der Natur: Sonnenuntergang, Libellen … Fotos, Filme, Theater, Oper … Kunst: Zeichnungen, Gemälde, Skulpturen, Architektur, Design …
- Akustische Genüsse wie Naturgeräusche (Blätterrauschen, Vogelstimmen, Wasserfall), Musik, Gesang, Oper, Operette, Musical …
- Olfaktorische (Geruchs-)Genüsse: Duft von Speisen und Getränken, Parfüm, Duftölen, Räucherstäbchen …

Übungen

 Klein, aber oho

Kaufen Sie sich eine Köstlichkeit, ganz klein. Ein Schälchen edles Obst. Ein paar Premium-Pralinen. Einen edlen Tropfen. Genießen Sie ganz langsam und intensiv. Pures Glück!

 Berauschende Bilder

Nehmen Sie sich einen schönen Bildband zur Hand. Suchen Sie sich eine ruhige Ecke und schauen Sie sich die Bilder ausgiebig an. Ganz langsam und intensiv.

 Rundgang der Sinne

Wann waren Sie das letzte Mal in einem Museum? Suchen Sie sich eine Ausstellung aus, die Sie wirklich interessiert. Begeben Sie sich dann auf einen Rundgang, bei dem Sie die ausgesuchten Bilder oder die anderen Ausstellungsgegenstände ausgiebig betrachten.

 Die Seele des Weines

Melden Sie sich zu einer richtig guten Weinprobe an. In einer kleinen Gruppe. Bei einem Kenner, der Ihnen die Weine erklärt.

 Betörende Klänge

Hören Sie eine Musik. Möglichst mit Kopfhörer und geschlossenen Augen. Kosten Sie den Klang jedes Instruments und jede einzelne Melodie aus.

52 | Es kommt auf die Dosierung an

Es muss nicht viel sein – im Gegenteil: Eine einzige reife Kirsche langsam zu genießen ist das höchste Glück. Drei Kilo davon bereiten Bauchweh und Übelkeit. Ähnlich ist es mit Feiertagen, Festen, Freizeit: Ein besonderer Tag ist sehr schön. Aber wenn es zu viele hintereinander werden, dann ist es so, wie der Volksmund schon sagt: »Es ist nichts schlimmer zu ertragen, als eine Reihe von guten Tagen.«

Weniger ist oft mehr. Egal ob Essen, Trinken, Feiern: Es kommt nicht auf die Quantität an, sondern auf die Qualität. Und auf die Verteilung über eine Zeit hinweg.

Praxis-Tipps

- Klasse statt Masse: Halbieren Sie die Masse, verdoppeln Sie die Klasse.
- Probieren Sie winzige Köstlichkeiten.
- Nehmen Sie beim Essen im Lokal eine Vorspeise – und nur ein kleines Hauptgericht. Zum selben Preis haben Sie den doppelten Genuss!
- Nehmen Sie mehrere Vorspeisen anstatt des Hauptganges.
- Wenn Sie selbst kochen: Kreieren Sie einen Gang mehr.

Übungen

 Kühlschrank-Inventur

Was befindet sich in Ihrem Kühlschrank? Prüfen Sie jedes einzelne Lebensmittel darin: Ist es Klasse? Oder ist es Masse? Streben Sie an, dass mittel- und langfristig nur erstklassige Dinge auf Ihren Tisch kommen. Das wird Ihren Genuss erhöhen, Ihrer Figur gut tun und letztendlich auch noch Ihren Geldbeutel schonen.

 Vorratskammer-Inventur

Auch die Vorratskammer kann eine Ansammlung von ungesunden Nicht-Genüssen sein. Machen Sie die gleiche Inventur wie beim Kühlschrank auch in der Vorratskammer – sortieren Sie aus, was minderwertig und ungesund ist. Kaufen Sie in Zukunft nur noch das, was gesund und wohlschmeckend ist.

53 | Die Abwechslung macht's

Lachs ist für uns heute eine Delikatesse. In früherer Zeit war in Schweden der Lachs so zahlreich vorhanden, dass er als Grundnahrungsmittel für Bedienstete galt. Jeden Tag gab es Lachs. Die Angestellten erstritten sich daraufhin ein verbrieftes Grundrecht, einmal in der Woche keinen Lachs essen zu müssen.

Zuviel des Guten

Ein Zuviel an etwas Gutem macht überdrüssig. Wenn wir heute jeden Tag Hummer und Champagner hätten, würden wir bald so reagieren wie die schwedischen Hausangestellten. Unser Genuss ist sozusagen von einer gewissen »Spannung« abhängig: Nur wenn zuerst ein gewisser Mangel geherrscht hat und ein Bedürfnis erzeugt wurde, wird die Erfüllung desselben zum Genuss. Wenn das Bedürfnis dagegen permanent erfüllt wird, dann sinkt sehr schnell der Reiz. Und bei weiterer Erfüllung schlägt die ehemalige Lust sogar in Überdruss oder Widerwillen um.

Daher gilt: Nach einem üppigen Essen ist ein einfaches Mahl ein Genuss. Die Kunst des Genießens besteht darin, die Genüsse möglichst vielseitig abzuwechseln. Nach üppig bescheiden. Nach sauer süß. Nach reichhaltig karg.

Praxis-Tipps

- Probieren Sie ab und zu mal etwas Neues.
- Wenn Sie es noch nicht tun: Lernen Sie kochen. Sie werden Ihre helle Freude daran haben.
- Gönnen Sie sich ein neues Kochbuch.
- Es gibt mehr Kochrezepte und Gerichte, als Sie je essen können.
- Es gibt Hunderte von Brot- (Obst-, Gemüse-, Käse-, Wein-, Bier- ...) Sorten. Wie viele davon kennen Sie?

Übungen

 Lokalwechsel

Ihr nächster Restaurantbesuch steht an? Prima! Gehen Sie jetzt aber nicht in Ihr Lieblingsrestaurant, wo Sie die Karte schon rauf und runter kennen, sondern lassen Sie sich auf ein kulinarisches Abenteuer ein.

 Abwechslungsreich gedeckter Tisch
- Achten Sie eine Woche lang auf ein möglichst abwechslungsreiches Essen.
- Wenn Sie selbst kochen: Kochen Sie täglich ein bisschen anders.
- Wenn Sie essen gehen: Wechseln Sie das Lokal, die Essensrichtung.
- Beim Frühstück: Wechseln Sie Brot- und Obstsorte, trinken Sie ausnahmsweise mal einen Obstsaft, lassen das Ei heute mal weg und probieren einen anderen Käse.

 Anders einkaufen

Weichen Sie beim Einkaufen ruhig mal von Ihrer üblichen Liste und der damit verbundenen »Route« ab. Gehen Sie im Supermarkt einfach hin und wieder einmal in eine andere Abteilung. Probieren Sie ein neues Öl aus, einen anderen Wein oder ein anderes Brot.

54 | Kochen – im Rausch der Sinne

Clemens Wilmenrod war der erste deutsche Fernsehkoch. In den 1950er Jahren zeigt er unseren Großeltern, wie man einen »Toast Hawaii« richtig zubereitet. Konserven und Ketchup gehörten zu seinen Standard-Zutaten. Heute ist alles viel aufwendiger und bunter: Eine ganze Köche-Schar tritt bei Kerner auf, Sarah Wiener tourt kulinarisch durch Frankreich, Promi-Dinner finden statt. Fast jeder TV-Sender hat seine eigene Kochshow. Und diese Shows werden immer aufwendiger. Da werden mal eben Fünf-Gänge-Menüs mit raffinierten Zutaten gezaubert, die man vielleicht in Paris oder Straßburg bekommt, aber bestimmt nicht in Paffenhofen oder Wolbeck. Köche wie Tim Mälzer oder Jamie Olivier sind die neuen Stars.

Und wo lassen Sie kochen?

Kochshows sind vielleicht amüsant anzusehen, und von den Profiköchen kann man eine ganze Menge lernen. Das Verrückte ist nur: Immer weniger Menschen kochen zu Hause. Anstatt sich selbst an den Herd zu stellen, setzen sich immer mehr Leute vor die Mattscheibe und lassen dort kochen. Der große Vorteil: Man macht die Küche nicht schmutzig.

Und wie halten Sie es? Kochen Sie gern? Oder lassen Sie auch im Fernsehen kochen? Sollten Sie von den Vorteilen eines selbst zubereiteten Essens noch nicht überzeugt sein, so motiviert Sie vielleicht dieses Argument: Kochen ist eine große Glücksquelle.

Es beginnt schon bei der Planung des Essens. Wir blättern in Rezepten, schauen die tollen Gerichte an und freuen uns schon auf das kommende Mahl. Und durch das Gefühl der Vorfreude →21 | S. 79 schüttet der Körper bereits Dopamin aus und versetzt uns in einen wohltuenden Zustand.

Beteiligen Sie alle Sinne

Schon wenn wir auf den Markt gehen und die Zutaten einkaufen, sind viele Sinne beteiligt: Wir sehen rote Tomaten, grünen Salat, gelbe Pfirsiche. Wir spüren die Frische, riechen den köstlichen Duft von frischen Erdbeeren.

In der Küche geht der Rausch der Sinne dann erst richtig los: Wir fühlen die weichen Blätter des Feldsalats, kneten mit den Fingern Teig, hören den Pfeffer in der Mühle leise krachen. Während der Duft der Tomatensuppe uns einhüllt, schmecken wir ab, geben mit den Fingern noch eine Prise Salz dazu. Unsere Sinne sind komplett beteiligt: Wir sehen, ob der Kuchen im Backofen gut ist; wir hören am

Praxis-Tipps

- Tun Sie sich beim Kochen keinen Stress an (ich weiß, das ist leicht gesagt, wenn drei Kinder gleichzeitig herumtollen und vorgeben, die Wartezeit gar nicht mehr aushalten zu können vor Hunger). Nehmen Sie sich Zeit und setzen Sie sich nicht unter Druck: Gegessen wird, wenn das Essen fertig ist.
- Achten Sie auf eine ausgewogene Balance zwischen Ihren Kochfertigkeiten und den Herausforderungen →56 | S. 146 f. Muten Sie sich kein Fünf-Gänge-Menü zu, wenn Sie erst letzte Woche gelernt haben, Anspruchsvolleres als Wasser zu kochen. Suchen Sie sich Gerichte aus, die Sie gerne mögen und die Sie gut zubereiten können. Wenn Sie sicher sind, dann können Sie beim nächsten Mal etwas Raffinierteres zubereiten.
- Vergessen Sie den Anspruch, perfekt zu sein, »das Beste« zu wollen. Es reicht das »Gut« →4 | S. 46 f. In vielen Kochbüchern gibt es perfekte Fotos. Diese sind von spezialisierten Food-Fotografen mit hohem Aufwand erstellt worden. Meist sind die Gerichte auf den Fotos nur halbgar. Seien Sie also nicht traurig, wenn Ihr Gericht anders aussieht als auf dem Foto. Versuchen Sie nicht, à la »perfect dinner« mit Ihren Freundinnen und Freunden um das beste Essen zu wetteifern. Diese falschen Vergleiche machen nur unglücklich →3 | S. 40 f.
- Kaufen Sie regional und der Saison entsprechend ein. Wenn Sie Lebensmittel aus der unmittelbaren Umgebung kaufen, dann unterstützen Sie die lokale Landwirtschaft. Wenn Sie Obst und Gemüse dann kaufen, wenn die Früchte hier bei uns gerade reif sind, tragen Sie dazu bei, dass unnötige Transportwege und Energie für Kühlung und Ähnliches vermieden werden. Das umweltgerechte Verhalten wird Ihnen das gute Gefühl geben, sinnvoll und nachhaltig zu handeln.

Zischen der Steaks, ob das Öl in der Pfanne heiß genug ist; wir fühlen mit einem behutsamen Stich in die Kartoffeln, ob sie gar sind; wir riechen und schmecken.

Wir werden etwas später in den Glückswegen → **55 bis 61** | S. 145 ff. noch das Flow-Erlebnis kennenlernen. Wer das Kochen nicht nur auf das Erhitzen einer Fertigsuppe beschränkt, sondern mit frischen Zutaten arbeitet, kann so leicht in den wohltuenden Flow-Zustand kommen.

Aber Kochen kann noch mehr für uns sein: Wenn wir mit guten Zutaten arbeiten und das Richtige kochen, fördern wir unsere Gesundheit. Küchen können der Mittelpunkt des Zusammenseins sein. Früher in der Großfamilie waren sie es auf jeden Fall.

Übungen

Der Herd als Freund

Falls Sie bisher einen großen Bogen um die Küche gemacht machen: Kaufen Sie sich ein gutes Basiskochbuch und fangen Sie an zu kochen (Männer: Fragt eure Frauen!). Beginnen Sie mit sehr einfachen Gerichten. Bereiten Sie nur eine Kleinigkeit zu. Aber diese mit hochwertigen Zutaten, möglichst frisch vom Markt. Schon bald sind Sie dem Rausch der Kochsinne verfallen.

Exotische Genüsse

Falls Sie bereits ein leidenschaftlicher Hobbykoch sind: Wie wäre es denn mal mit japanischem Sushi oder einer spanischen Paella?

Kochen – ein Geschenk

Lassen Sie sich einen Kochkurs schenken oder schenken Sie sich selbst einen. Ob Anfänger oder Fortgeschrittener: Es gibt für jeden etwas auf dem Markt. Das Kochen und anschließende Essen in einer Gruppe Gleichgesinnter macht eine Menge Spaß und erweitert den eigenen Kochhorizont.

Glücks-Kochen

Laden Sie ein paar gute Freunde ein, die gerne kochen. Bereiten Sie gemeinsam ein Mahl zu, bei dem es diesmal nicht hauptsächlich um das Kochen und Essen geht, sondern um das Glück. Achten Sie diesmal besonders darauf, wie Ihre Kreationen schmecken, riechen und aussehen.

Das Glück genießen

Machen Sie das Kochen zum gemeinsamen Erlebnis

Wenn wir gemeinsam mit unserem Partner oder mit den Kindern kochen, dann können wir uns dabei gut unterhalten. Während der eine den Salat wäscht, bereitet der andere schon mal den Fisch vor. So entsteht ein gutes Gefühl des gegenseitigen Helfens und Unterstützens. Und man hat – egal ob als Familie oder im Freundeskreis – Gelegenheit, miteinander auch über Themen zu sprechen, die sonst vielleicht selten zur Sprache kommen. Das gemeinsame Kochen erzeugt nämlich auch ein Gefühl von Geborgenheit und öffnet uns so emotional füreinander.

Aber das gemeinsame Tun am Herd kann noch viel mehr: Kochen kann nach einer Woche der Arbeit am Schreibtisch die reine Erholung sein (Stress → 32 | S. 97 ff.). Das Gefühl, selbst für eine gesunde Ernährung zu sorgen, stärkt das Selbstwertgefühl. Das fertige Mahl wird uns mit Stolz erfüllen. Wir können beim Kochen unsere Neugierde → 14 | S. 65 f. befriedigen und etwas mutig sein → 15 | S. 66 ff., indem wir andere Gerichte ausprobieren. Es gibt ganze Bibliotheken von Kochbüchern, und im Internet findet man Millionen von Rezepten. Theoretisch gibt es keinen Grund, zweimal im Leben das Gleiche zu essen.

Das eigentliche Ziel des Kochens sollten wir nicht vergessen: das Essen. Wenn es gemeinsam eingenommen wird, stärkt dies wieder den Zusammenhalt. Und wenn das Essen hoffentlich gelungen ist, dann gilt es jetzt zu genießen → 51 | S. 135 ff.

Zusammenfassung »Das Glück genießen«

Es ist egal, ob wir uns die guten Momente in unserem Leben selbst schaffen oder ob wir einfach nur aufmerksam registrieren, welch angenehme und schöne Ereignisse um uns herum geschehen: die positiven Erlebnisse zählen I→49.
Das Glück zeigt sich nicht nur in großen Dingen. Manchmal sind es gerade die kleinen, unscheinbaren Momente I→50, die unser Herz zutiefst erfreuen.
Glück können wir mit allen Sinnen erfassen. Dabei ist die Intensität des Erlebens, die Tiefe, in der alle unsere Sinne berührt werden, I→51 besonders wichtig.
Zuviel des Guten ist dem Glück abträglich. Im Gegenteil: Es kommt auf die Dosierung an – manchmal auch darauf, lieber etwas sparsamer mit den Genüssen zu sein I→52.
Gute Dinge, zu oft wiederholt, führen zu Langeweile und Abstumpfung. Besser ist reichhaltige Abwechslung I→53 der Genüsse.
Kochen ist eine wunderbare Tätigkeit. Dabei können wir alle Sinne intensiv einsetzen I→54.

Flow – fließendes Glück

In den Achtzigerjahren des letzten Jahrhunderts machte der aus Ungarn stammende und in den USA tätige Glücksforscher Mihaly Csikszentmihalyi (sprich: Tschik Sent Mihaji) bahnbrechende Entdeckungen, die wir uns für unser Glück zunutze machen können.

Wie es zum Flow kommt

Mihaly Csikszentmihalyi wollte dem Geheimnis des Glücks auf die Spur kommen. Er stattete dazu Hunderte von Versuchspersonen mit kleinen Geräten aus, die mehrfach am Tag – für die Versuchsperson nicht vorhersehbar – piepten. Die Versuchsperson hatte dann sofort in einem vorbereiteten Bogen einige Fragen zu beantworten: »Wo sind Sie jetzt? Was tun Sie gerade? Sind Sie allein oder mit anderen zusammen?« usw. Auffallend viele Probanden beschrieben dabei ein »fließendes Gefühl«, wenn sie sich glücklich fühlten. Daher nannte Csikszentmihalyi es Flow. Das gleichnamige Buch ist ein Klassiker der Glücksforschung.

Ein überraschendes Ergebnis der Untersuchungen war, dass die meisten Menschen gar nicht in der so gerne angestrebten Freizeit, sondern während der Arbeit besonders oft das glückliche Flow-Gefühl hatten.

Die folgenden sechs Bedingungen zum Erreichen von Flow sind gleichzeitig Glückswege. Der 61. Glücksweg ist das Ergebnis des Flow-Gefühls:

55 | **Selbst gestellte Aufgaben**
56 | **Herausforderung und Fähigkeiten in Balance**
57 | **Die Fähigkeit zur Konzentration**
58 | **Klare, sinnvolle Ziele**
59 | **Unmittelbares Feedback**
60 | **Mit voller Hingabe**
61 | **Erfreuliche Erfahrungen**

55 | Selbst gestellte Aufgaben

Das glücklichmachende Flow-Gefühl können wir am besten erreichen, wenn wir eine Aufgabe gern erledigen. Am allerbesten ist es, wenn wir uns die Aufgabe selbst stellen. Die Aufgabe ist dann ein anstrebenswertes Ziel oder eine Etappe auf dem Weg zum Ziel.

Wichtig ist, dass die Motivation dazu aus unserem Innersten kommt. Wenn wir die Aufgabe nur angehen, weil wir glauben, andere fänden es toll, dann werden wir schnell die Lust verlieren. Wir werden aufgeben und uns am Ende vielleicht als Verlierer oder Versager fühlen.

Handeln in Eigenregie

Wesentlich auf dem Weg zum Flow ist, ob wir uns selbstbestimmt oder fremdbestimmt fühlen. Fremdbestimmt sind wir, wenn uns jemand aufgrund seiner Autorität (etwa unser Chef) eine Aufgabe überträgt. Oder auch, wenn wir versuchen, die Erwartungen anderer Menschen (Eltern, Partner, Kinder, Freunde) zu erfüllen. Ist das der Fall, dann wird die Aufgabe zur Last. Wir quälen uns hindurch oder spüren einen großen Widerstand.

Wenn dagegen die Aufgaben mit unseren eigenen innersten Zielen übereinstimmen, dann ist es wunderbar, und wir fühlen uns gar nicht mehr fremdbestimmt. Entspringt die Aufgabe unseren Wünschen, Träumen und Sehnsüchten, dann sind wir selbstbestimmt. Dann erleben wir bei unserem Tun Spaß, Freude und Glück.

Praxis-Tipps

- Teilen Sie eine große fremdbestimmte Aufgabe in kleinere Teilschritte, die selbstbestimmt sind.
- Prüfen Sie genau, ob eine Aufgabe fremdbestimmt ist. Vielleicht haben Sie mehr Freiheiten, als Sie ursprünglich angenommen haben.
- Können Sie fremdbestimmte Aufgaben delegieren?
- Können Sie fremdbestimmte Aufgaben durch selbst gestellte Aufgaben ersetzen?
- Ist die fremdbestimmte Aufgabe überhaupt notwendig? Wirklich in diesem Ausmaß?

Übungen

 Inventur: Selbstbestimmte Tätigkeiten
Welche Ihrer Tätigkeiten haben einen sehr hohen Selbstbestimmungsanteil?

 Inventur: Fremdbestimmte Aufgaben
Welche Ihrer Aufgaben haben einen Selbstbestimmungsanteil von weniger als 80 Prozent?
Wie hoch sind jeweils Selbstbestimmungs- und Fremdbestimmungsanteil?

 Mehr Selbstbestimmung!
Bei welchen Aufgaben könnten Sie den Grad Ihrer Selbstbestimmung erhöhen? Mit welchen Maßnahmen?

56 | Herausforderung und Fähigkeiten in Balance

Wenn wir eine Aufgabe angehen, die uns überfordert, so werden wir Angst davor haben. Wir werden in Stress geraten und vermutlich früher oder später aufgeben. Wir werden uns auf jeden Fall höchst unwohl fühlen. Vielleicht als Versager. Doch auch, wenn wir unterfordert sind, gibt es schlechte Gefühle: Die Aufgabe ödet uns an oder langweilt uns.

Flow – fließendes Glück

Glück im Flowkanal

Das tolle Flowgefühl kann nur aufkommen, wenn die zu bewältigende Herausforderung mit unseren Fähigkeiten übereinstimmt. Csikszentmihalyi spricht dabei vom Flow-Kanal. Genau in diesem Flow-Kanal fühlen wir uns wohl. Übersteigt die Aufgabe unsere Fähigkeiten, geraten wir in den Angst-Bereich. Ist die Herausforderung unterhalb unserer Fähigkeiten, so begeben wir uns in den Bereich der Langeweile (siehe Grafik).

Praxis-Tipps

- Entwickeln Sie ein Gespür für die Balance zwischen Herausforderung und Fähigkeit.
- Machen Sie sich die beiden »Stellschrauben« zum Erreichen des Flow-Kanals klar: Die Herausforderung können Sie reduzieren oder erhöhen. Ihre Fähigkeiten werden Sie nicht reduzieren, aber Sie können sie wahrscheinlich steigern.
- Wenn Sie in den Angst-Bereich kommen: Reduzieren Sie die Herausforderung und/oder steigern Sie Ihre Fähigkeiten.
- Wenn Sie in den Langeweile-Bereich kommen: Erhöhen Sie die Herausforderung.
- Für Fortgeschrittene: Erhöhen Sie die Herausforderung so, dass Sie sie eben noch bewältigen, steigern Sie dann Ihre Fähigkeiten, sodass Sie wieder in der Mitte des Flow-Kanals sind. Erhöhen Sie dann wieder leicht die Herausforderung. So entwickeln Sie sich weiter.

Übungen

 Inventur Flowkanal
Bei welchen Tätigkeiten erreichen Sie ganz einfach den Flow, weil die Herausforderung mit Ihren Fähigkeiten einfach besonders gut zusammenpasst?

 Inventur Unterforderung
Bei welchen Tätigkeiten hätten Sie gerne das Flow-Gefühl, erreichen es aber nicht, weil Sie unterfordert sind? Können Sie die Herausforderung anheben?

 Inventur Überforderung
Bei welchen Tätigkeiten hätten Sie gerne einen Flow, erreichen ihn aber nicht, weil Sie überfordert sind? Können Sie die Herausforderung reduzieren? Können Sie Ihre Fähigkeiten steigern?

57 | Die Fähigkeit zur Konzentration

Wenn wir bei einer wichtigen Tätigkeit gestört werden, sind wir abgelenkt. Im Moment der Ablenkung begeben wir uns gedanklich zu einem anderen Thema. Aber dabei verpassen wir viel von unserem Leben: Wenn wir bei langweiligen Szenen eines Filmes im Fernsehen die Fernbedienung nehmen und zu einem anderen Kanal »zappen«, dann haben wir den Film eben nur stückweise gesehen.

Zwei Arten von Störungen kennen wir: Die erste Art von Störungen kommt von außen – Lärm, Unterbrechungen durch andere Menschen, Telefonklingeln oder anderes. Diese zweite Art der Störung erzeugen wir selbst. Die Störung kommt von innen. Wir schweifen ab und beschäftigen uns zeitweise mit anderen Themen.

Flow braucht die totale Konzentration

Bei Störungen irgendeiner Art ist es schwer bis unmöglich, das Flow-Gefühl zu erreichen. Daher gilt es, die Störquellen möglichst auszuschalten.

Externe Störquellen können wir zum Teil im wahrsten Sinne des Wortes ausschalten: den Fernseher, das Radio, das Telefon, die Haustürklingel.

Menschen in unserer Umgebung hören es nicht gern, aber in manchen Momenten können auch sie eine Störquelle sein. Sprechen Sie daher vorher mit Ihren Liebsten oder mit den Kollegen: »Ich brauche jetzt einmal für die nächste Stunde absolute Ruhe.«

Übungen

5 Minuten durchhalten

Bei welchen Tätigkeiten fällt es Ihnen besonders schwer, sich zu konzentrieren? Nehmen Sie einen Kurzzeitwecker und führen Sie eine solche Tätigkeit für eine bestimmte Zeit aus, mindestens 5 Minuten lang. Lassen Sie sich in dieser Zeit von nichts ablenken.
Wiederholen Sie dies öfter. Verlängern Sie die Zeiten immer wieder ein wenig.

Farben sehen

Denken Sie an Rot und sehen Sie sich jetzt eine Weile in Ihrer Umgebung um. Konzentrieren Sie sich völlig auf diese Farbe: Was sehen Sie in Rot? Welche Nuancen fallen Ihnen auf?
Wiederholen Sie die Übung noch mit zwei anderen Farben.

Konzentriert vom Scheitel bis zur Sohle

Nehmen Sie eine bequeme Sitzhaltung ein. Schließen Sie die Augen. Gehen Sie jetzt ganz langsam Ihren Körper von oben nach unten durch. Verweilen Sie einen Moment bei einem Körperteil (etwa den Augen) und gehen Sie dann langsam zum nächsten weiter (der Nase). Führen Sie die Übung konsequent bis zum Ende durch, bis Sie mit Ihrer Aufmerksamkeit bei Ihren Fußsohlen angekommen sind.

Äußere Störfaktoren können wir also verringern. Die internen Störquellen – die in uns selbst – können wir jedoch nur in den Griff bekommen, indem wir an uns selbst arbeiten. Und das ist manchmal nicht einfach. Wichtig ist auch die Arbeitsumgebung. Wenn wir malen wollen und im Blickfeld liegt noch die unfertige Steuererklärung, dann ist das nicht gerade der Konzentration förderlich. Sorgen Sie also dafür, möglichst nur das im Blickfeld zu haben, was mit der vorgenommenen Aufgabe zu tun hat.

Den rechten Ort finden

Sehr gut ist auch ein spezifischer Ort. Wenn Sie meditieren wollen, dann ist das Wohnzimmer, in dem die Kinder noch herumtollen, keine guter Ort. Wenn Sie sich aber eine Ecke im Schlafzimmer dafür reserviert haben, kommen Sie sicher recht schnell in einen guten, entspannten Zustand.

Viele Orte sind auf eine bestimmte Tätigkeit abgestimmt und fördern so die Fähigkeit zur Konzentration. Wenn Sie Golf spielen, dann lassen Sie beim Betreten des Platzes die Arbeitswelt hinter sich. Als begeisterter Kletterer sehen Sie nur den Fels und konzentrieren sich ausschließlich auf den nächsten Tritt oder Griff. Auf dem Tennisplatz sehen Sie wahrscheinlich nur den Gegner, das Netz und den Ball.

Praxis-Tipps

- Versuchen Sie alle Störungen von außen konsequent zu minimieren oder ganz abzuschalten.
- Schaffen Sie sich ein geeignetes Umfeld, zum Beispiel einen sauberen Schreibtisch, ein ruhiges aufgeräumtes Zimmer, einen Platz, an dem Sie wirklich konzentriert arbeiten, lesen oder denken können.
- Sorgen Sie dafür, dass alle Hilfsmittel zur Hand sind. Stellen Sie sich den Koch vor, der während des Kochens feststellt, dass er vegessen hat, wichtige Zutaten einzukaufen.
- Gibt es dringende Dinge zu tun? Können Sie das vorher erledigen und dann entspannt an Ihre Aufgabe herangehen?

58 | Klare, sinnvolle Ziele

Ziel des Golfspiels ist es, den Ball im Loch zu versenken. Und das mit möglichst wenigen Schlägen vom Abschlag bis zum Loch. Ginge es nur um das »Ballversenken«, wäre das Spiel ganz einfach: Wir würden zum Loch gehen, den Ball hineinfallen lassen, und das Spiel wäre zu Ende. Wie langweilig!

Der Weg ist das Ziel

Dieser millionenfach zitierte Satz sieht beim Golfspiel so aus: Das Interessante am Spiel ist nicht die Ziel-Erfüllung, das »Plopp« des Balles im Loch. Sondern der Weg vom Abschlag bis zum Loch, die Herausforderungen des Platzes, die verschiedenen Schläge.

Auch wenn es hierbei um den Weg geht: Ohne das konkrete Ziel würde das Ganze nicht funktionieren. Würden wir nur ein paar Bälle in der Gegend herumschlagen, würde uns das Spiel schnell langweilen.

Damit haben wir ein Paradoxon: Das Ziel ist nicht wichtig, der Weg dorthin ist das Wichtig(er)e. Aber ohne das Ziel würde der Weg nicht funktionieren. Die beste Lösung: Wir haben ein klares Ziel, das sinnvoll ist. Und dann genießen wir den Weg dorthin. Wenn wir schließlich angekommen sind, suchen wir uns ein neues Ziel.

Wenn wir kein klares Ziel haben, wissen wir auch nie, ob wir uns (noch) auf dem richtigen Weg befinden. Wir wissen nicht, ob wir vorwärtskommen. Ein Flow-Gefühl kann sich so nicht einstellen.

Fazit: Das wohltuende Flow-Gefühl stellt sich am ehesten ein, wenn wir ein klares Ziel vor Augen haben, das sich anzustreben lohnt. Wenn wir selbst die Quelle des Fortschritts sind. Und wenn wir auf dem Weg zum Ziel sehen, dass wir vorwärtskommen.

Praxis-Tipps

- Gute Ziele berücksichtigen unsere Stärken.
- Gute Ziele stehen im Einklang mit anderen Zielen. Befinden sich Ziele im Widerspruch zu anderen Zielen, so wird die Zielerreichung sehr schwierig.
- Gute Ziele können wir aus eigener Kraft erreichen. Das heißt nicht unbedingt, dass wir dazu völlig allein sein müssen. Aber wenn wir zu stark von anderen abhängig sind, haben wir nur geringen Einfluss auf die Zielerreichung.
- Gute Ziele haben einen klaren Zeitbezug. Einen klaren Termin. Einen klaren Zeitraum.
- Gute Ziele sind spezifisch. Nicht »Ich will abnehmen« (unspezifisch), sondern »Ich werde mein Gewicht auf 75 Kilogramm senken.«
- Gute Ziele drücken die Entschlossenheit zum Handeln aus. »Ich will«, »ich werde«, »ich strebe an« motivieren stärker als »es wäre schön, wenn ...«.

Übungen

 Meine Ziele
Welche Ziele möchten Sie in Ihrem Leben noch erreichen?

 Meine wichtigsten Ziele
Welche drei Ziele sind Ihnen am wichtigsten? Wählen Sie diese aus allen Zielen auf, die Sie eben aufgeschrieben haben.

 Mit Klarheit zum Ziel
Erstellen Sie für jedes Ihrer drei Ziele ein »Zielblatt«. Das heißt, Sie entwerfen jetzt einen Plan mit den einzelnen Schritten. Legen Sie darin fest, was Sie tun müssen, um ans Ziel zu gelangen und wann Sie das geschafft haben wollen. So finden Sie den Weg, der Sie zum Ziel führt.

59 | Unmittelbares Feedback

Feedback heißt wörtlich übersetzt »zurückfüttern«. Die deutsche Übersetzung für Feedback sind »Rückkopplung« oder »Rückmeldung«. Leider sind sie nicht so treffend wie der englische Begriff, der auch zum Teil unserer Sprache geworden ist.

Versuchen Sie, einem kleinen Kind klarzumachen, dass die Herdplatte »heiß« ist und dass es gefährlich ist, sie anzupacken. Das Kind wird es nicht verstehen. Erst das unmittelbare Feedback des Hitzespürens wird ihm klarmachen, worum es geht – hoffentlich ohne dass erst Verbrennungen auftreten müssen.

Feedback ist ein Geschenk

Ein Feedback ist die Antwort auf unser Handeln. Wenn wir das Steuerrad unseres Autos in eine Richtung drehen, so folgen die Räder sofort der Anweisung. Das Feedback ist direkt und unmittelbar. Wenn der Steuermann eines Ozeanriesen das Steuer stark in eine Richtung dreht, so bewegt sich das Schiff zunächst weiter geradeaus. Erst allmählich und langsam ändert es die Richtung. Das Feedback ist träge und verzögert.

Mit verzögertem Feedback können wir schlecht umgehen. Weil wir auf unsere Handlung zunächst keine Antwort bekommen, nehmen wir an, die Handlung habe keinen Effekt gehabt. Wir probieren dann vielleicht etwas Gegenteiliges aus. Da dies auch nichts bringt, tun wir wieder das Gegenteil oder gar nichts. Auf jeden Fall bringen wir so das gesamte System ins Schleudern.

Wenn wir aber auf unsere Handlungen ein unmittelbares Feedback bekommen, dann spüren wir sofort, was uns in die gewünschte Richtung bringt. Wir haben eine sofortige Erfolgskontrolle.

Praxis-Tipps

Es gibt viele Tätigkeiten, die unmittelbares Feedbacks liefern. Sie sind daher auch besonders Glück bringend:
- Beim Musizieren ist der erzeugte Ton das unmittelbare Feedback. Ich höre sofort, ob ich den Ton »getroffen« habe.
- Bei Sportarten mit »Zielcharakter« gibt es unmittelbares Feedback. Beim Fußball etwa ist der Ball im Tor. Beim Bogenschießen steckt der Pfeil im Schwarzen. Beim Golf fliegt der Ball in die gewünschte Richtung.
- Beim Zeichnen und Malen sind die Striche und die aufgetragene Farbe das unmittelbare Feedback. Das Gleiche gilt für alle bildenden Künste. Der Künstler erfährt durch die Materialveränderung das unmittelbare Feedback.
- Im unmittelbaren Feedback ist auch die Beliebtheit von Spielen aller Art begründet: Die Figur des Computerspiels folgt direkt meinen Joystick-Bewegungen. Ein aufgelegter Baustein macht die Mauer direkt etwas höher.
- Auch in der Küche gibt es Tätigkeiten, die ein direktes Feedback enthalten: Beim Kochen zum Beispiel entsteht mit unserer Hilfe aus Zutaten ein köstliches Mahl. Alle Sinne sind daran beteiligt. Unzählige kleine Schritte liefern uns direktes Feedback: Wir riechen, ob der Fisch frisch ist. Wir sehen beim Waschen der Paprika, ob wir alle Kerne entfernt haben. Wir legen das Steak in die Pfanne und hören am Zischen, ob das Fett heiß genug ist. Der Stich mit der Gabel in die Kartoffel lässt uns spüren, ob sie gar ist. Wir schmecken, ob der Suppe noch etwas Salz fehlt.
- Ähnlich sieht es im Haushalt aus, oft hat unser Tun hier direkte Folgen: Nach dem Putzen, Aufräumen oder Abspülen ist das Ergebnis sofort sichtbar.

Übungen

 Feedback Hobbys
Haben alle Ihre Hobbys und Lieblingstätigkeiten ein unmittelbares Feedback? Oder kommt das Feedback erst später?

 Feedback Beruf
Haben Ihre beruflichen Tätigkeiten unmittelbares Feedback? Oder erfahren Sie erst sehr viel später oder vielleicht auch überhaupt nicht, wie sich Ihre Arbeit auswirkt?

 Feedback steigern
In welche Ihrer Tätigkeiten können Sie noch mehr Feedback einbauen? Welche Tätigkeiten können Sie dazu neu und anders organisieren, so dass diese in Zukunft Feedback enthalten?

Flow – fließendes Glück

60 | Mit voller Hingabe

Albert Schweitzer (1875–1965) war ein Multitalent: Nach seinem Abitur studierte er an der Universität Straßburg die Fächer Theologie und Philosophie; nebenher studierte er in Paris Orgel. Er wurde ein ausgezeichneter Orgelspieler und ein anerkannter Bach-Spezialist. Albert Schweitzer erlangte den Doktor der Philosophie und arbeitete später als Professor der Theologie an der Universität Straßburg. Damit hatte Schweitzer schon eine sehr eindrucksvolle Karriere als Musiker und Akademiker absolviert.

Aber Albert Schweitzers Lebenstraum war ein anderer: Er wollte als Missionsarzt nach Afrika gehen und dort den Armen helfen. Also begann Schweitzer ein Medizinstudium und wurde schon bald nach seiner Promotion auf Grund seiner »anerkennenswerten wissenschaftlichen Leistungen« zum Professor der Medizin ernannt.

Albert Schweitzer erfüllte sich seinen Lebenstraum und baute in Lambaréné in Gabun das später berühmt gewordene Urwaldkrankenhaus. Für seine überragenden Leistungen und für seine bemerkenswerte Menschlichkeit bekam er 1952 den Friedensnobelpreis. Sein Geheimnis: Was Albert Schweitzer auch tat, ob er tagsüber im Krankenhaus arbeitete oder abends Orgel spielte: Er tat es stets mit voller Hingabe.

Ganz oder gar nicht

Schweitzer hat das beherzigt, was Konfuzius uns allen empfiehlt: »Wohin du auch gehst, geh mit deinem ganzen Herzen.«

Wenn wir eine Sache nur halbherzig tun, so wird sie nicht gut werden. Wir verschleudern unsere Zeit und Energie. Wenn wir aber total bei der Sache sind und uns völlig hingeben, so werden wir durch Glücksströme direkt belohnt. Die Tätigkeit selbst wird zur Belohnung.

Die Flow-Formel

Kennen Sie die magische Glücksformel der völligen Hingabe? Dies ist sie:
Hingabe = Hier + Jetzt + Konzentration + all meine Fähigkeiten

Hier tauchen zwei Glückswege auf, die wir schon kennen: Das Leben im *Hier* und *Jetzt* → 9 | S. 56 ff. und die Fähigkeit zur Konzentration → 57 | S. 148 f. Beide sind Voraussetzungen für die Hingabe, sie allein reichen aber noch nicht aus. Volle Hingabe bedeutet: Wir tun das, was wir tun, mit ganzer Kraft, mit all unserem Wissen und Können.

Praxis-Tipps

- Erledigen Sie unangenehme Arbeiten vorher. Dann können Sie sich Ihrer Aufgabe ungestört hingeben. Gleichzeitig ist es eine Belohnung.
- Wenn Sie für Ihre Aufgaben Material, Werkzeug oder Ähnliches brauchen: Besorgen Sie sich erstklassiges Material und eine Top-Ausrüstung. So steigern Sie Ihre Begeisterung.
- Tun Sie ab und zu einmal etwas bewusst ganz langsam.

Übungen

 Lieblingsfächer
Was waren Ihre Lieblingsfächer in der Schule und während Ihrer Ausbildung? Was hat Sie besonders fasziniert?

 Meine totale Hingabe
Bei welchen Themen oder Tätigkeiten können Sie sich ganz hingeben?

 Ein Monat Hingabe
Stellen Sie sich vor: Sie haben einen ganzen Monat komplett frei. Sie sind während dieser Zeit von allen Verpflichtungen entbunden. Für Ihr Ernährung, Unterkunft, Lebenshaltung ist gesorgt. Sie können sich voll und ganz einer Sache hingeben. Was tun Sie?

61 | Erfreuliche Erfahrungen

Spitzensportler nennen es die »Zone«. Wenn sie in der »Zone« sind, dann scheinen sich Raum und Zeit aufzulösen. Das ist das totale *Hier* und *Jetzt*. Der brasilianische Fußballstar Pelé berichtete von seinem Gefühl in der Zone als einer »sonderbaren Ruhe«. Er hatte das Gefühl, als könne er durch seine Gegenspieler regelrecht hindurchlaufen.

Für manche Sportler scheint sich die Zeit zu dehnen und alles wie in Zeitlupe abzulaufen. Der amerikanische Footballstar John Riley Brodie zum Beispiel empfand »alle Zeit der Welt« zu haben, während die Abwehrspieler auf ihn zurasten. Und der NLP-Begründer Richard Bandler brachte Tennisspielern bei, ihr *Zeitgefühl* so zu verändern, dass sie sogar die feine Naht auf dem Tennisball erkennen konnten – obwohl dieser mit 100 km/h auf sie zugeschossen kam.

Reiche Ernte

Wenn wir die Bedingungen für Flow erfüllt haben, dann werden wir reich belohnt. Wir sind jetzt der Steuermann unseres Lebens. Das Flow-Erlebnis lässt den Sorgen und Frustrationen des Alltags keinen Platz. Unser Gehirn ist auf eine einzige Aufgabe konzentriert, der wir uns ganz hingeben. Wir verlieren uns in Zeit und Raum.

Im Flow haben wir das tolle Gefühl, die ganze Angelegenheit zu steuern und alles total unter Kontrolle zu haben. Wir wissen instinktiv: Ich mache das. Dieses Gefühl ist auch der Grund dafür, dass viele Menschen gern Auto fahren. Hinter dem Steuer sind sie sich sicher, dass sie alles im Griff haben.

Das gleiche tolle Gefühl der Kontrolle treibt andere Menschen zu den Extremsportarten:

Freeclimbing (Klettern ohne zusätzliche Hilfsmittel außer der Sicherung), Base-Jumping (Fallschirmsprünge von hohen Gebäuden, Brücken oder Felsen) oder Canyoning (Begehen einer Schlucht von oben nach unten). Bei der Ausführung dieser Sportarten hat man nur die Wahl, sich total zu konzentrieren oder sein Leben zu riskieren.

Manche Sportler bekommen bei ihren risikoreichen Tätigkeiten sogar ein »high«-Gefühl. Es besteht außerdem eine gewisse Suchtgefahr, immer wieder die Herausforderung neu zu suchen.

Außerhalb der Zeit ...

Im Flow erscheinen uns die Zeitabläufe total verändert. Wir vergessen die Zeit. Wir malen ein Bild und merken nicht, dass Stunden vergangen sind. Und gleichzeitig »dehnt« sich die Zeit scheinbar: Stunden werden zu Minuten. Minuten zu Stunden.

Dieses Gefühl der Zeitlosigkeit geht offensichtlich einher mit einer hohen Ausschüttung von Neurotransmittern, sodass in unserem Gehirn das tolle Gefühl entsteht, welches wir Glück nennen.

Praxis-Tipps

- Versuchen Sie, so viele Flow-Erlebnisse wie möglich in Ihren Tagesablauf einzubauen.
- Kosten Sie jeden Flow total aus.
- Schaffen Sie immer wieder ganz gezielt die Voraussetzungen für Flowerlebnisse.

Übungen

 Flow-Tätigkeiten
Bei welchen Tätigkeiten kennen Sie das Gefühl der totalen Kontrolle?

 Veränderte Zeitgefühle
Wann erleben Sie veränderte Zeitgefühle? Verläuft die Zeit dann scheinbar schneller oder langsamer?

 Das Verschwinden von Sorgen und Ängsten
Bei welchen Tätigkeiten verschwinden Ihre Sorgen und Ängste total?

Zusammenfassung »Flow – fließendes Glück«

Am ehesten kommen wir in einen Flow-Zustand, wenn wir uns selbst gestellten Aufgaben I➔55 widmen. Wichtig ist dabei, dass die gestellten Anforderungen und unsere Fähigkeiten in Balance I➔56 sind. Wir brauchen die Fähigkeit zur Konzentration I➔57, um uns ungestört der Aufgabe zuzuwenden.

Klare, sinnvolle Ziele I➔58 weisen uns den Kurs. Auf dem Weg zum Ziel hilft uns ein unmittelbares Feedback I➔59 dabei, festzustellen, ob und wie wir vorankommen.
Wenn wir die Aufgabe mit voller Hingabe I➔60 erfüllen, werden wir sehr erfreuliche Erfahrungen I➔61 erleben.

Glück mit anderen

Viele unserer Ziele und gewünschten Erfahrungen können wir nicht allein erreichen. Dazu bedarf es des Kontaktes, des Wissens und der Unterstützung anderer Menschen.

Die positive Form des Egoismus

Wir Menschen brauchen einander – gleichzeitig gibt es da, wo wir zusammentreffen, unterschiedliche Meinungen, Bedürfnisse und Interessen. Die Unterschiede sind nicht immer unter einen Hut zu bekommen. Es gilt daher, sich auszutauschen, den Bedürfnissen aller ein Stück weit gerecht zu werden, Interessen anzugleichen und Kompromisse einzugehen. Das Miteinander ist nicht immer einfach, aber sehr lohnend. Die Glücksforschung belegt, dass Menschen, die viel und gut mit anderen Menschen umgehen, mehr Glück empfinden, als Menschen, die eher zurückgezogen leben oder versuchen, immer ihre eigenen Interessen durchzusetzen.

Der beste Egoismus für das eigene Glück ist daher: nicht egoistisch zu sein. Scheinbar ein Paradox: Ich tue am meisten für mich, indem ich freundlich zu anderen bin und ihnen helfe.

Folgende Glückswege führen uns zum Glück mit anderen:

62 | **Ein starkes Glücksnetz knüpfen**
63 | **In Freunde und Familie investieren**
64 | **Der Zauber der Liebe**
65 | **Lehrer und Mentoren**
66 | **Helfen macht glücklich**
67 | **Ein Amt in Ehren**

62 | Ein starkes Glücksnetz knüpfen

Die Glücksforscher haben herausgefunden, dass Menschen, die einen hohen Glücksspegel haben, meistens ein umfangreiches und aktives Netzwerk haben. Sie sind also mit anderen Menschen vielfältig verbunden.

Wenn Sie über ein großes und aktives Netzwerk verfügen, dann werden Sie von anderen Menschen auch viel erfahren. Gegenüber einem Menschen mit einem kleinen ineffektiven Netzwerk sind Sie im Vorteil. Sie hören eher von Chancen und Möglichkeiten. Sie bekommen im Bedarfsfall eher Hilfe und Unterstützung. Die Wahrscheinlichkeit für Chancen wächst. Natürlich ist auch ein großes, aktives Netzwerk kein Garant für das Glück. Aber Sie erhöhen damit Ihre Chancen beträchtlich.

Wenn Sie nicht über ein solches Netzwerk verfügen, so können Sie Ihren Glücksspegel erhöhen, indem Sie anfangen, eines aufzubauen. Allein schon der Umgang mit anderen Menschen und das aktive Handeln sind eine Glücksquelle.

Ein Netzwerk braucht Pflege

Ein Netzwerk erfordert aktive Pflege. Wenn Sie die Verbindungspfade zueinander nicht beschreiten, so werden diese zuwachsen und vom Unkraut der Vernachlässigung überwuchert. Wichtig ist die Regelmäßigkeit, und auch das Gleichgewicht von Geben und Nehmen. Bitte beachten Sie die Reihenfolge: erst geben, dann nehmen! Netzwerke funktionieren nur, wenn hierbei ein ausgewogenes Verhältnis besteht. Wenn alle nur aus dem Netzwerk »saugen«, ist es bald leer und tot.

Informelle Netzwerke
Wir werden automatisch Mitglied in mehreren Netzwerken, ohne dass wir sie so nennen. Solche informellen Netzwerke sind: Familie, Freundeskreis, Nachbarschaft, Kollegen, Klassenverband von Schülern, Studenten des gleichen Studienjahres oder auch Teilnehmer an Lehrgängen und Ähnlichem.

Formelle Netzwerke erfordern eine Mitgliedschaft. Meist gibt es förmliche Treffen, Regeln und Rituale. Solche Netzwerke sind zum Beispiel Vereine, Parteien, Clubs, Verbände, Kirchengemeinden oder Stammtische. Formelle berufliche Netzwerke dienen der gegenseitigen Unterstützung in beruflichen und finanziellen Angelegenheiten. Dazu gehören Verbände, IHK, Handwerkskammern, Innungen, Genossenschaften und Gesellschaften.

> **Übungen**
>
> **Netzwerk-Inventur**
> Über welche Netzwerke verfügen Sie?
>
> **Netzwerk-Check**
> Überprüfen Sie jedes Ihrer Netzwerke: Welches ist wertvoll? Welches ist überflüssig? Was bedarf einer Erneuerung?
>
> **Meine Kontaktliste**
> Haben Sie eine gut gepflegte Kontaktliste (auf Papier oder im Computer)? Gehen Sie alle Ihre Adressen durch: Zu wem hatten Sie schon lange keinen Kontakt mehr? Ist dieser Mensch wichtig für Sie? Falls ja, dann rufen Sie ihn innerhalb der nächsten zwei Tage an. Ansonsten: Weg mit dem Kontakt. Kontrollieren Sie auch: Wer tut Ihnen nicht gut? Weg damit!
> Markieren Sie Ihre wichtigsten Kontaktpersonen. Kommunizieren Sie regelmäßig: mit Menschen, die Ihnen sehr wichtig sind, einmal die Woche, mit den anderen wenigstens einmal im Monat.

63 | In Freunde und Familie investieren

Josephine Baker war eine dunkelhäutige Tänzerin, die in den Zwanzigerjahren des letzten Jahrhunderts die Männer verrückt machte, indem sie in Paris im Folies Bergère barbusig, fast nur mit einem Bananenröckchen bekleidet, auftrat. Sie war ein einziger Skandal, allein schon ihr legendäres Bananenröckchen machte sie weltberühmt.

Josephine Baker wäre sicher eine von vielen längst vergessenen Tänzerinnen, wenn sie nicht noch viel aufregendere Dinge in ihrem Leben getan hätte: In ihrer Wahlheimat Frankreich nahm sie die französische Staatsbürgerschaft an und kämpfte während des Zweiten Weltkrieges auf ihre Weise. Sie trat als Sängerin vor französischen Truppen auf, arbeitete aber im Untergrund für die Résistance und den Geheimdienst. Sie machte den Pilotenschein, wurde sogar Leutnant der französischen Armee.

Die wahrscheinlich eindrucksvollste Tat in ihrem Leben vollbrachte Josephine Baker aber, indem sie eine außergewöhnliche Familie gründete: Sie adoptierte zwölf Waisenkinder verschiedener Rassen und Religionen. Damit demonstrierte sie eindrucksvoll gegen den allgegenwärtigen Rassismus, der in ihrem Heimatland USA in den Fünfzigerjahren des letzten Jahrhunderts herrschte.

Um ihrer »Regenbogenfamilie« ein gutes Zuhause zu bieten, hatte Josephine extra ein Schloss in Südfrankreich gekauft. Sie widmete sich nur noch ihren Kindern, obwohl die finanziellen Bedingungen äußerst schwierig waren. Am Ende zwang sie die Geldnot doch wieder auf die Bühne. Sie tat alles nur noch, um damit ihre Familie zu finanzieren.

Alles beginnt mit dem Miteinander

Ein Baby könnte nur wenige Stunden überleben, wenn sich niemand um es kümmern würde. In der Familie werden wir groß, wir lernen dort das, was wichtig ist für unser (Über-)Leben. Später kommen Freunde und andere Menschen dazu.

Die Familie bietet uns Schutz, unterstützt uns so lange, bis wir selbst für uns sorgen können. Sie gibt auch später immer wieder wichtige Empfehlungen und Unterstützung für unser Leben. Wenn wir erwachsen werden, wird ein Teil der Eltern-Funktionen durch unsere Freunde erfüllt. Sie sind jetzt eher als unsere Eltern eine Zuflucht für Geborgenheit und Verständnis.

Noch etwas später im Leben gründen wir eine eigene Familie und übernehmen jetzt die Rolle der Eltern. Zum Ende des Lebens sind

Praxis-Tipps

- Erkundigen Sie sich nach den Interessen Ihrer Liebsten. Versuchen Sie die Interessen beider Seiten in Einklang zu bringen.
- Gemeinsames Essen ist ganz wichtig.
- Treffen Sie Verabredungen für bestimmte Zeiten.
- Entwickeln Sie gemeinsame Gewohnheiten und Rituale →33 | S. 101 f.

wir wieder im verstärkten Maße auf die Hilfe und Unterstützung anderer angewiesen.

Das Geben und Nehmen

Das ganze Leben ist ein Spiel des Gebens und Nehmens. Als Baby und später als Greis nehmen wir mehr, als wir geben können. Als Eltern geben wir häufig mehr, als wir zurückbekommen. Als Partner und Freunde haben wir hoffentlich ein ausgeglichenes Verhältnis von Geben und Nehmen miteinander. Wenn die Balance ausgewogen ist, kann beides – jemanden zu unterstützen, aber auch etwas zu bekommen – wunderbar sein. Es macht dann Freude, Zeit und Energie in Freunde und Familie zu investieren.

> **Übungen**
>
> **Nähe und Ferne**
> Welche Menschen sind für Sie wichtig und ganz nah? Welche sind etwas weiter weg?
>
> **Zeit investieren**
> An wen sind Sie bereit, Zeit zu verschenken?
> Denken Sie dabei eher an den anderen als an sich.
>
> **Energie investieren**
> Für wen sind Sie bereit, Energie aufzubringen?

64 | Der Zauber der Liebe

Wir alle haben es schon einmal erlebt, wir alle streben es an: das wunderbare Gefühl, verliebt zu sein. Wir schweben auf Wolke sieben. Wir könnten die ganze Welt umarmen. Wir fühlen uns dynamisch und voller Tatenkraft. Die Zukunft scheint rosarot.

Die Liebe ist für viele Menschen der Inbegriff des Glücks. Wenn nur der richtige Partner da ist (da wäre), wird alles gut. Aus dieser (unrealistischen) Erwartungshaltung resultiert dann oft Ent-Täuschung.

Liebe macht blind

So wunderbar das Gefühl der Verliebtheit ist, es hat auch Nachteile. Der Volksmund behauptet, Liebe mache blind. Wenn wir verliebt sind, sind wir im wahrsten Sinne »high«. Dafür ist ein Mix von verschiedenen Neurotransmittern verantwortlich. Vor allem Dopamin und Adrenalin sind im Körper verliebter Menschen reichlich vorhanden.

Aber dieser Zustand hält nicht lange an. Nach einiger Zeit geht der Spiegel der Neurotransmitter wieder auf ein Normalmaß zurück. Diese Reduktion empfinden wir als leichte bis mittelschwere Katerstimmung. So wie nach jedem übermäßigen Drogengenuss.

Wenn wir darum wissen, sind wir ein Stück weit geschützt. Wir können dann den Rausch der Verliebtheit genießen und sind nicht enttäuscht, wenn er allmählich nachlässt.

Die Liebe in den Alltag retten

Eine wichtige Aufgabe jedes Menschen ist es, das Gefühl der Liebe in den Alltag zu retten, damit es nicht irgendwann wie in Schillers »Lied von der Glocke« heißt: »Der Wahn ist kurz, die Reu' ist lang.«

Wir können uns nicht jeden Tag verlieben, aber wir können die Liebe täglich erneuern und beleben. Die Liebe zu unserem Partner. Die Liebe zu den Mitmenschen. Die Liebe zur Natur. Die Liebe zu uns selbst.

Praxis-Tipps

- Seien Sie liebens-würdig. Dann gibt es in Ihrem Leben bestimmt auch Menschen, die Sie lieben.
- Lieben Sie sich selbst. Dann können Sie auch andere lieben.
- Bringen Sie Liebe in alle Ihre Handlungen ein.

Übungen

 Liebevolle Umarmung
Wen können Sie heute liebevoll in den Arm nehmen?

 Liebevolle Worte
Wem können Sie heute ein paar liebevolle Worte sagen?

 Liebe erneuern
Was können Sie heute tun, um die Liebe zu einem Menschen ein Stück weit zu erneuern?

65 | Lehrer und Mentoren

Vor vielen Jahren lernte ich einen alten Bergführer in Österreich kennen. An einem Abend in seinem Hause zeigte der Bergführer einige Utensilien von dramatischen Rettungsaktionen: eine abgerissene Wäscheleine, die als Kletterseil dienen sollte, ein Paar Turnschuhe, mit dem ein paar Jungs aus dem Flachland auf dem Dreitausender nicht mehr weiterkamen, ein hauchdünner Anorak, in dem ein unerfahrener Bergsteiger fast erfroren wäre. Das beeindruckte mich sehr. Denn es war für mich ein Sinnbild für das Leben: Wenn wir auf einen unbekannten Berg wollen, ist es sinnvoll, jemanden in der Nähe zu haben, der die Tücken des Geländes genau kennt. Jemanden, der schon mehrfach oben war und uns wertvolle Tipps geben kann – einen Bergführer.

Auch auf dem Weg zur Meisterschaft des Lebens brauchen wir Lehrer und Mentoren. Mit Lehrern sind nicht unbedingt nur die aus der Schule gemeint. Lehrer für unser Leben sind auch unsere Eltern, unsere Großeltern, Freunde, Kollegen und Nachbarn.

Die Lehrer des Lebens

Im Laufe unseres Lebens werden wir ganz besonderen Lehrern über den Weg laufen. Manchmal begleiten sie uns eine ganze Weile – wie zum Beispiel ein guter Chef. Manchmal ist jemand ein Lehrer, der uns nur eine Winzigkeit beibringt. Vielleicht bekommt er gar nicht mit, dass wir von ihm etwas Besonderes gelernt haben.

Gönnen Sie sich einen Mentor

Ein Mentor wird uns eine Weile begleiten. Er wird uns ziemlich genau kennenlernen. Er wird unsere Fortschritte wahrnehmen. Er wird uns loben und zur rechten Zeit – immer in bester Absicht – auf Fehler, Schwächen und vor allen Dingen auf Verbesserungspotenziale hinweisen. Seien Sie bei der Auswahl eines Mentors besonders gründlich.

Praxis-Tipps

- Lehrer begegnen uns ständig: Meistens erkennen wir sie nicht als solche.
- Fast jeder Mensch hat besondere Fähigkeiten, die er anderen beibringen kann.
- Selbst Hunde und Katzen können unsere Lehrer sein.

Übungen

 Gelernt ist gelernt

Welche Lehrer/Meister/vermittelnden Menschen haben Sie bisher sehr geschätzt?
Was haben Sie von ihnen gelernt? Wofür sind Sie ihnen dankbar?

 Zukünftige Lehrer

Welche Lehrer/Mentoren hätten Sie noch gerne in Ihrem Leben? Wofür?

 Lehrer für andere

Für wen sind Sie Lehrer/Mentor?
Was wünschen sich andere von Ihnen?
Was können Sie vermitteln?

66 | Helfen macht glücklich

Eine Gruppe von Studenten wurde zu einem angenehmen Experiment eingeladen: Die Studenten sollten eine Zeit lang jeden Tag etwas Geld ausgeben. Zunächst wurde jeder Einzelne auf seinen Glückspegel hin untersucht. Dann wurde die ursprüngliche Gruppe in zwei gleich große Gruppen aufgeteilt, in beiden waren die Probanden ähnlich glücklich. Eine Gruppe sollte nun das Geld für sich selbst ausgeben (die Selbstverwender), die andere Gruppe das Geld für andere Menschen investieren (Fremdverwender). Beide Gruppen wurden nochmals geteilt: Die eine Hälfte bekam täglich 5 Dollar zum Ausgeben, die andere Hälfte sogar 20 Dollar. Nach einigen Tagen wurde erneut der Glückspegel aller Versuchsteilnehmer gemessen. Das überraschende Ergebnis: Der Glückspegel der Fremdverwender war gestiegen, der der Selbstverwender aber nicht. Dabei machte es keinen Unterschied, ob die Teilnehmer 5 oder 20 Dollar ausgaben!

Wir machen also meist gleich in doppelter Hinsicht Fehler: Erstens, wenn wir annehmen, das Beste wäre, wenn wir Geld für uns selbst ausgeben können. Und zweitens, weil wir glauben, mehr wäre besser.

Oft glauben wir, dass wir auf etwas verzichten müssen, wenn wir helfen. Was wir dabei häufig übersehen: Wir bekommen eine Menge zurück. Zum einen fühlen wir uns gut, weil wir etwas Sinnvolles getan haben. Wir waren aktiv. Dazu kommen oft noch die Dankbarkeit anderer Menschen und das Lob.

Helfen macht also glücklich. Auch, weil es mit einigen anderen Glückswegen eng verbunden ist: Wir sehen, dass es anderen Menschen nicht so gut geht wie uns. Wir werden dadurch automatisch ein Stück zufriedener. Wir entwickeln Dankbarkeit → 7 | S. 54 f. Wir verbünden uns möglicherweise mit anderen Menschen zur Hilfe. Das macht Freude und Freunde. Wir werden aktiv und haben das Gefühl etwas zu bewirken. Wir werden wahrscheinlich unser Haus verlassen um zu helfen – und bewegen uns dabei. Kurz: Das Helfen führt zu vielen weiteren Glück bringenden Aktionen.

Regelmäßig helfen, gezielt helfen

Das größte Helferglück empfinden nicht diejenigen Menschen, die irgendwann anonym etwas spenden, sondern diejenigen, die sich selbst ein Ziel aussuchen – am besten im näheren Umfeld – und dann regelmäßig helfen. Sie werden mit den Menschen, denen sie geholfen haben, wahrscheinlich zusammentreffen. Sie werden den Dank direkt empfangen. Das regelmäßige Helfen vermittelt ein Gefühl der Verpflichtung und nicht nur der zufälligen freundlichen Geste.

Praxis-Tipps

- Am glücklichsten werden Sie mit regelmäßiger Hilfe, etwa indem Sie einmal pro Woche etwas tun.
- Helfen in der Gruppe bringt außer Glück auch noch eine Menge Spaß.
- Verbinden Sie die Hilfe mit Ihren Fähigkeiten. Dann erleben Sie vielleicht zusätzlich noch das Flow-Gefühl.

Übungen

 Mein Gemeinschaftsbeitrag
Sehen Sie in Ihrer Zeitung nach, welche gemeinnützigen Vereine oder Organisationen es in Ihrer Nähe gibt.
Was würde Ihnen Spaß machen? Wo und wie können Sie Ihr Wissen und Können zum Wohle anderer einsetzen?

 Umgebungshilfe
Wer in Ihrer Umgebung könnte Ihre Hilfe gebrauchen? Rufen Sie diese Person an. Gehen Sie hin.

Die Weltkarte des Glücks

In der Glücksforschung gibt es seit einigen Jahren das Bestreben, international zu vergleichen, in welchen Ländern der Erde die Menschen besonders glücklich sind und wo weniger. Der Psychologe Adrian White von der University of Leicester hat im Jahre 2006 zum ersten Mal eine Weltkarte des Glücks (Map of World Happiness) erstellt. Dabei wurden verschiedene Datenquellen verwendet. Die zwanzig glücklichsten Länder sind nach Auswertung dieser verschiedenen Quellen:

1 Dänemark
2 Schweiz
3 Österreich
4 Island
5 Die Bahamas
6 Finnland
7 Schweden
8 Bhutan (siehe auch Kasten Seite 11)
9 Brunei
10 Kanada
11 Irland
12 Luxemburg
13 Costa Rica
14 Malta
15 Niederlande
16 Antigua and Barbuda
17 Malaysia
18 Neuseeland
19 Norwegen
20 Seychellen

Weitere Platzierungen: USA (23), Deutschland (35), Frankreich (62), China (82), Japan (90) und Indien (125). Deutschland liegt damit im gleichen Glücksbereich wie Kolumbien, Honduras und Kuwait.

Aus dieser Weltkarte ergibt sich deutlich, dass Wohlstand nicht der entscheidende Faktor für das Glück ist. Offensichtlich spielen vor allem soziale Spielregeln in der Gesellschaft eine große Rolle. Bemerkenswert ist, dass alle skandinavischen Länder in der Spitzengruppe zu finden sind. Und auffällig ist auch, dass das Unglück dort am größten ist, wo die Menschen arm sind und gleichzeitig in Unfreiheit leben. Dazu gehören fast alle ehemaligen Ostblockstaaten sowie die meisten Länder auf dem afrikanischen Kontinent.

67 | Ein Amt in Ehren

Wenn wir immer über »die Politiker« schimpfen, vom Staat mehr Straßen, bessere Schulen und weniger Abgabenlast verlangen, dann dürfen wir uns nicht wundern, wenn wir immer unzufriedener werden. Der Staat sind wir. Die Politiker haben sich nicht selbst ins Parlament geschlichen, wir haben sie dorthin gewählt.

Der beste Schutz gegen Frustration über die »böse Politik« ist aktive Beteiligung. Mit aktiver Beteiligung verlieren wir das Gefühl der Ohnmacht. Wir erleben unseren Einfluss und kapieren, wie Entscheidungen in unserer Gemeinde, in unserer Stadt, in unserem Land zustande kommen.

Praxis-Tipps

- Schimpfen Sie nicht auf »die Politiker«. Mischen Sie sich ein.
- Beteiligen Sie sich zum Beispiel aktiv in Ihrer Gemeinde. Nehmen Sie Kontakt zu Ihrem Abgeordneten auf. Suchen Sie Mitstreiter für Ihre Sache.

Übungen

 Meine Beteiligungs-Bereitschaft
Woran sind Sie bereit, sich zu beteiligen? Was sind Ihre Bedingungen?

 Ein konkretes Projekt
Suchen Sie sich die angenehmste / sinnvollste Beteiligung aus Übung 1 aus und unternehmen Sie wenigstens einen ersten Schritt.

Die glücklichen Schweizer

Es ist kein Wunder, dass die Schweiz beim internationalen Vergleich, wo die glücklichsten Menschen leben, einen Spitzenplatz einnimmt. Die Schweizer haben zwar einen hohen Lebensstandard und eine schöne Landschaft, aber das haben andere Länder auch. Ausschlaggebend für den hohen Glückspegel ist das hohe Maß an direkter Mitwirkung und Beteiligung. Auch in den skandinavischen Ländern ist das ähnlich.

Es gibt auch für uns vielfältige Möglichkeiten, ehrenamtlich mitzuwirken: im Verein, in der Kirchengemeinde, in der Elternschaft der Schule, als sachkundiger Bürger in einem Ausschuss der Stadt. Die Telefonseelsorge, die Freiwillige Feuerwehr und das Rote Kreuz wären nichts ohne die zahlreichen ehrenamtlich tätigen Menschen.

Auch wenn Sie schon pensioniert sind, können Sie noch eine Menge tun: Besuchen Sie Menschen im Krankenhaus, lesen Sie alten Menschen die Zeitung oder Geschichten vor. Sehen Sie das Ehrenamt nicht Belastung an, sondern als Quelle, etwas zu lernen und etwas für andere zu tun. Sie werden sehen: Es wird Ihnen Spaß machen. Sie kommen mit interessanten Menschen in Kontakt. Und: Sie werden stolz auf sich sein.

Zusammenfassung »Glück mit anderen«

Wenn wir ein starkes, festes Glücksnetz knüpfen I→62, dann sind wir mit anderen Menschen vielfach verbunden. Wir erhöhen damit die Wahrscheinlichkeit, Glück zu erleben – und wir verschenken Glück. Es lohnt sich daher auf jeden Fall, in Freunde und in die Familie zu investieren I→63.

Der Zauber der Liebe I→64 kann einer der größten Glücksquellen werden.
Lehrer und Mentoren I→65 sind wie Bergführer, die uns den Weg weisen.
Nicht nur Hilfe empfangen, sondern auch das Helfen macht glücklich I→66, besonders ein Amt in Ehren I→67.

Das ganze Glück

In diesem letzten Kapitel wollen wir die Glückswege miteinander kombinieren und in unser Leben integrieren. Denn wenn wir die verschiedenen Glückswege miteinander verbinden, entfalten sie ihre Kraft umso strahlender.

Bringen Sie das Glück zum Klingen!

Das Leben wird leicht, wenn sich die Widersprüche auflösen. Anstatt eines Entweder-oder kommt ein Sowohl-als-auch zum Tragen. Ja, noch besser: Ein Schritt bereitet den nächsten vor, stützt und verstärkt ihn.

Nachdem wir bisher zahlreiche einzelne Glücksinstrumente kennengelernt haben, sind wir nun bereit für ein Orchester. Mehrere Instrumente wirken harmonisch zusammen. Und die Anzahl der spielbaren Stücke ist unendlich:

68 | **Schöpfen aus vielen Quellen**
69 | **Gott und das Universum**
70 | **Das richtige Hobby**
71 | **Zu Gast bei Freunden**
72 | **Musik, Spiel und Tanz**
73 | **Sport im Team**
74 | **Der grüne Daumen**
75 | **Raus in die Natur**
76 | **Jeder ist ein Künstler**
77 | **Eine Glücksrevolution anzetteln**

68 | Schöpfen aus vielen Quellen

Sie kennen bestimmt das Taschenmesser mit den dunkelroten Griffschalen und dem silbernen Kreuz darauf: das Schweizer Offiziersmesser. Dieses weltweit bekannte Messer ist deshalb so beliebt, weil es in kompakter Form eine Vielzahl von Werkzeugen bietet: ein großes und ein kleines Messer, Schere, Flaschenöffner, Dosenöffner, Korkenzieher, diverse Schraubenzieher, Pinzette, Feile. Es verfügt sogar über einen Zahnstocher!

Vom Zauber der Vielfalt
Egal, ob Sie einen Apfel schälen, eine Flasche Bier oder Wein öffnen, einen Faden abschneiden, eine Schraube festdrehen oder den eingerissenen Fingernagel begradigen möchten: Sie haben mit dem genialen Schweizer Messer alles Nötige dabei.

Ähnlich gut gerüstet sind Sie für Ihr Wohlbefinden, wenn Sie es verstehen, aus den verschiedensten Glücksquellen zu schöpfen. Das Glücks-Know-how, das Sie hier erwerben, hilft Ihnen, in der jeweiligen Situation das richtige Werkzeug einzusetzen. Der Hektik wirken Sie mit Gelassenheit →11 | S. 59 ff. und Geduld →12 | S. 61 ff. entgegen. In einer eher langweiligen Umgebung nehmen Sie Ihre geistige Lupe heraus und entdecken auch an Kleinigkeiten unglaublich Schönes und Überraschendes →50 | S. 134 ff.

Sie können Ihr Repertoire der Glücksquellen ständig erweitern, so wie ein guter Schauspieler nie aufhört, noch eindringlicher, besser, vielseitiger zu spielen. Und auch gute Sportler feilen beständig an ihrer Technik.

Besonders gut wirken die Glückswege im Wechselspiel: Nach einer anstrengenden Wanderung →42|S.119f., die uns mit neuem Sauerstoff versorgt und mit Glückshormonen durchflutet, folgt ein gesunder Schlaf →46|S. 125f. Nach einer Phase der Ruhe und Behaglichkeit haben wir Lust auf Bewegung.

Praxis-Tipps

- Versuchen Sie stets ein paar Glückswege zu kombinieren.
- Benutzen Sie Ihr Glückstagebuch, um neue Kombinationen von Glückswegen zu entdecken.
- Werden Sie Ihr privater Glücksforscher.

Übungen

 Glück bei der Arbeit
Stellen Sie sich einen ganz normalen Arbeitsalltag vor. Welche Glückswege können Sie einbauen?

 Glückswege erfinden
Erfinden Sie mindestens drei neue Glückswege. Halten Sie sie in Ihrem Glückstagebuch fest.

 Tages-Analyse
Lassen Sie den heutigen Tag Revue passieren und überlegen Sie, welche Glückswege und Glücksquellen Sie kombiniert haben.

69 | Gott und das Universum

Margarete, genannt Gretchen, fragt den sie umwerbenden Faust: »Nun sag, wie hast du's mit der Religion? Du bist ein herzlich guter Mann, allein ich glaub, du hältst nicht viel davon.« Diese Frage aus Goethes Faust, Teil I, ist als Gretchenfrage berühmt geworden.

Aber was hat die Gretchenfrage mit unserem Glück zu tun? Eine Menge: Glücksforscher haben herausgefunden, dass Menschen, die religiös sind, etwas glücklicher sind, als Menschen, die die Existenz eines Gottes leugnen oder eher ablehnen. Gläubige Menschen fühlen sich möglicherweise mehr mit der ganzen Menschheit verbunden.

Im Sinn von persönlichem Glück sind beide Wege sinnvoll, die Goethes Faust aufzeigt: Das junge Mädchen Gretchen ist eher der Tradition verhaftet, glaubt an Gott und sieht die Institution Kirche als Gemeinschaft der religiösen Praxis an. Der Gelehrte Heinrich Faust stellt dagegen die überlieferte Religion in Frage und vertraut eher der Wissenschaft. Er versucht Gretchen davon zu überzeugen, dass er wie sie die gleichen Gefühle haben kann: für das Gute, das Schöne und das Anständige. Heinrich Faust argumentiert, dass die christlichen Werte nicht von der Kanzel gepredigt werden müssen, um beherzigt zu werden.

Das ganze Glück

Was ist Ihre Antwort auf die Gretchenfrage?

Was sind Sie: Gläubiger, Agnostiker, Atheist …? Ihre persönliche Gretchenfrage können nur Sie selbst beantworten. Wenn Sie eher zu Gretchens Einstellung tendieren, dann sind Sie vermutlich mit der Wahl und der Ausübung Ihrer Religion zufrieden. Wenn Sie eher Faust folgen, dann wäre es gut, wenn Sie anstelle eines Gottes irgendeinen anderen tiefen Sinn in Ihrem Dasein und dem Sie umgebenden Universum sehen können. Gretchen ist religiös, Faust spirituell. Beides kann dazu beitragen, das persönliche Glück zu mehren.

Probleme bekommen Sie nur, wenn Sie an gar nichts glauben, also ein Nihilist sind. Ohne den Glauben an einen Sinn, eine höhere Macht oder tiefere Zusammenhänge durchs Leben zu gehen, macht vieles beschwerlicher, als wenn Sie an etwas glauben können, das Sie auch weiter trägt, wenn es in Ihrem Leben eine Zeitlang nicht so gut läuft.

Praxis-Tipps

- Versuchen Sie möglichst viele Zusammenhänge wahrzunehmen und zu sehen – zwischen Menschen, zwischen Mensch und Natur.
- Werden Sie ein (Hobby-) Forscher, der täglich die Wunder des Lebens entdeckt.
- Schauen Sie sich Wissenschaftssendungen im Fernsehen an.
- Schauen Sie sich gute Bildbände an.
- Staunen Sie wie ein Kind über die Wunder der Natur.

Übungen

 Glaube und Glück
Egal, ob Sie religiös sind oder eher spirituell: Was bedeutet dieser Glaube für Ihr persönliches Glück?

 Gretchen spielen
Diskutieren Sie mit einem Menschen, der anders glaubt, und fragen Sie ihn nach dem Zusammenhang zwischen seinem Glauben und seinem Glück.

 Aus anderer Sicht
Besuchen Sie eine religiöse Stätte, die Sie üblicherweise nicht aufsuchen, und versuchen Sie dort zu spüren, was die Menschen an dieser Stelle mit ihrem Glück verbindet. Wie geht es Ihnen in der anderen Kirche, der Synagoge, der Moschee?

 Werden Sie ein Philosoph
Beschäftigen Sie sich mit den zentralen Fragen des Lebens. Lesen Sie, diskutieren Sie. Entwickeln Sie einen Sinn für das Ganze.

70 | Das richtige Hobby

Mit »hobby-horse« bezeichnen die Briten ein kleines Pferd oder ein Pony. Daraus ist verkürzt das »hobby« geworden, welches auch ein hölzernes Kinderpferd bezeichnet: das Steckenpferd. Ein Hobby ist eine Lieblingstätigkeit, die wir in der Freizeit betreiben, im Gegensatz zur Arbeit, die dem Broterwerb dient.

Ein Hobby bietet uns vielfältige Möglichkeiten, glückliche Momente zu erleben. Der Sinn des Hobbys ist es ja gerade, fasziniert zu sein und dabei Vergnügen, Spaß und Lustgewinn zu spüren. Ein Hobby, welches uns frustriert oder mehr Ärger als Freude bringt, hat aufgehört, eines zu sein.

Machen Sie das Beste daraus

Ein gutes Hobby im Sinne von Glücks-Vermehrung erzeugt Flow:
- Die Tätigkeit ist selbst gewählt → **55** | S. 145 f.
- Sie fühlen sich weder unterfordert noch überfordert, sondern halten eine gute Balance zwischen Herausforderung und Können → **56** | S. 146 f.
- Sie können sich während der Ausübung voll konzentrieren → **57** | S. 148 f.
- Sie verfolgen ein klares, sinnvolles Ziel → **58** | S. 150 f.
- Sie erleben ein unmittelbares Feedback → **59** | S. 151 f.
- Sie sind mit voller Hingabe bei der Sache → **60** | S. 153 f.
- Sie erleben Momente der Zeitlosigkeit → **61** | S. 154 f.

Aber das ist noch längst nicht alles, was ein gutes Hobby für unser Glück leisten kann:
- Wir schulen die Aufmerksamkeit → **8** | S. 55 f.
- Wir lernen Neues → **14** | S. 65 f.
- Wir bewegen uns vielleicht → **42** | S. 119 f.

Praxis-Tipps

- Wählen Sie ein Hobby, welches möglichst viele Glückswege miteinander verbindet.
- Fragen Sie andere Menschen nach ihren Hobbys.
- Schnuppern Sie mal in andere Hobbys rein. Lassen Sie sich von Ihren Freunden mitnehmen.
- Gehen Sie doch einmal auf eine Hobby- oder DIY (Do it yourself)-Messe. Entdecken Sie Neues, indem Sie einfach ein bisschen dort herumstöbern.
- Bereichern Sie Ihr jetziges Hobby durch neue Herausforderungen.
- Verabschieden Sie sich von Ihrem Hobby, wenn es zu wenig Spaß macht. Dafür ist das Leben zu kurz.
- Unterlassen Sie jeglichen Stress beim Hobby und setzen Sie dabei wirklich auf Spaß und Freude.
- Betreiben Sie das Hobby ausschließlich aus Lust an der Sache und nicht, weil es Prestige bringt.

- Wir genießen möglicherweise – ob körperlich oder mental → **51** | S. 135 ff.
- Wir verbünden und beschäftigen uns mit anderen Menschen, die das gleiche Hobby betreiben → **62** | S. 157 f.

Viele Menschen haben ihr Hobby mit sinnvollen Tätigkeiten gekoppelt. Freiwillige Helfer – etwa bei Rettungsdiensten oder der Feuerwehr – verbinden ihr Hobby mit einem Dienst an der Gesellschaft → **66** | S. 162 ff. oder einem Ehrenamt → **67** | S. 164 f.

Es gibt mit Sicherheit noch weitere Verbindungen zwischen Ihrem Hobby und den Glückswegen. Sie werden sie selbst entdecken. Es lohnt sich also auf jeden Fall, sein Hobby klug zu wählen und gern auszuüben.

Hobbys auf Abwegen

Gibt es denn auch Hobbys, die weniger sinnvoll sind? Aber ja! Überdenken Sie bitte einmal: Tut sich der Mensch, der schon den ganzen Tag am Schreibtisch sitzt, einen Gefallen damit, abends oder am Wochenende einsam im muffigen Zimmer seine Briefmarkensammlung zu sortieren? Oder wäre es für ihn nicht besser, ein Hobby zu wählen, das ihm gleichzeitig Bewegung an frischer Luft verschafft und vielleicht auch nette Menschen in sein Leben bringt?

Macht es Sinn, die Ski für 10 von 365 Tagen rauszuholen, viele Kilometer weit zu fahren, ein Heidengeld auszugeben, um mit einem Gipsbein nach Hause zu kommen? Oder wäre es nicht besser, eine Sportart zu betreiben, die ganzjährig vor der Haustür stattfinden kann und gleichzeitig Geldbeutel und Umwelt schont? Ist es so befriedigend, nach Zahlen zu malen oder einen Bausatz zu montieren, der idiotensicher ist? Oder wäre es nicht besser, selbst kreativ zu werden, zu experimentieren und zu improvisieren?

Ideale Hobbys erzeugen möglichst viel Flow, tragen zu unserer Gesundheit bei, verbinden uns mit anderen Menschen. Sie lassen uns wachsen und reifen. Besonders kluge Menschen machen ihr Hobby zum Beruf: Was sie erreichen? Spaß haben und dabei Geld verdienen.

Übungen

 Auf dem Prüfstand
Überprüfen Sie Ihr Hobby (oder wenn Sie mehrere haben, jedes einzelne) auf die Eigenschaften hin, die in den Praxis-Tipps aufgeführt werden: Was bedeutet dies für Ihr persönliches Glück?

 Hobby-Tuning
Wie können Sie Ihr Hobby im Sinne des Glücks-Erlebens optimieren? Überprüfen Sie jeden Punkt. Was wollen Sie so belassen? Auf was sollten Sie besser verzichten? Was könnten Sie hinzufügen?

 Hobby auf Probe
Schauen Sie sich mal das Hobby eines Freundes an. Begleiten Sie ihn einen Tag oder für ein paar Stunden. Schauen Sie genau hin. Fragen Sie. Spüren Sie, wie Ihr Freund oder Ihre Freundin aus dem Hobby Glück schöpft. Was können Sie daraus lernen?

71 | Zu Gast bei Freunden

Im Jahre 2006 startete in Deutschland die Fußballweltmeisterschaft unter dem Motto »Die Welt zu Gast bei Freunden«. Wolfgang Fischer aus Bochum nahm das Motto ernst: Er öffnete kurz entschlossen seinen Schrebergarten, stellte Betten in Steinhaus und Wintergarten, schlug ein paar Zelte auf und handelte nach der Losung: »Essen – Trinken – Übernachten – Transfers – alles kostenlos im Preis: 0,00 Euro«. In seinem »WM-Camp« übernachteten im Laufe der WM Gäste aus elf Nationen, darunter Mexico, Trinidad, Ecuador, Brasilien, den USA und China.

Presse, Funk und Fernsehen fanden diese Gastfreundschaft so bemerkenswert, dass sie darüber berichteten. Wolfgang Fischer wird die Früchte seiner Gastfreundschaft bestimmt sein Leben lang nicht vergessen.

Sich selbst beschenken

Die Gastfreundschaft verschafft uns unendliche Möglichkeiten, Glück zu geben und Glück

Praxis-Tipps

- Gastfreundschaft muss nicht aufwendig sein. Manchmal reicht die Einladung zu einer Tasse Kaffee oder einem Glas Wein.
- Versuchen Sie aus der Gastfreundschaft kein Ping-Pong-Spiel zu machen (neulich waren wir bei Müllers eingeladen, jetzt sind wir wieder dran).
- Achten Sie auf Ihr eigenes Vergnügen. Gastfreundschaft wird für Sie nur ein positives Ritual →33 | S. 101, wenn Sie sich anschließend gut fühlen und nicht aus lauter Pflichtbewusstsein und Aufopferung fix und fertig sind.
- Vermeiden Sie, Ihre Gäste durch aufwendige Speisen, Getränke oder Tischdekoration beeindrucken zu wollen. Auch hier gilt oft: Weniger ist mehr.

Gebote der Gastfreundschaft

1. Behandle deine Gäste so, wie du selbst gern als Gast behandelt werden möchtest.
2. Nähere dich dem Fremden mit respektvoller Neugier.
3. Schenke Zeit.
4. Höre zu und sprich von Herzen.
5. Erfreue den Gast mit Wissen über seine Kultur – und sei zu Hause in deiner eigenen.
6. Gib mehr als du bekommst.
7. Suche die Balance zwischen Gemeinsamkeit und Freiraum.
8. Sorge für die Sicherheit deiner Gäste.
9. Sei bereit, Freundschaft zu schließen.
10. Sieh dein Land mit den Augen des Gastes – und mehre bis zum nächsten Mal Schönheit und Glück.

Mit freundlicher Genehmigung von www.ich-bin-gastfreund.de

Übungen

 Grundlos
Laden Sie mal ein paar Freunde außer der Reihe ein. Am Mittwochabend zu einem Glas Wein und einem Stück Zwiebelkuchen. Nur so. Ohne einen besonderen Anlass.

 Themenabend
Der Fernsehsender Arte hat manchmal einen Themenabend. Dann drehen sich alle Sendungen um das gleiche Thema. Wie wäre es mit einem Themenabend bei Ihnen zu Hause? Beispielsweise zum Thema Glück? Informieren Sie alle Gäste, sodass sich jeder ein wenig vorbereiten kann. Achten Sie darauf, dass Sie auch beim Thema bleiben. Sollte irgendwann der Spanienurlaub oder das Fußballspiel von Samstagabend dominieren, dann führen Sie wieder freundlich zum Kernthema zurück. So ein Themenabend ist besonders interessant, wenn Sie Menschen aus einem anderen Kulturkreis mit einladen.

zu empfangen: Die Vorfreude ➜ **21** | S. 79 ff. auf ein Treffen mit guten Freunden bereitet uns schon bei der Planung und Vorbereitung Vergnügen. Wer ein Mahl zubereitet, versetzt sich schon durch das Kochen in einen Rausch der Sinne ➜ **54** | S. 140 ff.

Im Kreis der Freunde und Bekannten fühlen wir uns geborgen ➜ **36** | S. 106 ff. Wir genießen gemeinsam ➜ **51** | S. 135 ff. Beim Gespräch sind wir hoffentlich achtsam miteinander ➜ **8** | S. 55 f. und erfahren dabei Neues ➜ **14** | S. 65 f. voneinander.

72 | Musik, Spiel und Tanz

Früher wurden Hochzeiten ausgiebig gefeiert. Wir sehen vielleicht Bilder wie den »Bauerntanz« von Pieter Brueghel dem Älteren vor unserem geistigen Auge. Noch heute dauern in manchen Teilen der Türkei die Hochzeiten mindestens drei Tage an. Alle Freunde und Bekannten werden eingeladen. Es gibt ausreichend zu essen, zu trinken und alle tanzen ausgelassen. Solch eine Feier ist ein willkommener Anlass, Familie und Freunde wiederzusehen. Und bei diesen Gelegenheiten treffen auch Männer und Frauen aufeinander, die vielleicht das nächste Hochzeitspaar werden.

Musik – weltweite Sprache

Musik gibt es in allen Kulturen und in allen Schattierungen. Die Schwingungen der Musik haben enorme Auswirkungen auf uns: Sie machen uns melancholisch oder sie aktivieren uns zu wildesten Tänzen. Sie lassen die Tränen kullern oder uns Freudenschreie ausstoßen.

Die Empfindungen für Musik sind oft erstaunlich gleich – manchmal aber auch höchst unterschiedlich: Schon Babys mögen Musik von Mozart, selbst Teenager können sich dafür erwärmen und auch die Oma liebt sie. Wenn aber Teenies bei Techno-Musik in Wallung kommen, dreht sich Erwachsenen der Magen um. Manche Musikrichtungen dagegen verbinden ganze Völker und Generationen miteinander. Internationale Stars wie die »Drei Tenöre« oder Madonna treten auf allen Kontinenten auf und verzücken wahre Menschenmassen.

Und nicht zuletzt dienen Musik – und Tanz – der Annäherung der Geschlechter: Früher war es der Tanzkurs, heute ist es die Disco. Beim Tanz kommen sich Jungen und Mädchen näher. Der Tanz ist die erste »legale« Gelegenheit, mit dem Körper des anderen zu spielen.

Tanzen ist der Inbegriff des Rhythmus: Führen und Loslassen, Hin und Her, links herum und rechts herum.

Spielend verbunden

Zu den Grundbedürfnissen des Menschen gehört das Spiel. Daher wurde der Mensch sogar homo ludens genannt – lateinisch: der spielende Mensch. Das Spiel setzt Kreativität und Energie in uns frei. Im Wettkampf oder auch im friedlichen Miteinander sind wir geneigt, Neues auszuprobieren – zu spielen. Heute wird sogar die Fähigkeit, spielen zu können, als eine wesentliche Managerfähigkeit angesehen. Kreativität – beim Spielen essenziell – ist eine wichtige Eigenschaft, um Innovationen zu erzeugen und bis dahin unbekannte Dinge zu schaffen.

Viel Glück

Zusammenfassend können wir sagen, dass Musik, Tanz und Spiel uns viele Glückwege öffnen: Wir bewegen uns ➔ **42** | S. 119 f., ergründen die Tiefe der Sinne ➔ **51** | S. 135 ff. und knüpfen eifrig an unserem Glücksnetz ➔ **62** | S. 157 f.

Praxis-Tipps

- Gehen Sie mal wieder tanzen.
- Tanzen Sie allein in Ihrer Wohnung. Lassen Sie die Bewegungen im Rhythmus der Musik einfach fließen.
- Hören Sie Musik, die Sie beschwingt und in gute Laune versetzt.
- Erleben Sie Live-Konzerte. Lassen Sie sich von der Masse mitreißen.
- Konsumieren Sie nicht nur Musik, sondern machen Sie am besten selbst welche ➔ 76 | S. 180.

Übungen

 live

Gehen Sie zu einem Konzert, einem Musical, in eine Operette oder in die Oper. Hauptsache: Es ist live und nicht aus der Konserve.

 Ein Fest beobachten

Gehen Sie bei nächstbester Gelegenheit auf ein Fest und beobachten Sie die Menschen. Was tun sie, um fröhlich zu sein? Erfreuen Sie sich an den fröhlichen Menschen. Wie kann jeder Tag ein Fest werden?

73 | Sport im Team

Wenn beim Fußball ein Spieler die rote Karte erhält und vom Platz gestellt wird, passiert oft Erstaunliches. Die Mannschaft, die durch die rote Karte bestraft werden soll, kämpft besser als zuvor. Jeder Spieler legt noch etwas zu. Damit kompensieren die zehn Spieler die vermeintliche Schwäche und spielen manchmal stärker als ursprünglich zu elft.

Das Beispiel zeigt, dass bei einer Gruppe andere Effekte auftreten, als bei einer Summe von Einzelpersonen zu erwarten wäre. Wir haben schon festgestellt, dass Sport gesund ist und dass Bewegung → 42 | S. 119 f. glücklich macht. Im Team macht Sport noch mehr Spaß, weil noch ein paar Komponenten hinzukommen, die man als Einzelsportler nicht erlebt.

Spielend fürs Leben lernen

In der Mannschaft gilt es sich abzustimmen. Daran sind oft noch Trainer und Betreuer beteiligt. Wir müssen als Mannschaftssportler also ständig mit anderen gut interagieren → 20 | S. 77 f. Eine Mannschaft muss sich auf gemeinsame Trainingszeiten einigen. Wenn wir für uns allein vielleicht sagen: »Heute habe ich keine Lust«, so werden wir unsere Teamgefährten nicht im Stich lassen. Wir überwinden damit unsere eigene Trägheit und finden leichter einen Anfang → 45 | S. 124.

In der Mannschaft wird darüber hinaus auch die Aufmerksamkeit → 8 | S. 55 f. stark gefördert. Wir müssen stets wissen, wo die anderen Teammitglieder sind, wie sie auf unser Zuspiel reagieren werden. Wir müssen stets hellwach und bereit sein → 38 | S. 111 f.

Die Freude am Miteinander genießen

Aber es geht nicht nur um den reinen Sport. Wenn wir mit anderen Menschen zusammenkommen, pflegen wir stets Kontakte → 62 | S. 157 f. und schließen Freundschaften → 63 | S. 158 f. Wir lachen zusammen → 39 | S. 113 f. und genießen die gemeinsamen Siege und Erlebnisse → 49 | S. 133 f.

Wenn Sie nicht gerade Spitzensportler sind, so stellen Sie beim Mannschaftssport Spiel und Spaß in den Vordergrund. Bleiben Sie fair – auch gegenüber dem Gegner. Achten Sie auf Ihre eigene Gesundheit und respektieren sie die Ihrer Mitspieler und Kontrahenten. Übertreiben Sie nichts. Spitzensportler gehen so an ihre Grenzen, dass sie oft ihr Immunsystem schwächen und gravierende Verletzungen riskieren. Beides sollten Sie als Freizeitsportler tunlichst vermeiden.

Praxis-Tipps

- Wählen Sie eine Sportart, die Ihnen wirklich Spaß macht.
- Denken Sie an die Balance zwischen Können und Herausforderung → 56 | S. 146. Suchen Sie sich also eine geeignete Mannschaft.
- Machen Sie ein Probetraining mit, bevor Sie Mitglied in einem neuen Verein werden. Entsprechen Ihnen die Menschen? Stimmt die Atmosphäre?

Übungen

 Teamgeist

Ob live oder im Fernsehen: Achten Sie einmal bei einem Mannschaftssportereignis ganz bewusst auf die Teamkoordination. Wie verhalten sich die Spieler, die gerade nicht den Ball haben? Wie agiert der Trainer am Spielfeldrand? Was tun Mannschaftskameraden, um einen Fehler oder eine Schwäche ihres Teammitgliedes auszubügeln? Wie unterstützen die Spieler einander, wie drücken sie Enttäuschung, Freude, Mitgefühl aus?

 Meine Mannschaft

Erstellen Sie eine Liste von Mannschaftssportarten, die Ihnen Spaß machen würden. Was ist jeweils der besondere Reiz an den gewählten Sportarten?

 Teamfähigkeiten

Erstellen Sie eine Liste von Fähigkeiten bei der jeweiligen Sportart, die ein Team besser bewältigen kann als eine Einzelperson. Beispiele: Kraft beim Tauziehen, Ausdauer beim Staffellauf, Koordination beim Synchronschwimmen.

74 | Der grüne Daumen

Ein chinesisches Sprichwort sagt: »Willst du für eine Stunde glücklich sein, so betrinke dich. Willst du für drei Tage glücklich sein, so heirate. Willst du für acht Tage glücklich sein, so schlachte ein Schwein und gib ein Festessen. Willst du aber ein Leben lang glücklich sein, so schaffe dir einen Garten.«

Mit der Natur verbunden

Wenn wir einen Garten haben, dann sind wir mit der Natur verbunden. Pflanzen sind etwas Lebendiges. Sie strahlen Schönheit und Eleganz aus. Sie erinnern uns aber auch durch ihr Verblühen und Verwelken an unsere Vergänglichkeit. An den Pflanzen erleben wir wie im Zeitraffer Geburt, Wachstum und Tod.

Kräuter, Blumen und Bäume verbinden uns mit sehr unterschiedlichen Zeiträumen. Wenn wir Kressesamen bewässern, dann können wir fast zusehen, wie die Samenschalen aufplatzen und die Keime innerhalb von Stunden erscheinen. In wenigen Tagen können wir schon die köstlichen Pflänzchen ernten. Wenn wir dagegen ein Eichenbäumchen pflanzen, werden erst unsere Urenkel den mächtigen, stolzen Baum bewundern können.

Im Garten zu arbeiten, ist eine ideale Möglichkeit zu entspannen → 32 | S. 97 f. Die meisten von uns arbeiten heute in Büros oder geschlossenen Räumen. Bei der Gartenarbeit sind wir draußen, bewegen uns, wühlen mit

Das ganze Glück

der bloßen Hand im Boden und kommen wieder in Kontakt zu den Elementen Erde, Wasser und Luft. Ähnlich wie beim Kochen ➔ **54** | S. 140 ff. sind alle unsere Sinne beteiligt: Wir entdecken die neue Blüte, wir riechen die betörende Rose, wir spüren die Feuchte des Bodens, wir hören das Rauschen des Windes in den Blättern.

In einem Garten gibt es immer etwas zu entdecken ➔ **14** | S. 65 f. Beim Pflanzen von Erdbeeren freuen wir uns schon ➔ **21** | S. 79 f. auf die leckeren Früchte im nächsten Juni.

Es geht auch kleiner

Ein mittlerer oder gar großer Garten ist ideal, all das oben Beschriebene zu erleben. Aber das Naturerlebnis muss gar nicht so groß sein: Auch ein Balkon oder eine Fensterbank bietet uns die Gelegenheit, den grünen Daumen auszuprobieren. Schon eine einzige Zimmerpflanze, die wir pflegen, deren Wachsen und Gedeihen wir begleiten und fördern, gibt uns das Gefühl von Verbundenheit mit dem Lebendigen. Eine Pflanze schult unsere Aufmerksamkeit ➔ **8** | S. 55 f.: Gedeiht die Azalee oder kümmert sie dahin? Ist sie gesund oder haben sich Schädlinge auf ihr niedergelassen? Hat sie ausreichend Wasser oder steht sie zu trocken oder zu feucht? Kommen schon Knospen? Braucht sie Dünger?

> **Praxis-Tipps**
>
> - Pflegen Sie mindestens eine Pflanze.
> - Besuchen Sie Gartencenter und Botanische Gärten.
> - Besuchen Sie die Bundesgartenschau oder eine der Landesgartenschauen.
> - Lassen Sie sich von einem Gartenkatalog inspirieren.
> - Suchen Sie in Ihrer Umgebung Parks auf. Da gibt es oft eine Menge zu entdecken.

75 | Raus in die Natur

Vor etwa 5 Millionen Jahren existierten wahrscheinlich in Afrika Lebewesen, aus denen sich dann nach und nach der Mensch entwickelte. Erst vor etwa 20 000 Jahren begannen die ersten Menschen, sich in Hütten und später in Häusern niederzulassen. Erst Ende des 19. Jahrhunderts begann schließlich der Siegeszug des elektrischen Lichtes. Das bedeutet, dass unsere Vorfahren sehr lange fast immer draußen im Freien lebten. Erst in der jüngsten Zeit schirmen wir uns immer mehr von der Natur ab und verbringen viel Zeit drinnen – zu viel Zeit. Das Fatale daran: Wir bewegen uns zu wenig. Die Folge ist, dass heute weltweit schon mehr Menschen an Übergewicht leiden als an Mangelernährung. Wir tun also gut daran, uns wieder an unsere Vorfahren zu erinnern.

Luft, Licht und Weite

Aber es ist nicht nur der Mangel an Bewegung, der uns nicht gut tut. Die Luft in unseren Räumen ist manchmal schlecht. Im Winter ist es in geheizten Räumen meist zu trocken. Die Nasenschleimhäute trocknen dann aus und werden so anfällig für Erkältungen. Menschen, die oft draußen sind, haben all diese Probleme nicht.

Uns fehlt auch das Licht. Wir glauben, drinnen wäre es hell. Aber wir irren uns. Unser Auge kann sich sehr gut an unterschiedliche Lichtverhältnisse anpassen. Wir können an einem hellen Sommertag ohne Sonnenbrille herumlaufen, aber auch noch Details bei Mondschein erkennen. Die Unterschiede sind beträchtlich: An einem strahlenden Sonnentag kann die Helligkeit 50.000 Lux (Einheit für Helligkeit) betragen und bei Mondlicht weniger als 1 Lux. In unseren Wohnungen herrschen vielleicht 300 Lux, oft weniger.

Mit anderen Worten: Wir bekommen oft nur ein Hundertstel oder gar Tausendstel der Lichtmenge ab, die wir draußen einfach so erhalten würden. Die Tatsache, dass bei uns so viele Menschen mit einer Brille ihre Fehlsichtigkeit korrigieren müssen, spricht eine deutliche Sprache. Naturvölker kennen diese Probleme nicht.

Licht ist ein wichtiger Faktor bei der Produktion von Vitamin D. Ältere Menschen, die selten draußen sind, leiden daher oft an Vitamin-D-Mangel. Die Folgen sind brüchige Knochen. Licht ist auch wichtig bei der Produktion von Dopamin. Dopamin wird bei Lichteinfall in der Netzhaut gebildet. Wenn wir zu wenig Dopamin haben, werden wir leicht depressiv. In den nordischen Ländern mit langen, dunklen Wintermonaten sind die Probleme gravierend: Dort ist die Selbstmordrate am höchsten.

Auch in unseren Breitengraden gibt es eine ganze Reihe von Menschen, die an der sogenannten Winterdepression leiden. Bekommen diese Menschen wieder genügend Licht (etwa bei einer speziellen Lichttherapie), verschwindet meist die Depression wie im Fluge. Möglicherweise ist Lichtmangel auch eine Ursache für die ständig weiter um sich greifenden Depressionen.

Auf den Spuren unserer Vorfahren

Wir tun also gut daran, zu erkennen, dass wir immer noch die Gene der Waldläufer, Hirten und Bauern in uns tragen, die fast ständig draußen waren. In diesem Sinne sind unsere als modern und fortschrittlich angesehenen Hilfsmittel oft kontraproduktiv: Wir gehen von der Wohnung in die Garage, steigen ins Auto, fahren am Arbeitsplatz in die Tiefgarage und lassen uns vom Lift ins Büro transportieren. Dort sitzen wir den ganzen Tag bei Kunstlicht und geschlossenem Fenster herum.

Die Antwort kann nur sein: Raus in die Natur. Und zwar so oft wie möglich. Sie werden vielleicht einwenden, dass Sie nun mal den ganzen Tag im Büro sein müssen. Aber es geht auch etwas anders: Fahren Sie nicht mit dem Auto bis vor die Türe, sondern gehen Sie die letzten 200 Meter zu Fuß → 42 | S. 119 f. Wenn Sie mit öffentlichen Verkehrsmitteln unterwegs sind: Steigen Sie eine Haltestelle früher aus. Am Tage: Verlassen Sie mittags Ihr Büro und gönnen Sie sich einen kleinen Spaziergang. Vielleicht ist ein Park in der Nähe. Und

Das ganze Glück

Praxis-Tipps

- Seien Sie so oft wie möglich draußen.
- Die Briten sagen: »Es gibt kein schlechtes Wetter, sondern nur unzweckmäßige Kleidung.« Also: Ziehen Sie sich einfach passend an.
- Greifen Sie nicht gleich beim ersten Sonnenstrahl zur Sonnenbrille, sondern gönnen Sie dem Auge die Helligkeit (oder haben Sie schon mal einen Indianer mit Sonnenbrille gesehen?).
- Nehmen Sie mäßige Sonnenbäder, möglichst mit dem ganzen Körper. Aber übertreiben Sie es nicht.

Die Welt entdecken

Draußen unterwegs gibt es eine Menge zu entdecken. Sie können Ihre Aufmerksamkeit ➔ 8 | S. 55 f. schulen und so manchen Glücksmoment ➔ 50 | S. 134 f. erhaschen: Ein Marienkäfer klettert an einem Grashalm hoch, ein Specht trommelt an einem Baum, ein Reh springt über den Weg. Im kristallklaren Wasser des Baches entdecken Sie eine Forelle, und eine Kaulquappe flüchtet ins Schilf.

Wir schütteln den Stress ab ➔ 32 | S. 97 ff., tanken frischen Sauerstoff und sinken nach der Wanderung in einen tiefen, gesunden Schlaf ➔ 46 | S. 125 f.

abends: Setzen Sie sich nicht gleich vor den Fernseher, sondern drehen Sie erst mal eine Runde: zu Fuß oder mit dem Fahrrad. Nehmen Sie Ihren Partner mit und genießen Sie das Beisammensein ➔ 63 | S. 158 ff.

Natürlich besinnlich

Wenn Sie allein wandern oder spazieren gehen, können Sie dieses Erlebnis zusätzlich mit einer Meditation ➔ 47 | S. 126 ff. verbinden. Im Buddhismus kennt man die Geh-Meditation. Diese funktioniert denkbar einfach: Gehen Sie langsam und achtsam. Bringen Sie Schritte und Atmen in Einklang. Spüren Sie den Kontakt der Fußsohlen mit dem Boden, spüren Sie, wenn die Ferse den Boden berührt, das Bein langsam das Körpergewicht übernimmt und der ganze Fuß schließlich den Boden bedeckt. Dann übergibt das eine Bein das Gewicht wieder an das andere, langsam lösen sich auch die Zehen vom Boden: ein nächster Schritt.

Übungen

 Eingebaut
Wie können Sie mehr Naturkontakt in Ihren normalen Tagesablauf einbauen? Könnten Sie zu Fuß zur Arbeit gehen? Oder mit dem Fahrrad fahren? Wo können Sie ein Stück Natur »einschieben«?

 Die ideale Kombination
Können Sie Ihr Hobby nach draußen verlegen? Teilweise?

 Entdeckungsreise
Nehmen Sie sich einen Stadtplan, eine Umgebungskarte oder rufen Sie Pläne im Internet auf. Was kennen Sie in Ihrer Nähe noch nicht? Gibt es da noch einen unbekannten Park, einen noch nicht gesehenen See oder ein noch nicht betretenes Waldstück? Nutzen Sie die nächste Gelegenheit, dort hinzukommen.

76 | Jeder ist ein Künstler

Für einige Menschen sind die Filz- und Fettarbeiten von Joseph Beuys keine Kunst. Für ihn selbst hatten sie jedoch eine große Bedeutung, denn er hat damit traumatische Erlebnisse verarbeitet: Im Winter 1943 stürzte Beuys mit einer JU 87 auf der Krim ab. Dabei wurde er unter dem Flugzeugheck eingeklemmt und sehr schwer verletzt. Dass Beuys überlebte, war ein Wunder. Nomadisierende Tataren zogen ihn unter dem Wrack des Stukas heraus. Beuys war im tiefen Schnee stark unterkühlt. Die Tataren brachten ihn in ihr Lager, pflegten ihn, indem sie seine schweren Wunden mit tierischem Fett salbten und seinen gesamten Körper in Filz einwickelten, was die Wärme speicherte. Diese Hilfsaktion rettete Beuys das Leben.

Der Mann, der später in typischer Kleidung – Jeans, weißes Hemd mit Anglerweste und Filzhut – ein bedeutender Künstler wird, hat uns einen Satz hinterlassen, der für uns alle wichtig ist: »Jeder ist ein Künstler.«

Tausend Künste

Kunst ist also nicht nur etwas für Menschen, die an der Kunsthochschule studiert haben, sondern auch etwas für Menschen wie Sie und mich. Die Künste sind so vielseitig, dass für jeden etwas dabei ist.

Egal, ob Sie Gitarre spielen, sich am Keyboard üben oder im Gesangverein mitwirken: Es gibt vielfältigste Wege, sich die Tonkunst zu erschließen. Natürlich können Sie Musik auch einfach hören, aber richtig Spaß bringt erst die selbst gemachte Musik.

Ein ebenso umfangreiches Gebiet ist die Malerei: Malstile und Materialien gibt es in Hülle und Fülle. Jeder bevorzugt andere Motive und Stilrichtungen. Sie können kleine Karikaturen in Ihr Notizheft skizzieren, verträumte Aquarelle malen oder raumfüllende Installationen aufbauen.

Die Fotografie erlebt gerade mit der Digitaltechnik eine neue Blütezeit. Jetzt kann man am Computer Bilder bearbeiten, was früher nur Profis im Fotolabor möglich war. Auf verschiedenen Internet-Bildportalen können wir unsere Kunstwerke mit aller Welt teilen.

Ganz egal also, ob Sie musizieren, malen, töpfern, Kurzgeschichten schreiben oder aus alten Autoteilen Skulpturen zusammenschweißen: Es gibt unendlich viele Möglich-

Praxis-Tipps

- Stöbern Sie mal in der Hobbybuchabteilung in Ihrem Buchladen.
- Gehen Sie in Kunstausstellungen. Besuchen Sie Museen.
- Legen Sie sich gute Stifte, Farben, Werkzeuge zu. Dann macht es doppelt so viel Spaß.
- Experimentieren Sie wild drauflos. Lassen Sie sich nicht beschränken.
- Lassen Sie sich nicht davon beeinflussen, ob andere Ihre Arbeiten gut finden. Ihre kreativen Werke sind nur für Sie allein.

keiten, sich auszudrücken und seiner Fantasie freien Lauf zu lassen.

Kunst und Glück

Wenn Sie nicht mit Ihrer Kunst Ihren Lebensunterhalt verdienen, dann ist sie der Definition nach ein Hobby. Daher gelten für Ihre künstlerischen Ambitionen alle beim Hobby →70 | S. 170 f. genannten Hinweise. Beim Erleben und Kreieren von Kunst haben Sie eine große Chance, Flow zu erreichen →61 | S. 154 f. Sie können mithilfe der Kunst wunderbar mit anderen Menschen Ihr Glücksnetz knüpfen →62 | S. 157 f. Kunst ist ein ideales Mittel, Stress abzubauen und wieder aufzutanken →32 | S. 97 f.

Übungen

 Museumsführung

In jedem größeren Museum gibt es Führungen. Nehmen Sie ruhig einmal an einer solchen Führung teil, um die Tiefe bestimmter Themen zu entdecken.

 Malkurs

Für jedes Niveau und jede Stilrichtung gibt es Kurse an Volkshochschulen, in Museen oder privaten Einrichtungen. Suchen Sie sich einen Kurs aus, der zu Ihnen passt.

 Irgendein Ton

Sie spielen bereits ein Musikinstrument? Wunderbar. Dann lernen Sie vielleicht ein zweites. Für alle anderen gilt: Lernen Sie ein Instrument spielen, welches zu Ihnen passt. Bei einer Mundharmonika sind Sie schon für ein paar Euro dabei. Und selbst ein elektronisches Keyboard kostet oft unter 100 Euro und bietet eine erstaunliche Fülle von Spielmöglichkeiten. Musikschulen verleihen oft auch günstig Instrumente.

77 | Eine Glücksrevolution anzetteln

In den Siebzigerjahren des letzten Jahrhunderts stand an mancher Hauserwand das Graffiti gesprayt: »Stell dir vor, es ist Krieg, und keiner geht hin.«

Wie wäre es denn mit einer positiven Variante: »Stell dir vor, es ist Glück –, und jeder geht hin?«

Das wäre doch ein echtes Alternativprogramm gegen den Zeitgeist, der heute durch viele negative Dinge geprägt ist. Menschen, die wir als Gastarbeiter gerufen haben und die als Menschen gekommen sind, vermissen in unserem Land vor allem eines: menschliche Wärme. Die halbe Nation beklagt sich über »keine Zeit«. Millionen Menschen sind durch Stress und Burn-out geplagt. Depression ist die Volkskrankheit Nummer eins geworden. Anstatt Freude und Zuversicht zu verspüren, ängstigen sich schon Teenies vor der Zukunft.

Was fehlt uns?

Wir haben hier alles, was wir brauchen und worum uns andere beneiden: Wir leben seit über 60 Jahren in Frieden und sind rundum von Freunden umgeben. Wir haben täglich frisches Wasser und eine perfekte Energieversorgung. Wir sind mit Lebensmitteln jeder Art und Qualität überversorgt. Wir leben in sicheren Städten und in einer funktionierenden Demokratie.

Natürlich gibt es in vielen Bereichen noch Missstände und Verbesserungspotenzial. Aber verglichen mit vielen Nationen auf dieser Erde leben wir im Paradies. Aber weil wir erwarten, dass es uns immer besser gehen sollte, und weil dieses »Besser« in den nächsten Jahren nicht mehr automatisch eintritt, so wie in den ersten Jahrzehnten nach dem Zweiten Weltkrieg, hat ein großes Jammern eingesetzt.

Die Ursachen sind vor allem in den falschen Glücksvorstellungen zu suchen →2 | S. 39 f. Weil so viele Menschen das Glück im Materiellen suchen, fühlen sie sich natürlich davon bedroht, wenn jetzt Milliarden Chinesen und Inder ein Stück des Wohlstandes erreichen wollen, den wir längst erreicht haben. Und weil das Denken nach dem Prinzip funktioniert: »Wenn ein anderer hinzugewinnt, dann verliere ich«, haben wir Angst. Anstatt zu begrüßen, was wir seit langem fordern: eine gerechte Welt.

Ein aufschlussreicher Test

Machen Sie doch einmal einen kleinen Test: Am besten, Sie gehen an eine stark befahrene Straße, morgens, wenn der Berufsverkehr eingesetzt hat. Stellen Sie sich auf die linke Fahrbahnseite, so, dass Sie gut in die entgegenkommenden Autos schauen können. Und jetzt beobachten Sie einmal zehn Minuten lang die Gesichter der Autofahrer. Die meisten Gesichter wirken trüb, missmutig, übellaunig. Der Tag ist noch jung, dennoch scheinen viele schon jetzt gestresst und genervt zu sein. Versuchen Sie die gleiche Beobachtung im Feierabendverkehr: Sie werden leider auch jetzt keine fröhlichen Mienen sehen, sondern müde und ausgebrannte.

Offensichtlich läuft in unserer Gesellschaft etwas gewaltig schief. Aber anstatt darauf zu warten, dass irgendjemand etwas dagegen tut, können wir – Sie und ich – sofort beginnen. Wenn Sie bei der Beschäftigung mit diesem Buch bis hierhin durchgehalten haben, sind Sie selbst wahrscheinlich schon sehr davon überzeugt, dass Glück erstens lernbar ist und dass zweitens das Glück zu lernen eines der besten Dinge ist, die Sie selbst für sich tun können.

Praxis-Tipps

- Suchen Sie sich Verbündete. Fangen Sie in Ihrer Familie, im Freundeskreis an. Beziehen Sie auch Ihre Kollegen mit ein.
- Wirken Sie ansteckend. Der heilige Augustinus hat gesagt: »Nur wer selbst brennt, kann andere entzünden.«

Das ganze Glück

Gemeinsam sind wir stark

Also: Kündigen Sie Ihre Mitgliedschaft im Jammerclub. Gehen Sie stattdessen Ihre Glückswege. Sie wissen ja jetzt, wie das geht. Und Sie kennen Ihre Wege!

Unterwegs könnten Sie noch ein paar Weggefährten mitnehmen. Wie wäre es, wenn Sie Ihren Partner anstiften? Oder einen guten Freund? Vielleicht ein paar Kollegen? Wahrscheinlich könnten Sie schon in kurzer Zeit eine kleine Truppe sein, die zwar keine Uniform trägt, aber trotzdem sofort erkennbar ist: am Lächeln, an der Ruhe, an der Fröhlichkeit.

Übungen

 Revolutionstest

Bringen Sie das Thema »Glücksrevolution« bei nächster Gelegenheit zur Sprache. Wie reagieren Ihre Freunde und Bekannten?

Ich würde gern eine Glücksrevolution anzetteln. Sind Sie mit dabei?

Zusammenfassung »Das ganze Glück«

Wenn wir aus möglichst vielen Glücksquellen schöpfen I→68, dann können wir unsere verschiedenen Aspekte des Glücks-Know-how miteinander kombinieren.

Egal, ob wir an Gott, das Universum, eine höhere Macht oder einfach an einen großen Zusammenhang glauben I→69, mit Sinn im Leben wird alles einfacher als ohne diesen.

Hat man das richtige Hobby I→70 gefunden, kann dieses auf vielfältige Weise eine Quelle für das Glück sein. Hierbei können wir viele Glückswege kombinieren.

Auch die Gastfreundschaft I→71 bietet vielfältige Kombinationsmöglichkeiten, mit denen wir gleichzeitig unser eigenes Glück und das Glück von Freunden mehren können.

Bei Musik, Spiel und Tanz I→72 können wir unserer Lebensfreude Ausdruck verleihen.

Sport bringt uns auf Trab, macht uns fit und stärkt unsere Gesundheit. Im Team I→73 macht Sport so richtig Spaß und verbindet uns mit anderen Menschen.

Ein Garten, ein paar Pflanzen verbinden uns mit der Natur. So trägt auch der grüne Daumen I→74 zum Glück bei.

In der freien Natur I→75 können wir unser Bedürfnis nach Bewegung mit der Freude über die Schönheit der Flora und Fauna ideal kombinieren.

Jeder ist ein Künstler I→76 und kann so schöpferisch tätig werden. Indem wir unseren Empfindungen Ausdruck verleihen, schaffen wir uns Glücksinseln.

Wir können dem Glück um uns herum mehr Chancen schaffen, indem wir eine Glücksrevolution anzetteln I→77.

Bücher, die weiterhelfen

Bücher rund ums Thema Glück

Abt Muho: Zazen oder der Weg zum Glück; Rowohlt Taschenbuch

Alain: Die Pflicht glücklich zu sein; Suhrkamp

André, Christophe: Einfach glücklich; Ullstein

Auhagen, Ann Elisabeth (Hrsg.): Positive Psychologie; Beltz Psychologie Verlags Union

Ben-Shahar, Tal: Glücklicher: Lebensfreude, Vergnügen und Sinn finden; Riemann Verlag

Blomberg, Anne von: Der LustQuotient; Wunderlich Verlag

Csikszentmihalyi, Mihaly: Flow – Das Geheimnis des Glücks; Klett-Cotta

Csikszentmihalyi, Mihaly: Lebe gut!; Klett-Cotta

Dalai Lama / Cutler, Howard C.: Glücksregeln für den Alltag; Herder Verlag

Dalai Lama: Was aber ist Glück? Fragen an den Dalai Lama; Fischer Taschenbuch

Dalai Lama: Der Weg zum Glück; Herder Verlag

Dalai Lama / Cutler, Howard C.: Die Regeln des Glücks; Lübbe

Gilbert, Daniel: Ins Glück stolpern; Riemann Verlag

Layard, Richard: Die glückliche Gesellschaft; Campus Verlag

Lelord, François: Hectors Reise oder die Suche nach dem Glück; Piper Verlag

Lyubomirsky, Sonja / Neubauer, Jürgen: Glücklich sein: Warum Sie es in der Hand haben, zufrieden zu leben; Campus

Mannschatz, Marie: Buddhas Anleitung zum Glücklichsein; Gräfe und Unzer Verlag

Morris, Desmond: Glück – Sinn unseres Lebens; Heyne Verlag

Niven, David: Die 100 Geheimnisse glücklicher Menschen; Heyne Taschenbuch

Ricard, Matthieu: Glück; Nymphenburger Verlag

Werder, Lutz von: Einführung in die philosophische Lebenskunst Asiens – Chinesische, indische und arabische Wege zum Glück; Schibri Verlag

Wiseman, Richard: So machen Sie Ihr Glück; Goldmann Taschenbuch

Negatives überwinden

Birkenbihl, Vera F.: Jeden Tag weniger ärgern; Moderne Verlagsgesellschaft Mvg

Schwebke, Dr. med. Frank R.: Weg mit dem Ballast!; Gräfe und Unzer Verlag

Optimistisch denken

Pizzecco, Toni: Optimismus-Training; Gräfe und Unzer Verlag

Seligman, Martin: Pessimisten küsst man nicht; Droemer Knaur Verlag

Gesundheit, Ernährung

Matthaei, Bettina / Trökes, Anna: Yoga-Kochbuch; Gräfe und Unzer Verlag

Glück durch Fitness und Bewegung

Haruyama, Shigeo: Wahre Gesundheit beginnt im Kopf; Goldmann Taschenbuch

Dr. Schmidt, Mathias R. / Moschke, Grit: Fitness für die Seele; Gräfe und Unzer Verlag

Dr. Spitzbart, Michael: Fit Forever; Heyne Taschenbuch

Trökes, Anna: Das große Yoga-Buch; Gräfe und Unzer Verlag

Yoon-Nam, Seo: Den Bambus biegen: Meister Seos Anleitung zum Glücklichsein; Heyne Verlag

Entspannt glücklich

Gawain, Shakti: Stell dir vor. Kreativ visualisieren; Rowohlt

Dr. med. Grasberger, Delia: Autogenes Training (mit CD); Gräfe und Unzer Verlag

Prof. Dr. med. Langen, Dietrich / Prof. Dr. med. Mann, Karl: Autogenes Training; Gräfe und Unzer Verlag

Mannschatz, Marie: Meditation. Mehr Klarheit und innere Ruhe; Gräfe und Unzer Verlag

Schutt, Karin: Massagen; Gräfe und Unzer Verlag

Glück in der Natur

Hensel, Wolfgang: 300 Fragen zur Natur, Der große GU-Kompass; Gräfe und Unzer Verlag

Hensel, Wolfgang / Mayer, Joachim / Jany, Christof / Kluth, Silke / Späth, Martin: Das große GU PraxisHandbuch Garten; Gräfe und Unzer Verlag

Links, die weiterhelfen

www.77-wege-zum-glueck.de
Die Website zum Buch!

www.gluecksnetz.de
Internetseite des Autors: Informationen und Wege zum »Erlernen des Glücks«.

www.faktor-g.de
Internetseite, auf der der Autor Ergebnisse der Glücksforschung präsentiert, die speziell für Unternehmen interessant und wichtig sind.

www.authentichappiness.sas.upenn.edu
Die (englischsprachige) Website des Glücksforschers Martin Seligman. Test zum Ermitteln der eigenen Stärken.

www.charakterstaerken.org
Testplattform der Universität Zürich. Diverse Fragenbogen und Auswertungen. Hier finden Sie unter anderem die deutsche Fassung des VIA-Tests (Values in Action) von Martin Seligman, siehe oben.

www.worlddatabaseofhappiness.eur.nl
Die (englischsprachige) »Glücksdatenbank« – Studienergebnisse und Infos zur Glücksforschung weltweit.

www.le.ac.uk/users/aw57/world/sample.html
Auf dieser englischsprachigen Site finden Sie auch die Weltkarte des Glücks: Sie sehen auf einen Blick, wo die glücklichen Menschen leben – und in welchen Ländern es noch an Glück mangelt.

Zur Vertiefung: Bücher und Links zu einzelnen Glückswegen

Auf den folgenden Seiten finden Sie weitere Tipps zu Büchern und Links, aber auch andere Anregungen zu einzelnen Glückswegen. Falls Sie sich speziell für einen oder mehrere Glückswege interessieren, haben Sie so die Möglichkeit, sich explizit dazu näher zu informieren.

1 Glücklich sein – statt nur »Glück zu haben«
André, Christophe: Einfach glücklich, Ullstein Taschenbuch
Biswanger, Mathias: Die Tretmühlen des Glücks; Herder Verlag
Dalai Lama / Cutler, Howard C.: Glücksregeln für den Alltag; Herder Verlag

2 Glück hemmende Irrtümer überwinden
Biswanger, Mathias: Die Tretmühlen des Glücks; Herder Verlag
Willenbrock, Harald: Das Dagobert-Dilemma; Heyne Verlag

3 Glückliche statt unglücklicher Vergleiche
Biswanger, Mathias: Die Tretmühlen des Glücks; Herder Verlag

4 »Gut genug« ist besser als »das Beste«
Schwartz, Barry: Anleitung zur Unzufriedenheit – Warum weniger glücklicher macht; Ullstein Taschenbuch

8 Aufmerksamkeit
Braza, Jerry: Achtsamkeit – leben im Augenblick; Fischer Verlag

9 Leben im Hier und Jetzt
Braza, Jerry: Achtsamkeit – leben im Augenblick; Fischer Verlag
Tolle, Eckhart: Jetzt! Die Kraft der Gegenwart; J. Kamphausen Verlag
Watts, Alan W.: Leben ist jetzt; Herder Verlag

10 Ehrlichkeit und Aufrichtigkeit
Dalai Lama: Der Weg zum Glück; Herder Verlag

11 Gelassenheit
Herrigel, Eugen: Zen in der Kunst des Bogenschießens; O.W. Barth, bei Scherz
Joko Beck, Charlotte: Zen im Alltag; Knaur Verlag

12 Geduld
Herrigel, Eugen: Zen in der Kunst des Bogenschießens; O.W. Barth, bei Scherz

14 Neugierde
Berns, Gregory: Satisfaction – Warum nur Neues uns glücklich macht; Campus

16 Entschlossenheit
Leonard, George: Der längere Atem; Integral Verlag

17 Beharrlichkeit
Leonard, George: Der längere Atem; Integral Verlag

18 Glück erwarten heißt Glück schaffen
Wiseman, Richard: So machen Sie Ihr Glück; Goldmann Taschenbuch

19 Glück bei kleinen Chancen
Wiseman, Richard: So machen Sie Ihr Glück; Goldmann Taschenbuch

20 Interaktionen mit anderen
Schulz von Thun, Friedemann: Miteinander reden 1-3; Rowohlt Taschenbücher

21 Die Energie der Vorfreude
Gawain, Shakti: Stell dir vor. Kreativ visualisieren; Rowohlt

22 Die Kraft der Intuition
Gladwell, Malcolm: Blink!: Die Macht des Moments; Piper Verlag

23 Negative Gefühle im Zaum halten
Birkenbihl, Vera F.: Jeden Tag weniger ärgern; Moderne Verlagsgesellschaft Mvg
Dalai Lama: Der Weg zum Glück; Herder Verlag

Ricard, Matthieu: Glück; Nymphenburger in der F.A. Herbig Verlagsbuchhandlung GmbH

26 Vergangenes Unheil abschütteln
Dwoskin, Hale: Die Sedona-Methode; VAK-Verlags GmbH

28 Das Glück im Unglück erkennen
Wiseman, Richard: So machen Sie Ihr Glück; Goldmann Taschenbuch

29 Pech in Glück verwandeln
Enkelmann, Nikolaus B.: Das Glückstraining; Moderne Verlagsgesellschaft Mvg

30 Zukünftigem Pech aktiv vorbeugen
Wiseman, Richard: So machen Sie Ihr Glück; Goldmann Taschenbuch

32 Stress, lass nach
Gawain, Shakti: Stell dir vor. Kreativ visualisieren; Rowohlt
Dr. med. Grasberger, Delia: Autogenes Training (mit CD); Gräfe und Unzer Verlag
Prof. Dr. med. Langen, Dietrich / Prof. Dr. med. Mann, Karl: Autogenes Training; Gräfe und Unzer Verlag
Rossi, Ernest L.: 20 Minuten Pause; Junfermann Verlag

33 Positive Routinen entwickeln
Dalai Lama: Der Weg zum Glück; Herder Verlag
Ricard, Matthieu: Glück; Nymphenburger in der F.A. Herbig Verlagsbuchhandlung GmbH

34 Gute Gefühle kultivieren
Dalai Lama: Der Weg zum Glück; Herder Verlag
Ricard, Matthieu: Glück; Nymphenburger in der F.A. Herbig Verlagsbuchhandlung GmbH

37 Ordnung schafft Klarheit
Allen, David: Wie ich die Dinge geregelt kriege: Selbstmanagement für den Alltag; Piper Taschenbuch

Allen, David: So kriege ich alles in den Griff: Selbstmanagement im Alltag; Piper Taschenbuch
Kingston, Karen: Feng Shui gegen das Gerümpel des Alltags; Rowohlt Taschenbuch
Küstenmacher, Werner Tiki / Seiwert, Lothar J.: Simplify: Einfacher und glücklicher leben; Campus Verlag
Münchhausen, Marco von: Entrümpeln mit dem inneren Schweinehund; Gräfe und Unzer Verlag
Schönburg, Alexander von: Die Kunst des stilvollen Verarmens; Rowohlt Taschenbuch
Seiwert, Lothar: Das Bumerang-Prinzip: Mehr Zeit fürs Glück; Gräfe und Unzer Verlag

38 Allzeit bereit
Allen, David: So kriege ich alles in den Griff: Selbstmanagement im Alltag; Piper Taschenbuch

39 Wer lacht, hat mehr vom Leben
Werden Sie Mitglied in einem Lachclub. Eine Liste von Lachclubs finden Sie im Internet unter www.lachbewegung.de

40 Freundlich sein bringt Glück
Ricard, Matthieu: Glück; Nymphenburger in der F.A. Herbig Verlagsbuchhandlung GmbH

41 Die fantastische Grundausstattung
Haruyama, Shigeo: Wahre Gesundheit beginnt im Kopf; Goldmann Taschenbuch
Dr. Spitzbart, Michael: Fit Forever; Heyne Taschenbuch

Es vergeht kaum ein Tag, ohne dass es neue Nachrichten zum Thema Gesundheit gibt: Empfehlungen, Warnungen, Tipps. Da ist es oft schwierig, den Überblick zu behalten. Auch im Internet gibt es eine unglaubliche Informationsflut zu Gesundheitsthemen. Um Licht in das Dunkel zu bringen, wurde mit der Gesundheitsreform 2004 in

Deutschland das Institut für Qualität und Wirtschaftlichkeit im Gesundheitswesen (IQWiG) gegründet. Aufgabe des IQWiG ist es, Gesundheitsthemen streng nach dem Stand der Wissenschaft auszuwählen, aber gleichzeitig in eine allgemein verständliche Form zu bringen. Das Institut bietet unabhängige, objektive und geprüfte Erkenntnisse jenseits von Industrieinteressen und Quacksalberei.
Die Website:
www.gesundheitsinformation.de

42 Bewegen – mäßig, aber regelmäßig
Haruyama, Shigeo: Wahre Gesundheit beginnt im Kopf; Goldmann Taschenbuch
Dr. Spitzbart, Michael: Fit Forever; Heyne Taschenbuch
Dr. Strunz, Ulrich: forever young; Gräfe und Unzer Verlag
Yoon-Naam, Seo: Den Bambus biegen: Meister Seos Anleitung zum Glücklichsein; Heyne Verlag

43 Vom Heilen zur Prophylaxe
Haruyama, Shigeo: Wahre Gesundheit beginnt im Kopf; Goldmann Taschenbuch
Schutt, Karin: Massagen; Gräfe und Unzer Verlag

47 Kraftspender Meditation
Mannschatz, Marie: Meditation. Mehr Klarheit und innere Ruhe; Gräfe und Unzer Verlag
Sekida, Katsuki: Zen-Training; Herder Verlag

48 Sex, Lust und Leidenschaft
Shoshanna, Brenda: Zen und die Kunst, sich zu verlieben: O.W. Barth Bei Scherz

51 Die Tiefe der Sinne ergründen
Dollase, Jürgen: Geschmacksschule; Verlag Tre Torri
Randow, Gero von: genießen – eine Ausschweifung; Hoffmann und Campe Verlag

Bewegung, die das Genießen unterstützt:
www.slowfood.de

52 Es kommt auf die Dosierung an
Randow, Gero von: genießen – eine Ausschweifung; Hoffmann und Campe Verlag

53 Die Abwechslung macht's
Dollase, Jürgen: Geschmacksschule; Verlag Tre Torri
Randow, Gero von: genießen – eine Ausschweifung; Hoffmann und Campe Verlag

54 Kochen – im Rausch der Sinne
Dollase, Jürgen: Geschmacksschule; Verlag Tre Torri

55 Selbst gestellte Aufgaben bis 61 Erfreuliche Erfahrungen
Csikszentmihalyi, Mihaly: Flow – Das Geheimnis des Glücks; Klett-Cotta
Csikszentmihalyi, Mihaly: Flow – der Weg zum Glück; Herder Verlag
Csikszentmihalyi, Mihaly: Flow im Beruf; Klett-Cotta
Csikszentmihalyi, Mihaly: Lebe gut; Klett-Cotta

62 Ein starkes Glücksnetz knüpfen
Wiseman, Richard: So machen Sie Ihr Glück; Goldmann Taschenbuch
Layard, Richard: Die glückliche Gesellschaft; Campus Verlag

64 Der Zauber der Liebe
Chen, Chao-Hsiu: Vom Glück der Liebe und der Lebensfreude; Piper Taschenbuch
Joko Beck, Charlotte: Zen im Alltag; Knaur Verlag
Shoshanna, Brenda: Zen und die Kunst, sich zu verlieben: O.W. Barth Bei Scherz

66 Helfen macht glücklich
Layard, Richard: Die glückliche Gesellschaft; Campus Verlag

67 Ein Amt in Ehren
Layard, Richard: Die glückliche Gesellschaft; Campus Verlag

68 Schöpfen aus vielen Quellen
Layard, Richard: Die glückliche Gesellschaft; Campus Verlag
Morris, Desmond: Glück – Sinn unseres Lebens; Heyne Verlag
Werder, Lutz von: Einführung in die philosophische Lebenskunst Asiens – Chinesische, indische und arabische Wege zum Glück; Schibri Verlag

69 Gott und das Universum
Bryson, Bill: Eine kurze Geschichte von fast allem; Goldmann Taschenbuch
Werder, Lutz von: Einführung in die philosophische Lebenskunst Asiens – Chinesische, indische und arabische Wege zum Glück; Schibri Verlag

71 Zu Gast bei Freunden
Die Internetplattform www.ich-bin-gastfreund.de hat die Gebote zur Gastfreundschaft erstellt. Im Blog gibt es regelmäßig Artikel zum Thema Gastfreundschaft.

Es gibt diverse Plattformen im Internet, die einen internationalen Austausch von Gästen fördern, zum Beispiel die folgenden:
www.hospitalityclub.org
www.couchsurfing.com

74 Der grüne Daumen
Hensel, Wolfgang / Mayer, Joachim / Jany, Christof / Kluth, Silke / Späth, Martin: Das große GU PraxisHandbuch Garten; Gräfe und Unzer Verlag

75 Raus in die Natur
Hensel, Wolfgang: 300 Fragen zur Natur, Der große GU-Kompass; Gräfe und Unzer Verlag

76 Jeder ist ein Künstler
Cameron, Julia: Der Weg des Künstlers: Ein spiritueller Pfad zur Aktivierung unserer Kreativität; Droemer Knaur Verlag

Dank

Als Autor steht man immer auf den Schultern von Giganten. Dieses Buch wäre nicht möglich gewesen ohne Tausende von Forschungsberichten und Dutzende von Büchern, die schon andere über das Thema Glück geschrieben haben.

Viele der Gedanken, Hinweise und Glücksmethoden sind nicht meine Erfindung, sondern wurden bereits von anderen erwähnt oder entwickelt. Ich habe mir nur die Mühe gemacht, sie zusammenzufassen und in ein geschlossenes System zu bringen.

Viele der hier beschriebenen Glückswege haben Benutzer meines Internet-Portals www.gluecksnetz.de ausprobiert und mir von ihren Erfahrungen berichtet. Diesen unermüdlichen Menschen bin ich zu tiefstem Dank verpflichtet, weil sie mir geholfen haben, die Glückswege zu präzisieren und zu vereinfachen.

Viele Freunde haben mir während der Arbeit an diesem Buch zahlreiche Tipps und Hinweise gegeben, die das Buch sicher besser gemacht haben, als ich das allein geschafft hätte. Besonders möchte ich Elita Wiegand und Judita Ruske danken. Ihre zahlreichen Inspirationen und auch kritischen Fragen haben mir über manche Klippe geholfen. Danken möchte ich auch Det Mueller und Jörg Weisner. Beide haben mir bei der Positionierung des Buches geholfen und wertvolle Tipps gegeben.

Ich danke meiner Lektorin Ina Raki. Sie hat meinem Manuskript den notwendigen Schliff verpasst. Die Zusammenarbeit mit ihr war äußerst fruchtbar und hat großen Spaß gemacht.

Aber all die guten Recherchen, Tipps und Texte nutzen nichts, wenn nicht ein Verlag dahintersteht, der sein Handwerk versteht. Petra Brumshagen hat als Redakteurin das Buchprojekt begleitet und dafür gesorgt, dass alles zur richtigen Zeit am richtigen Ort war. Auch ihr gebührt mein großer Dank.

A

Abwechslung 139 f.
Achtsamkeit 55 f.
Aktivität 119 ff.
Alleinsein 105 f.
Alter 74
Anfang 65 f., 124
Atmung 127
Aufmerksamkeit 55 f.
Aufrichtigkeit 58 f.
Ausruhen 144 ff., 149
Autogenes Training 126 f., 149

B

Balance 146 f.
Ballast 82 ff., 110
Beharrlichkeit 70 f.
bereit sein 111 ff.
Beste, das 46 f.
Beten 168 f.
Beuys, Joseph 180
Bewegung 119 ff.
Bhutan 11, 164
Bruttosozialglück 11, 164
Bruttosozialprodukt 11, 164
Buddhismus 55, 126 ff., 149

C

Chancen 75 f.
Csikszentmihalyi, Mihaly 144 ff.
Charaktereigenschaften, positive 8, 9, 52 ff.

D

Dankbarkeit 54 f.
Datenbank des Glücks 108f.
Denken, positives 73 ff., 133 ff.
Depressionen 119 f.
Diener, Ed 9
Dimensionen des Glücks 10 ff.
Dopamin 15 ff.
Dranbleiben 70 f., 76
Drogen 15 ff.
Durchhalten 70 f., 76

E

Edison, Thomas Alva 61 f.
Ehrenamt 164 f.
Ehrlichkeit 58 f.
Eigenschaften, positive 9, 52 ff.
Einsamkeit 105 f.
Einstellung 36 ff., 68, 73, 91 f., 133 ff.
Eiswasser-Experiment 122
Emotionen 47 ff., 83 f., 103 f.
Endorphine 15 ff.
Entschlossenheit 69 f.
Entspannung 144 ff., 149
Erfahrung 50 f., 154 f.
Erwartungshaltung 36 ff., 68, 73 ff., 91 f.
Esch, Tobias (Interview) 15 ff.
Essen 138 f., 140 ff., 173

F

Fähigkeiten 9, 52 ff., 144 ff.
Fairness 175 f.
Familie 158 ff.
Feedback 151 f.
Fernsehen 87 f.
Fieberkurve des Glücks 48 ff.
Flow 144 ff.
Flowkanal 147
Freiheit 9, 109, 164
Fremdbestimmung 145 ff.
Freunde 158 ff., 172 f.
Freundlichkeit 114 f.

G

Gartenarbeit 176 ff.
Gastfreundschaft 172 f.
Gebiets-Zufriedenheit 13
Geborgenheit 106 f.
Gedächtnis 136
Geduld 61 ff., 70 f.
Gefühle 47 ff., 83 f., 103 f.
Gegenwart 56 ff.
Geisteshaltung 73, 91 f.
Gelassenheit 59 ff.
Geld 42 ff.
Gemeinsamkeit 156 ff.
Genießen 132 ff.
Gespräche 77 f., 156 ff.
Gesundheit 116 ff.
Gewohnheiten 100 ff.
Glauben 168 f.
Glück der kleinen Dinge 134
Glück haben 36 ff.
Glücks, Dimensionen des 10 ff.
Glücksbremsen 39 f.
Glücksdatenbank 108 f.
Glücksforschung 7 ff., 42 ff., 164
Glückshormone 15 ff., 47
Glücksnetz 157 f.
Glücksniveau 48 ff.
Glücksquellen 167 f.
Glücksrevolution 181 ff.
Glückstest 22 ff.
Goethe 168
Gott 168 f.
Grenzerfahrung 13
gut genug 46 f.

H

Haltung 36 ff., 68, 73, 91 f., 133 ff.
Happiness 36 ff.
Härtefälle 95 f.
Helfen 162 f.
Herausforderung 146 f.
Hier und Jetzt 56 ff.
Hingabe 128 ff., 153 f.
Hobby 170 f.
Humor 113 ff.

I

Intensität 12, 135, 138 f.
Interaktion 77 f., 157 ff.
Intuition 80 f.
Irrtümer zum Glück 39 f.

J

Jetzt → siehe Hier und Jetzt

Register

K

Kaufentscheidungen 47
Kinder 65 f., 113 f.
Kochen 140 ff., 173
Komfortzone 66 f.
Kommunikation 77 f., 156 ff.
Kopernikus, Nikolaus 63
Konzentration 126 f., 148 f.
Körper 116 ff.
Kreativität 136
Küche 140 ff.
Kunst 180 f.

L

Lächeln 114 f.
Lachen 113 ff.
Langeweile 144 ff.
Lebenserwartung 74
Lebenszufriedenheit 13
Lehrer 161 f.
Leidenschaft 128 ff.
Lernen 33 f.
Licht 178
Liebe 128 ff., 160 f.
Lottogewinn 42 ff.
Luck 36 ff.
Lügen 58 f.
Lust 128 ff., 144 ff., 170 f.

M

Mandela, Nelson 90
Maximizer 46 f.
Medien 85 ff.
Meditation 126 ff., 149
Mentor 161 f.
Morphium 125 ff.
Musik 173 f.
Mut 66 f.

N

Nachrichten, schlechte 85 ff.
Natur 177 ff.
Negatives 82 ff.
Netzwerke 157 f.
Neues 65 f., 124, 170
Neugierde 65 f.
Neurobiologie 15 ff., 65 f.
Neurotransmitter 15 ff., 65 f.
Nonnen 74

O

Offenheit 63 f.
Optimismus 72 ff.
Ordnung 110 ff.

P

Partnerschaft 128 ff.
Pausen 145 ff.
Pech 91 f., 93 ff.
Planen 10 ff.
Politik 9, 11, 77 f.
Positive Psychologie 7 ff.
Positives Denken 72 ff., 133 ff.
Prophylaxe 94 ff., 120 ff.

Q

Qualität 138 f.
Quantität 138 f.

R

Rauchen 15
Reichtum 42 ff.
Religion 109, 168 f.
Rituale 100 ff., 159, 173 f.
Routine 100 ff.

S

Satisficer 46 f.
Schlaf 125 f.
Selbstbestimmung 145 ff.
Seligman, Martin 7 ff.
Serotonin 15 ff.
Sexualität 128 ff.
Sichtweise 36 ff., 68, 73, 91 f., 133 ff.
Sisyphos 76 f.
Sinne 135, 140
Spielen 170 f., 173 f.
Sport 119 ff., 170 f., 175 f.
Sprache 55, 77 f.
Stärken 9, 52 ff.
Stress 97 ff.
Struktur 100 ff.

T

Tanzen 173 f.
Team 175 f.
Test 22 ff.

U

Überdruss 138 f.
Überforderung 97 ff., 145 ff.
Umdeuten 73, 91 f., 133 ff.
Unterforderung 145 ff.

V

Veenhoven, Ruut 108 f.
Vergangenheit 56 ff., 88 f.
Vergeben 90 f.
Vergleiche 40 f., 162 f.
Vergnügen 13
Verzeihen 90 f.
Vorbeugen 94 ff., 120 ff.
Vorfreude 79
Vorsorge 120 ff.

W

Weltkarte des Glücks 11, 164
Willenbrock, Harald (Interview) 42 ff.
Wut 82 ff.

Y

Yoga 98 f.

Z

Zärtlichkeit 128 ff.
Zeit 20, 56 ff.
Zen 95 f., 126 f.
Ziele 150 f.
Zufall 73
Zufriedenheit 46 f.
Zukunft 56 ff., 94 ff.

Impressum

© 2008 GRÄFE UND UNZER VERLAG GmbH, München

Alle Rechte vorbehalten. Nachdruck, auch auszugsweise, sowie Verbreitung durch Bild, Funk, Fernsehen und Internet, durch fotografische Wiedergabe, Tonträger und Datenverarbeitungssysteme jeder Art nur mit schriftlicher Genehmigung des Verlages.

Programmleitung:
Christof Klocker
Leitende Redaktion:
Anita Zellner
Redaktion: Petra Brumshagen
Bildredaktion: Petra Brumshagen
Lektorat: Ina Raki
Umschlag und Gestaltung:
Elke Irnstetter, independent Medien-Design
Herstellung: Renate Hutt
Satz: Liebl Satz+Grafik, Emmering
Repro: Repro-Ludwig, Zell am See
Druck und Bindung:
Printer, Trento

Bildnachweis:
Illustrationen:
Grafik Seite 48: Wolff Horbach;
Grafik Seite 147: Elke Irnstetter, independent Medien-Design;
alle anderen Illustrationen von Michael Wirth
Fotos:
Autorenfoto von Wolff Horbach: Karmen Kunc-Schultze
Foto von Tobias Esch, S. 15: Frank Sorge, Berlin
Foto von Harald Willenbrock, S. 42: Björn Lux, Agentur JUNO

Wichtiger Hinweis

Die Gedanken, Methoden und Anregungen in diesem Buch wurden nach bestem Wissen erstellt und mit größtmöglicher Sorgfalt überprüft. Sie bieten jedoch keinen Ersatz für kompetenten medizinischen oder therapeutischen Rat – falls Sie diesen benötigen. Jede Leserin, jeder Leser ist für das eigene Tun und Lassen selbst verantwortlich. Weder der Autor noch der Verlag können für eventuelle Nachteile oder Schäden, die aus den im Buch gegebenen praktischen Hinweisen resultieren, eine Haftung übernehmen.

Umwelthinweis

Dieses Buch wurde auf chlorfrei gebleichtem Papier gedruckt. Um Rohstoffe zu sparen, haben wir auf Folienverpackung verzichtet.

ISBN 978-3-8338-1136-4
1. Auflage 2008

Ein Unternehmen der
GANSKE VERLAGSGRUPPE

Unsere Garantie

Alle Informationen in diesem Ratgeber sind sorgfältig und gewissenhaft geprüft. Sollte dennoch einmal ein Fehler enthalten sein, schicken Sie uns das Buch mit dem entsprechenden Hinweis an unseren Leserservice zurück. Wir tauschen Ihnen den GU-Ratgeber gegen einen anderen zum gleichen oder ähnlichen Thema um.

Liebe Leserin und lieber Leser,

wir freuen uns, dass Sie sich für ein GU-Buch entschieden haben. Mit Ihrem Kauf setzen Sie auf die Qualität, Kompetenz und Aktualität unserer Ratgeber. Dafür sagen wir Danke! Wir wollen als führender Ratgeberverlag noch besser werden. Daher ist uns Ihre Meinung wichtig. Bitte senden Sie uns Ihre Anregungen, Ihre Kritik oder Ihr Lob zu unseren Büchern. Haben Sie Fragen oder benötigen Sie weiteren Rat zum Thema? Wir freuen uns auf Ihre Nachricht!

Wir sind für Sie da!
Montag–Donnerstag:
8.00–18.00 Uhr;
Freitag: 8.00–16.00 Uhr
Tel.: 0180 - 5 00 50 54* *(0,14 €/Min. aus
Fax: 0180 - 5 01 20 54* dem dt. Festnetz/
 Mobilfunkpreise
E-Mail: können abweichen.)
leserservice@graefe-und-unzer.de

P.S.: Wollen Sie noch mehr Aktuelles von GU wissen, dann abonnieren Sie doch unseren kostenlosen GU-Online-Newsletter und/oder unsere kostenlosen Kundenmagazine.

GRÄFE UND UNZER VERLAG
Leserservice
Postfach 86 03 13
81630 München